D1571765

Manual del Sommelier de Té

Manual del Sommelier de Té

Variedades, cata y protocolo del té

VICTORIA BISOGNO ＊ JANE PETTIGREW

La cultura del Té,
de la tierra al espíritu.

Del Nuevo Extremo

Bisogno, Victoria

    Manual del sommelier del té / Victoria Bisogno y Jane Pettigrew
; coordinado por Mónica Piacentini ; dirigido por Tomás
Lambré. - 2a ed. - Buenos Aires : Del Nuevo Extremo, 2014.
440 p. ; 23x15 cm.

    ISBN 978-987-609-522-8

    1. Té. I. Pettigrew, Jane II. Piacentini, Mónica, coord. III.
Lambré, Tomás, dir. IV. Título
CDD 641.337 2

A. J. Carranza 1852 (C1414COV)
Buenos Aires Argentina
Tel / Fax (54 11) 4773-3228
e-mail: editorial@delnuevoextremo.com
www.delnuevoextremo.com

Imagen editorial: Marta Cánovas
Diseño de tapa: ER
Foto de Tapa: Luciano Bacchi
Producción de foto de tapa: Natasha Vazquez
Diseño de interior: m&s estudio

ISBN 978-987-609-522-8

Segunda edición: octubre de 2014

Índice

Agradecimientos

Victoria Bisogno agradece
A Martín, mi esposo, mi compañero y mi sostén, por ayudarme a
convertir mi sueño en realidad.
A Jane Pettigrew, mi querida maestra, por su generosidad en el
arte de enseñar, por su gran apoyo, y su cariño.
A mi abuela Nanni, por ser mi inspiración.
A los socios del Club del Té, por alimentar mi espíritu con emoción
y entusiasmo en cada clase, en cada encuentro.

Jane Pettigrew agradece
A Victoria, por incluirme e involucrarme en su inspirador trabajo,
por compartir sus ideas creativas, y por su maravillosa amabilidad
y sentido del humor.
A toda la gente alrededor del mundo de la que he aprendido y
sigo aprendiendo tanto sobre el té.

Otros agradecimientos:
Roberto A. Navajas - Establecimiento Las Marías
Ing. Humberto Primo Fontana - Instituto Nacional de Tecnología
Agropecuaria, Cerro Azul
Ing. Patricia Parra - Ministerio de la Producción, Secretaría de Agri-
cultura, Ganadería, Pesca y Alimentos. - Subsecretaría de Política
Agropecuaria y Alimentos, Dirección Nacional de Alimentos.
Lic. María Brom - Especialista en Evaluación Sensorial de alimen-
tos - Por su colaboración en el capítulo 7 de este libro.

Introducción

El Sommelier de Té

La palabra "sommelier", aunque antigua, también es moderna.

Desde que diseñamos y comenzamos a enseñar el curso de Certificación de Tea Sommelier (o curso de Sommelier de Té en Castellano), algunas personas nos han preguntado sobre el uso de la palabra "sommelier". Varios pensaban que se utilizaba únicamente para referirse a los especialistas en vino, por lo que comenzamos a investigar acerca del origen de la palabra. Sorpresivamente descubrimos que la palabra tiene una historia, significado y uso mucho más amplio del que se creía anteriormente.

La palabra sommelier tiene origen en la Edad Media. Es de origen francés y deriva de "somme", que significa "carga", asociada al transporte, abastecimiento, almacenamiento y cuidado de bienes valiosos. La palabra española "sumiller" procede de la francesa "sommelier".

Entonces existían distintos tipos de sommeliers y la palabra se utilizaba para describir diferentes ocupaciones: por ejemplo, el Sommelier de Vinos, era responsable de custodiar la llave de la bodega y los vinos; el Sommelier de Panadería, que se ocupaba de distribuir el menaje, mantelerías, cubiertos y los cuchillos para trinchar las piezas de caza mayor; el Sommelier de Cortina, que era el eclesiástico destinado en palacio a asistir a los reyes cuando iban a la capilla o bendecir la mesa; el Sommelier de Armas, encargado del arsenal del palacio; por mencionar sólo algunos.

Como la lengua está viva y evoluciona constantemente en respuesta a cambios culturales, de estilo de vida, de trabajo, etc., el antiguo término "sommelier" ha sido adoptado en el mundo moderno para designar una nueva ocupación: la del profesional de té.

En los últimos años el término Sommelier de Té ha ganado popularidad en todo el mundo.

El sommelier (o sumiller) de té es un experto conocedor del té, altamente capacitado en su cultura, servicio, cata y maridaje. Es el encargado de seleccionar el servicio de té para una casa de té, salón de té, restaurante, hotel, eventos especiales, etc. Entre sus responsabilidades figuran la selección del té, la gestión de la dispensa, el servicio y el asesoramiento de los clientes de un establecimiento. Así también, dispone de destrezas necesarias para trabajar como agente libre, ofreciendo sus servicios como maître o conocedor del mundo gastronómico del té, realizando catas, degustaciones privadas y presentaciones.

Es con este término que el té gana un estatus profesional y genera nuevas oportunidades de negocio. Esta es una buena noticia para los amantes de la infusión y les ofrece la posibilidad de vivir de su pasión por el té.

Este manual explora los conocimientos que debe tener una persona para iniciar su camino en el mundo del té y ofrece los conocimientos técnicos y culturales para que, junto a una intensa práctica y educación formal, el interesado sea capaz de:

- Distinguir los principales tipos y variedades de té, y su correcta forma de preparación.

- Reconocer las principales características sensoriales de los diferentes tipos de té.

- Evaluar la calidad del té.

- Seleccionar proveedores y proveer de té para el servicio.

- Diseñar cartas de té.

- Conocer acerca del correcto almacenamiento del té.

- Conocer y seleccionar los utensilios necesarios para el servicio de té.

- Disponer la sala y servicio de té.

- Desarrollar distintos tipos de servicio de té.

- Dirigir catas, degustaciones y presentaciones sobre té.

- Asesorar y orientar a los clientes en la elección del té y del correcto maridaje para el momento del día.

- Iniciar su propio emprendimiento de té (casa de té, confitería, Tea bar, Teashop).

- Convertir el acto de tomar el té en una experiencia sensorial y lograr describirla.

La cultura del té: de la tierra al espíritu

A menudo usamos la palabra *cultura* para referirnos a distintas cosas y situaciones, ya que el empleo de la misma se ha ido extendiendo en nuestro lenguaje abarcando nuevos conceptos que en su origen no tenía.

El término *cultura* proviene del latín *cultus* que a su vez deriva de la voz *colere* que significa "cultivar la tierra". En sus orígenes se usó para designar una parcela de tierra cultivada y, luego, fue cambiando su significado al de la acción del cultivo de la tierra.

Posteriormente, con el paso de los años, la palabra *cultura* fue adquiriendo una connotación metafórica, y fue evolucionando su concepto desde la práctica del cultivo de la tierra (que es la agricultura) hacia la práctica del cultivo del espíritu y de las facultades intelectuales.

Esta última acepción es la que actualmente se mantiene y predomina en el lenguaje cotidiano, y de esta manera, una persona culta es aquella que tiene un gran interés y posee entendimiento en distintas áreas del conocimiento. Decimos entonces que la cultura es el conjunto de todas las formas y expresiones que posee el ser humano, y como tal incluye costumbres, prácticas, normas de comportamiento, sistemas de creencias, etc.

Dice la UNESCO que "...la cultura da al hombre la capacidad de reflexionar sobre sí mismo. Es ella la que hace de nosotros seres específicamente humanos, racionales, críticos y éticamente comprometidos...".

La cultura del té

Quizás pocas cosas en el mundo puedan aproximarnos tan bien al concepto de cultura como el té, ya que ambos nacen del cultivo de la tierra y culminan en el cultivo del espíritu. Su historia ancestral, sus mitos y leyendas, y la diversidad de personas y naciones que lo han cultivado y consumido en todo el mundo y por miles de años imprimiéndole su encanto son solo algunos de los elementos que siempre tendremos para experimentar, conocer y cultivar acerca del té.

El buen té es un fruto de la tierra, se cultiva con mucho conocimiento y amor para que, al llegar a nosotros, nos adentremos en él y conociéndolo cuidadosamente podamos disfrutarlo y compartirlo con personas y momentos que enriquezcan nuestra alma y cultiven nuestro espíritu.

El Club del Té existe para difundir la cultura del té, ya que el té es cultura desde su mismo origen.

Capítulo 1 ·
La Historia
del Té

El té es milenario. A lo largo de la historia, el hábito de beber el té ha estado relacionado con diferentes culturas de muchos pueblos. Durante casi cinco mil años se ha generado una rica cultura en torno a él, y las distintas civilizaciones lo han asimilado como parte de su vida, haciéndolo protagonista de muchos aspectos de la vida cotidiana.

El té tiene origen en el Oriente, donde se lo conoce y disfruta desde hace miles de años.

Originalmente se lo valoró por su efecto de bienestar corporal y mental provocado por la cafeína y los taninos. Luego, fue apreciado por sus propiedades medicinales, y más tarde como un elemento de lujo y distinción. Por último, empezó a ser considerado como un factor de buen gusto y refinamiento, y estimado como medio de placer y deleite.

El nombre del té

El té ha ido tomando distintos nombres según los muchos lugares del mundo por donde ha ido pasando:

- En China se llama *chá* (茶).
- En India recibe el nombre de *tschaj* o *chai.*
- En Arabia, *shay* (شاي).
- En Rusia se llama *caj* o *chay* (чай).

Lu Yu (733-804), en su *Libro sagrado del té* o *Cha Ching*, escribió sobre el origen del caracter chino del té, como también de las numerosas palabras usadas para denominarlo. En el primer capítulo, Lu Yu escribió: "Su símbolo: podría venir de la palabra hierba/pasto (chá) o de árbol/madera (tú) o de la combinación de los dos."

En la provincia de Fujian, China, la palabra té se pronuncia "tay", que es donde la aprendieron los holandeses quienes la llevaron a Europa, convirtiéndose en:

- *Tay* en Irlanda e Inglaterra.
- *Tee* en Alemania.
- *Thé* en Francia.
- *Té* en España.

Finalmente, en Inglaterra, la palabra sufre una transformación de *Tay* a *Tea.*

Cuando los holandeses comerciaban té con la provincia china de Fujian, los portugueses comerciaban con Macao, una región de lengua mandarina y cantonesa, cerca de la isla de Hong Kong. Allí la voz local para el té era *cha,* y todos los que hablaban mandarín o cantonés usaban esa palabra.

La versión china del origen del té

Existen muchos mitos y leyendas en torno al descubrimiento del té, uno de los más conocidos es el relato chino, que cuenta la historia del descubrimiento del té hace casi 5000 años.

Cuenta la leyenda que el té fue descubierto por el emperador chino Shen-Nung llamado "El labrador divino" hacia el año 2750 a.C.

Cuando Shen-Nung estaba descansando bajo un árbol, le acercaron un cuenco con agua caliente para saciar su sed. Una suave brisa acarició las hojas de un árbol de té, las que cayeron dentro del cuenco del emperador. Shen-Nung bebió el brebaje sintiéndose refrescado y con el cuerpo relajado, a la vez que su mente se vio alejada de todos sus tormentos. Así descubrió Shen-Nung el encanto de esta bebida y se dice que a partir de ahí alentó al pueblo chino a cultivar la planta y a preparar la infusión como su bebida cotidiana. Shen-Nung afirmó: "El té apaga la sed, reduce las ganas de dormir, alegra y aviva el corazón."

También se dice que los monjes budistas lo han utilizado durante cientos de años para relajar el cuerpo, ayudar a la concentración y evitar la somnolencia en sus horas de meditación.

Más adelante se conocen referencias sobre el té, enfatizando sus propiedades medicinales, como por ejemplo: aliviar dolores estomacales, quitar el mal aliento, eliminar las impurezas del cuerpo, sanar indigestiones, etc. Existe evidencia de que un cirujano chino, hacia el 200 a.C. recomendaba el té para aumentar la capacidad de concentración. Escritos chinos del año 100 a. C. llaman al té "elixir de la inmortalidad" y lo asocian a Lao-Tsé, padre del taoísmo.

Durante la dinastía Tang (s. VIII d.C.), Lu Yu, llamado "El santo patrono del té" escribió el primer libro conocido del té, llamado *Cha Ching* (conocido como *El libro sagrado del té*) con influencias de la filosofía zen.

Lu Yu fue originario de Jinling, actual Tianmen en la provincia de Hubei, China.

La leyenda cuenta que Lu Yu era huérfano, había sido adoptado por un monje budista de un monasterio, pero al no aceptar el uso de las ropas de los monjes, huyó y fue recibido por el gobernador local, Li Qiwu, quien le ofreció estudio y acceso a la biblioteca. En adelante crecería rodeado de poetas, escritores y religiosos.

Lu Yu escribió el *Cha Ching* convencido de que "el té simboliza la armonía y la misteriosa unión del Universo". La obra completa trata de la naturaleza de la planta del té, su cultivo y su preparación.

Distintas formas de preparar el té

Durante la historia del té, la *Camellia sinensis* fue consumida en distintas formas. Los libros cuentan diferentes versiones, pero repasando los principales podemos concluir que el té se bebió de las siguientes maneras:

- En ligera infusión con manteca y sal.

- Ingerido como alimento en decocción con vegetales como cebollas, zanahorias y ajos.

- Comprimido en ladrillos, tortas o nidos desmenuzados en agua hirviendo.

- En polvo, batido en infusión.

- Como licor, hecho de la infusión de las hojas.

La mayoría de los estudiosos coinciden en que inicialmente el té se consumía en forma de decocción con leche, sal, y otros agregados como cebolla, cáscara de naranja o manteca.

También existió la preparación del ladrillo (té comprimido), principalmente entre las minorías que vivían en las zonas fronterizas de China, Mongolia y Tíbet, que consistía en romper el ladrillo, y cocerlo con verduras. Este té era elaborado en las provincias más al sur de China como

Yunnan, Sichuan y Hunan, y era transportado a las regiones del norte para cubrir necesidades nutricionales en reemplazo de los escasos vegetales de la zona, que era rocosa y árida.

Desde el siglo XIV, los chinos han realizado una infusión de las hojas secas del té en agua, y este método de preparación del té se ha convertido en el más utilizado hasta hoy alrededor del mundo.

La ruta del té

El comercio del té en la antigua China dio origen a la ruta de la seda, la ruta de la porcelana y la ruta del té y los caballos, que permitía el comercio del té con ciudades fronterizas y países extranjeros.

Algunos historiadores afirman que hacia el año 400 d.C. China exportaba té a países vecinos como Japón y Tíbet. Otros sostienen que en la dinastía Tang (618-907 d.C.) el té comenzó a transportarse desde Yunnan hasta Beijing y Lhasa, la capital del Tibet, dando origen a la llamada "ruta del té y los caballos". Esta ruta tomaba muchas veces la forma de sendero de montaña, atravesaba ríos y valles con el fin de acercar el té a los pueblos de la frontera de China y países vecinos. Era un camino de intercambio comercial y cultural.

El té era generalmente intercambiado en destino por caballos (lo que le da el nombre a la ruta), y otras veces por sal, pieles, artículos de hierro y otros elementos. El sistema de transporte era precario y las mercancías eran transportadas por porteadores (personas que cargaban entre 50 y 130 kilos en su espalda), por caballos, camellos, mulas, ponis o yaks. Los porteadores, al finalizar su trayecto, recibían como pago un kilo de arroz por cada kilo de té que transportaran.

En la antigua ruta, que se utilizó por más de 1200 años, las caravanas eran lentas y los senderos eran empinados y peligrosos. El camino recorría cerca de 1.500 km, tomaba varios meses y a veces atravesaba alturas que sobrepasaban los 5000 msnm.

Para asegurar la buena conservación del té y su facilidad de transporte se lo comprimía en ladrillos o discos. El té era transportado principalmente en forma de fardos (paquetes que contenían varios ladrillos de té compactado) que permitían llevar grandes cantidades en poco espacio.

Hubo muchas otras rutas para el comercio del té que, en algunos tramos, coincidían con la ruta de la seda y de la porcelana. Un conocido recorrido comercial se iniciaba en Yunnan (provincia de China): partía de Puerh, conocido por la producción y comercialización de los dark teas añejados, y luego se dirigía al norte pasando por Dali, Lijiang, Zhongdian y Deqin. En este punto entraba al Tíbet y atravesaba los pueblos de Mangkang, Zuogong, Bangda, Changdu, Luolongzong y Gongbujiangda, hasta llegar finalmente a Lhasa, su capital. Desde aquí giraba en dirección al Sur, hacia Gyantse, Pali y Yadong. Finalmente cruzaba a Nepal y posteriormente la India.

Otra ruta, se iniciaba en Ya'an -ciudad de la provincia China de Sichuan- y continuaba a través de Luding, Dangding, Batang y Changdu hasta Lhasa, capital de Tíbet, donde luego se unía con las caravanas procedentes de Yunnan.

La ruta de Siberia también fue conocida como "la ruta del té", debido a que grandes cantidades[1] de té eran transportadas desde China a Rusia a través de Mongolia y Siberia. En Rusia, el té era transportado por camellos desde la localidad de Kyakhta hasta la feria de Irbit (la segunda feria más importante de la Rusia Imperial) para ser comercializado. Las largas noches que pasaban los animales al lado de las fogatas impregnaban al té de olor a humo, lo que hacía que los rusos recibieran el té levemente ahumado. Se dice que esto ha dado origen, quizás, al famoso té llamado Lapsang Souchong (té negro ahumado) y al blend Russian Caravan (generalmente una mezcla de Keemun y Lapsang Souchong).

---

1. En 1915 China exportó a Siberia 70.297 toneladas de té, que representaron el 65% de las exportaciones totales de té del país.

El juego de Tocha

Desde la antigüedad los chinos dedicaron su tiempo libre a las artes, la poesía, la música y los juegos intelectuales. El té siempre acompañó sus pasatiempos y, con los años, tomó gran protagonismo.

Originalmente el juego de Tocha fue un evento social en el que, primero, se probaban tés de distintos orígenes y, luego, los participantes se reunían junto al fuego a relatar cuentos y recitar poesías. El juego consistía en distinguir los distintos tipos de té entre cuencos que no disponían de ninguna información. Luego, se fue transformando en competencias más avanzadas, donde los conocedores del té identificaban hasta el jardín de origen de cada té. Más tarde se convirtió en una competencia con jueces, público y premios.

La versión japonesa del origen del té

Japón es un país a donde se bebe mucho té, a cualquier hora del día. La costumbre fué heredada de los chinos, sin embargo, la leyenda del emperador Shen-Nung no es la más aceptada en este país, sino que se cree que la costumbre fue traída desde India por Bodhidharma: el fundador del budismo zen.

El budismo se desarrolló a partir de las enseñanzas difundidas por su fundador, Siddhartha Gautama, alrededor del siglo V a. C. en el noreste de la India. Siddhartha Gautama, más conocido como "Buda", nació en Lumbiní (Nepal) y vivió aproximadamente entre los años 566 y 478 a. C. Es una figura sagrada para dos de las religiones con mayor número de adeptos en Oriente: el budismo (fue fundador del dharma budista y primer gran iluminado) y el hinduismo, en el que es considerado como la encarnación del dios Vishnú.

Cuenta la leyenda, que en el año 520 d.C. Bodhidharma, el vigésimo octavo patriarca del budismo y fundador de la forma de budismo zen o chán, viajó desde la India a China para predicar el budismo, sentándose frente a una pared para meditar durante nueve años. Pero un día se quedó dormido, y cuando despertó, enfureciéndose por haber cedido al sueño, se cortó los párpados arrojándolos al piso. De ahí creció una planta que luego serviría como medicina: el té.

Durante mucho tiempo el té que se consumía en Japón se importaba de China y se preparaba según las costumbres de los chinos. Los monjes budistas japoneses que estudiaban en China por el año 729 d.C., descubrieron que el té era útil no sólo como medicina sino como estimulante para mantenerse despierto durante muchas horas y hasta días de meditación. Por esto, llevaron la planta a Japón y desarrollaron su propia ceremonia del té.

El monje Eisai Myoan, conocido como "Zen master Eisai" es reconocido como el fundador del budismo zen en Japón. En 1187 Eisai Myoan viajó a China para aprender filosofía y, al regresar a Japón, trajo consigo semillas de té que plantó en los jardines del templo Reisenji. Se dice que Eisai Myoan introdujo en Japón la forma de preparación del té moliendo las hojas en forma de un fino polvo, que se batía en agua caliente. El té verde en polvo (matcha) comenzó a beberse en China durante la dinastía Song (960-1279). Como los japoneses aprendieron sobre el té a través de los chinos durante ese período, imitaron este método de preparación, que se convirtió en un elemento importante de la ceremonia del té japonesa.

Unos años más tarde, en 1211, Eisai Myoan escribió el libro Virtudes saludables del té a donde dice: "El té es un elixir para la conservación de la salud cuando se alcanza una edad avanzada, así como un excelente medio para prolongar la vida".

La Ceremonia del té en Japón: Chanoyu

En Japón se celebra la ceremonia del té, la cual tiene sus orígenes en la segunda mitad del siglo XVI, cuando Sen-no Rikyu establece la forma generalizada de Chanoyu (Chadô o Sadô), relacionada directamente con la sensibilidad japonesa y con el budismo zen.

En el capítulo 14 se tratará en detalle esta ceremonia.

Chayoria

A partir del siglo XIV el té fue ganando popularidad en Japón, sobre todo entre los samurais y los monjes budistas. Los samurais, miembros de la élite militar que gobernara Japón durante cientos de años, jugaban torneos de té llamados Chayoria. En esta competencia, los participantes debían, primero, distinguir el té de otras hierbas de sabor parecido. Luego se buscaba distinguir el té producido en distintos jardines de templos de la zona, de los tés extranjeros. Finalmente, los participantes intentaban distinguir la plantación de té de origen.

El té en el Tibet

En en año 641 d.C. la princesa Wen Cheng de la dinastía Tang se casó con el rey tibetano Songtsen Gampo, y según cuenta la leyenda, inició el consumo del té en el Tibet. Este país de clima muy frío adoptó rápidamente el consumo del té caliente. En el Tíbet, generalmente el té se bebe con mantequilla de leche de yak al que se le añade un poco de sal. Su nombre es Po cha o Sutschia. En el año 650 d.C. bajo el reinado de Songtsen Gampo, fundador y primer emperador del imperio tibetano, el Tíbet comenzó a importar té de China. Para ello se utilizaban caravanas de yaks que partían de ciudades fronterizas con destino a Lhasa, a través de la ruta del té.

El té en Arabia

En los países árabes en nuestros días se bebe mucho té, en especial el té verde con hojas frescas de menta y azúcar, que se sirve en delicados vasitos de vidrio. Sin embargo no está del todo claro el momento en que comenzó esta afición. Una de las pocas referencias que existen sobre el té en Arabia es la que cuenta que en Venecia, en el año 1559, se publica el libro *El relato de Hajii Mohammed* de Gianbattista Ramussio, donde se describe el comercio árabe de té con China.

El té en Rusia

Se cree que el té llegó a Rusia por primera vez cuando el gobernador mongol Altyun-Khan le envió un regalo al zar Michael I en 1638. En 1689 un embajador chino regaló té al zar ruso Alexis. En el mismo año se firmó el tratado de Nerchinsk, que establecía el comercio entre ambos países, y a partir de ahí los chinos comenzaron a exportar té a Rusia en intercambio por pieles. El acuerdo, firmado el 27 de agosto de 1689, fue el primero entre China y una potencia europea. Definió oficialmente las fronteras de China y Rusia y terminó con una serie de conflictos entre las tropas chinas establecidas en Manchuria y distintas colonias rusas como Albazin y Nerchinsk, mayormente habitadas por cosacos y tunguses.

En té comenzaba su viaje al norte de la Gran Muralla china y a las enormes caravanas les tomaba casi un año atravesar el desierto de Gobi para adentrarse en Mongolia. En Usk Kayakhta, en Rusia, el té era inspeccionado, reempacado, y cargado en trineos y carros listos para otro viaje de 16 a 18 meses a San Petesburgo.

El samovar se usó en Rusia originalmente para mantener al agua caliente por largos períodos en el crudo invierno. Hoy, raramente se usa pero se mantiene como elemento decorativo.

El té en Occidente

Los primeros en llevar el té a Europa fueron los holandeses, a través de la Compañía Holandesa de las Indias Orientales. Dicha empresa se estableció en 1602, cuando los Estados Generales de los Países Bajos le concedieron un monopolio de 21 años para realizar actividades coloniales en Asia. Fue la primera corporación multinacional en el mundo y la primera compañía que publicaba sus ganancias. En 1606 dicha empresa hizo llegar el primer cargamento de té a Occidente. Inglaterra fue uno de los países de occidente que más se aficionó por esta bebida.

En 1657, Thomas Garraway, propietario de un café y un almacén de ramos generales en Londres, escribió un gran anuncio para promocionar los beneficios del té para la salud.

Y anunció de esta manera la nueva y exótica bebida: "Activa el cuerpo, alivia los dolores de cabeza y la pesadez, elimina las obstrucciones del bazo, depura los riñones y es benéfico para los cálculos, facilita la respiración, protege de los sueños pesados, alerta el cerebro y refuerza la memoria".

Como era muy caro, en el siglo XVII el té lo consumían solo las clases más altas de la sociedad, por lo que elegían retratarse junto a sus juegos de té, signo de refinación y de status social.

En Occidente el té era un producto de lujo que demostraba clase y refinamiento. Un inglés escribió: "Las hermosas damas norteamericanas beben mucho té y se complacen disfrutando de lo último de la moda, comportándose con la misma gracia que las elegantes damas de Londres".

En los primeros años de consumo del té en Inglaterra, todo éste era transportado a Londres en barcos holandeses, pero la Compañía Británica de las Indias Orientales pronto comenzó a importar mayores cantidades de té. La reina Isabel había creado la Compañía de las Indias Orientales (la Honourable East India Company, la East India Trading Company, la English East India Company, y más tarde la British East India Company). A la compañía se le otorgó el monopolio de todo el comercio en Oriente. Aunque al principio Holanda siguió dominando el comercio con China, Inglaterra pronto se convirtió en el principal comprador de té de China. La compañía fue creciendo, pasando de una simple unión comercial, hasta convertirse en representante de la corona inglesa en India hasta 1874, cuando se disolvió. Tenía su sede en Londres y sus barcos estaban fuertemente armados para defenderse de los piratas y de las armadas de otras naciones que comerciaban. Traían de China cantidades de té cada vez mayores y su poderío fue enorme, monopolizando durante más de 200 años el comercio británico con China.

En 1784 Inglaterra redujo drásticamente los impuestos sobre el té, de 119% a 12.5%, aumentando de esa manera su popularidad y su consumo que pasa de 2.200 toneladas a 6.800 en 1791.

Hacia mediados del siglo XVIII el comercio de los ingleses con China era altamente deficitario. Las importaciones de seda, porcelana y té excedían a sus exportaciones de lana y especias. La diferencia representaba grandes sumas de dinero. En 1773 los británicos comenzaron la exportación de opio producido en Assam, India. Pronto, la ganancia debida a la adicción al opio de los chinos ayudó a compensar el déficit comercial.

Para controlar los estragos que el opio causaba entre su gente, en 1829 el emperador Yongzheng, un emperador-filósofo que fomentaba las artes, escribía poesía y fundaba bibliotecas, prohibió su comercio. Pero los ingleses hicieron caso omiso y continuaron el envío de opio a China. Cuando en 1839 las autoridades chinas confiscaron 20.000 cajas de opio de barcos del puerto de Cantón, los ingleses atacaron a los chinos, iniciando así la primera de las dos guerras del opio (1839-1842 y 1856-1860). Al finalizar cada una de las guerras del opio los chinos se encontraban en situaciones cada vez más desfavorables. Los ingleses llevaron a los chinos a abrir varios puertos al comercio exterior y a entregar Hong Kong a Gran Bretaña.

El five o´clock tea

En Gran Bretaña, la costumbre de tomar el té nació de la mano de la realeza. Catarina de Bragança, princesa de Portugal, cuando se casó con el rey Carlos II en 1662 llevó a Inglaterra como presente de casamiento un pequeño cofre lleno de té chino. Catarina comenzó a servir té a sus damas en la corte, con lo que ellas también comenzaron a tomarlo. ¡Catarina había comenzado una nueva moda!

En el año 1840, Anna, la duquesa de Bedford, creó la costumbre de tomar el té a la tarde con bocadillos y dulces.

Sin embargo se cree que fue la reina Victoria de Inglaterra (1819-1901) la que impuso la costumbre de tomar el té a las 5. Durante su reinado (1837-1901), según se dice, entre las 4 y las 6 pm, las calles quedaban desiertas porque todo el mundo se reunía a tomar el té de las 5 de la tarde (*afternoon tea*), como lo hacía Victoria.

Boston Tea Party

La Boston Tea Party es recordada como una fecha histórica en la que Estados Unidos comienza su lucha por la independencia.

Hacia 1773 Estados Unidos importaba en sus puertos de Boston, New York, Philadelphia y otros puertos del este, cargamentos de mercaderías valiosas procedentes de Inglaterra, entre las que se incluía el té. En esa época Gran Bretaña imponía altos impuestos a los productos enviados a la colonia para financiar su ejército establecido en ese lugar. Cuenta la historia que algunos colonos conocidos como "Los hijos de la libertad", para protestar por los elevados impuestos que gravaban el té, se disfrazaron de nativos, tomaron tres barcos de la East India Company, y arrojaron al agua todo el cargamento de té que se hallaba a bordo en el puerto de Boston. El rey se enfureció, ya que los impuestos sobre el té eran destinados precisamente al mantenimiento de las guarniciones militares de la colonia, y tomó medidas contra ésta. Así fue como la *Boston Tea Party* fue uno de los sucesos que iniciaron la cruenta guerra de la independencia.

Actualmente se celebran *tea parties*, en conmemoración de la *Boston Tea Party*, que son protestas ciudadanas para la baja de impuestos.

El té en la India

En el *Ramayana*, una de las obras religiosas más importantes e influyentes de la India antigua presumiblemente escrita en el siglo III a. C., se han encontrado registros del uso del té como medicina. Pero fue recién en 1823 cuando los ingleses desarrollaron la idea de cultivar el té en India. Cuando al Mayor Robert Bruce, a cargo de la guarnición de Assam, le ofrecieron una infusión hecha con un arbusto local, Bruce encontró tal parecido con el té que envió algunas hojas de ese arbusto a ser estudiadas en Calcuta. Allí descubrieron que se trataba de una variedad local de la *Camellia sinensis: la Camellia sinensis assamica*. A partir de entonces se desarrolló la industria del té en la India de la mano de los ingleses y la *camellia assamica* comenzó a utilizarse en otras regiones productoras.

La Compañía Británica de las Indias Orientales estableció plantaciones de prueba en Assam, trajo productores de té chinos para enseñarles cómo cultivar y elaborar tanto el té negro como el verde, y descubrieron que podían hacer un té negro tan bueno como el que se traía de China, según los comerciantes de Londres.

El primer cargamento de té negro de Assam hecho por los ingleses fue embarcado en India hacia Londres en 1838 y fue vendido en la subasta de Londres de enero de 1839. Una vez que demostraron que podían producir su propio té, los ingleses comenzaron a producir grandes cantidades de té (principalmente negro) en India: en Assam, Darjeeling y en las Nilgiri Hills.

En la actualidad India es uno de los mayores productores de té del mundo.

El té en Estados Unidos

En la Feria Mundial de 1904 en Saint Louis, Richard Blechynden, miembro de la India Tea y director de la East Indian Pavilion, no conseguía vender la cantidad esperada de té caliente debido al clima caluroso que hacía. Fue así como mezcló hielo con el té y vendió grandes cantidades de lo que él llamó iced tea o té helado. Aunque el té helado había sido bebido antes en Estados Unidos, Blenchynden lo puso de moda y hoy representa aproximadamente el 80% del consumo total de té.

Por otro lado, el *american sweet tea* o té dulce americano es una bebida muy popular en Estados Unidos. Una receta del sweet tea fue publicada por primera vez en 1879 por Marion Cabell en su libro *Housekeeping in Old Virginia*. Es conocido como Southern Style y se acostumbra a beberlo extremadamente dulce y bien frío.

Té en Taiwán: el bubble tea

El bubble tea fue creado en Taiwán en la década del 80. El más popular es el boba milk tea, que es un té negro hecho en leche, que se bate con azúcar y *boba balls* (bolitas hechas con tapioca y extracto de algas marinas). También se prepara con otros tés de distintas variedades como verde, oolong, siempre adicionando bolitas de tapioca saborizadas y leche. Se bebe a través de un sorbete grueso.

Las efemérides del té

La historia del té es milenaria y fascinante. Como hemos visto, ha influido en distintas culturas y regiones del mundo. Veamos cuáles son los hitos que se destacan en la historia del té:

- 2750 a.C.: descubrimiento del té en China – leyenda del emperador Shen-Nung.

- 520 d.C: Bodhidharma viaja a China dando origen a la leyenda japonesa del descubrimiento del té.

- 618 – 907 d.C.: Dinastía Tang – era del té comprimido.

- 641 d.C.: la princesa china Wen Cheng se casa con el rey tibetano Songtsen Gampo e inicia el consumo del té en el Tibet.

- 729 d.C: Los monjes budistas que estudiaban en China llevan el té a Japón.

- 780-790 d.C.: Lu Yu, conocido como "El santo patrono del té" escribe el primer libro conocido del té, llamado Cha Ching, también conocido como Libro sagrado del té.

- 960-1279 d.C.: El té verde en polvo (matcha) comienza a beberse en China y llega a Japón de la mano de los monjes budistas.

- 1187 d.C.: Eisai Myoan viaja a China y al regresar a Japón, trae consigo semillas de té que planta en los jardines del templo Reisenji.

- 1211 d.C.: Eisai Myoan escribe el libro Virtudes saludables del té.

- 1368-1644 d.C.: comienza a beberse el té en infusión.

- 1582 d.C.: Sen-no Rikyu establece la forma generalizada de la ceremonia japonesa del té, Chanoyu (Chadô, o Sadô).

- 1606 d.C: Holanda importa desde China el primer cargamento de té a Occidente.

- 1662 d.C.: Catarina de Bragança, princesa de Portugal, se casa con el rey Carlos II de Inglaterra y lleva a Londres un pequeño cofre lleno de té, dando origen a la costumbre de tomar el té a la tarde.

- 1689 d.C.: China comienza a exportar té a Rusia.

- 1679 d.C.: se crean las subastas de té en Londres.

- 1773 d.C.: una protesta en Estados Unidos da origen a la Boston Tea Party.

- 1823 d.C.: los ingleses comienzan a desarrollar la idea de cultivar el té en India, a partir de la Camellia sinensis assámica descubierta por el mayor Robert Bruce.

- 1838 d.C.: Inglaterra importa el primer cargamento de té de Assam.

- 1840 d.C.: Anna, la duquesa de Bedford, crea la costumbre de tomar el té a la tarde con bocadillos y dulces: nace el afternoon tea.

- 1861 d.C.: comienzan las subastas de té en Assam, India.

- 1869: Sri Lanka comienza a cultivar té, luego de que una devastadora plaga arrasara con sus plantaciones de café.

- 1901: Roberta Lawson y María McLaren patentan una bolsita de tela de malla abierta para contener hojas de té, precursora de la bolsita o saquito de té.

- 1904 d.C.: Richard Blechynden presenta el té helado en la Feria Mundial de Saint Louis, iniciando una moda.

- 1908 d.C.: Thomas Sullivan inventa el saquito (bolsita) de té.

- 1930s d.C.: comienza la producción de té CTC.

- 1970s d.C.: comienza la elaboración del Puerh cocido (Shu puerh), en la que se acelera su proceso de fermentación.

- 1998 d.C.: cierran las subastas de té en Londres.

Capítulo 2 ·
Introducción
al Té

¿Qué es el té?

El té es la infusión de una planta originaria de China llamada *Camellia si-sinensis*. Se conocen tres subespecies autóctonas de distintas regiones:

- China: *Camellia sinensis sinensis* originalmente llamada *Thea sinensis.*

- India: *Camellia sinensis assamica.*

- Camboya: *Camellia lasio calyx,* también conocida como *Camellia sinensis cambodiensis..*

Las variedades que más extendidamente consumimos son la *Camellia sinensis sinensis* y la *Camellia sinensis assamica.*

Se trata de una planta perenne que puede llegar a convertirse en árbol, aunque se la suele mantener en forma de arbusto para facilitar la recolección de sus hojas. Su altura suele ser de 1 a 2,5 m (su altura máxima es de 30 m). Produce hojas de 1 a 5 cm (pueden llegar a 20 cm) y puede vivir cientos de años. Sus hojas son lanceoladas hacia adelante, estrechándose desde una base redondeada hasta la punta. Sus flores –dispuestas en grupos de dos o tres, o bien, aisladas– son de color blanco, inclinadas hacia abajo y poco aromáticas.

Es una planta de clima tropical (cálido y húmedo) aunque se adapta a otras condiciones climáticas. En China soporta crudos inviernos y en las zonas con mucho sol, como India, se siembra bajo la sombra protectora de los árboles.

Los mejores tés se obtienen de regiones de temperaturas entre 10° a 35° C, lluvias de entre 2.000 a 2.300 mm al año, y una altura entre los 1200 y 1800 msnm.

Su raíz puede tener varios metros de longitud y no soporta inundaciones, por lo que suelen elegirse para su cultivo suelos de tierra ácida con buen drenaje.

Té y otras infusiones

Todo el té está hecho de hojas y brotes de distintos varietales de la misma planta (la *Camellia sinensis*).

El té es una infusión, pero no todas las infusiones son té. Algunas de ellas se hacen con otras plantas, por ejemplo: rosa mosqueta, frutos rojos, manzanilla, peperina, boldo, y hasta el rooibos, y son llamadas tisanas o infusiones en general. La infusión de rooibos no es té sino que proviene de una planta de origen sudafricano llamada *Aspalathus linearis*, y es conocido como "el té rojo de África". Pero estas infusiones no deberían ser llamadas "té".

Varietales, tés de origen y blends

Los varietales son nombres botánicos de diferentes variedades de la planta *Camellia sinensis,* que derivaron de ésta a través de los años.En algunos textos se encuentra la palabra híbrido o *cultivar* como sinónimo de varietal. Cultivar significa "variedad cultivada".

En muchos países productores de té se desarrollan nuevos cultivares o varietales en busca de ciertas características de las hojas como mayor rendimiento, mayor contenido de polifenoles (antioxidantes), resistencia al frío, transparencia del licor, etc.

Los siguientes son ejemplos de unos pocos varietales desarrollados en Argentina por el INTA (Instituto Nacional de Tecnología Agropecuaria):

CULTIVAR	CATEGO-RÍA	AGRO-TIPO	RENDI-MIENTO Kg/ha	CALIDAD DEL LICOR	SUSCEPTI-BILIDAD AL FRÍO	OBSERVA-CIONES
CH 14 INTA	Rendidor	Híbrido chino	11.200 +- 4.700 (alto)	Media	Baja	Crecimiento uniforme
CH 22 INTA	Estándar	Chino	9.100 +- 4.200 (medio)	Media	Baja	Amplia adaptación ambiental
CH 112 INTA	Rendidor con calidad	Híbrido chino	10.350 +- 4.050 (alto)	Alta	muy baja	Brotación temprana y vigorosa
SG 7291 INTA	Rendidor con calidad	Híbrido chino	12.000 +- 4.700 (alto)	Alta	Baja	Tolerante a sequía

Los diferentes cultivares no solo afectan al té en términos agrícolas (como el rendimiento o la susceptibilidad al frío) sino que también influyen en el perfil sensorial del té elaborado a partir de cada varietal.

Algunos de los varietales más ampliamente utilizados en los principales países productores son:

- Fuding Da Bai – del que se elaboran tés blancos chinos.

- Shui Xian – del que se hacen oolongs chinos.

- Long Jing 43, Anji Baipian y Bai Ye Yi Hao – usados en la manufactura de tés verdes chinos.

- Yabukita y Okumidori – utilizados para hacer tés verdes japoneses.

- Asagiri – mayormente empleado en la producción de tés verdes japoneses de crecimiento bajo sombra.

- Tie Guan Yin, Ching Shing (usado para hacer el Oriental Beauty), Gin Suan (o milky oolong), Da Hong Pao y Bai Ji Guan – usados para hacer oolongs.

- Zhu Ye, Keemun Zhuye (China), Ruby 18 (Taiwán) y AV-2 (India) – de los que se elabora té negro.

- Trung Du La Nho y LT – utilizados en Vietnam.

- Yunnan Da Ye – usado para hacer Puerh en China.

- Anhua Yun Tai Da Ye – usado en la manufactura del Hunan Hei Cha.

Tés de origen

Los tés de origen no provienen de un solo jardín o estate, sino de una región o área. Se elaboran haciendo blends o mezclas de tés de diferentes jardines que están en la misma región o distrito para dar un té que tenga el carácter representativo de esa área. Los conocemos con el nombre de la región productora o su denominación de fantasía, como por ejemplo:

- Tés verdes: Lung Ching, Tian Mu Yun Lo, Bi Lo Chun, Sencha, etc.

- Tés negros: Ceylon, Darjeeling, Assam, Keemun, Yunnan, Kenia, etc.

Blends de té

Los blends son mezclas de distintos tipos de té, o mezclas de té con frutas, especias y flores, cuidadosamente seleccionadas y combinadas para dar una bebida con aroma, sabor y cuerpo especial para cada persona y para cada momento, con un encanto particular.

Los blends se elaboran mezclando tés de distinto origen para crear un sabor y aroma peculiar, y para asegurar una calidad y carácter uniforme en los productos a través del tiempo. La mezcla de tés puede variar cada vez que se elabora un blend, ya que algunos no están disponibles durante todo el año. El *tea blender* debe elegir tés apropiados, de similar estilo y tamaño de hoja para crear un té que se vea siempre igual y tenga el mismo sabor.

Algunos ejemplos de blends:

- Earl Grey: té negro de Ceylon o China con extracto de bergamota.

- English Breakfast: generalmente es una mezcla de tés negros de Assam, Ceylon, Kenia y, a veces, Keemun.

- Russian Caravan: una mezcla de Keemun y Lapsang Souchong.

Algunos de estos blends son denominados *British legacies*. Se trata de los clásicos británicos. Son los tés que históricamente se han consumido en Gran Bretaña y que se caracterizan por ser de sabor intenso, algo astringentes y de hoja generalmente rota. Ejemplo de ellos son el Earl Grey, el English Breakfast y el Irish Breakfast, entre otros.

Plantaciones Single Estate

Mientras que los blends de té son creados para ofrecer un carácter consistente, los single estate suponen gran diversidad en cuanto a la experiencia sensorial que el mismo té puede ofrecer en las distintas cosechas. Los tés cosechados en diferentes momentos del año varían por los cambios estacionales y climáticos. Los expertos catadores de té pueden notar las diferencias entre las cosechas de diferentes días, diferentes semanas, diferentes meses, y estaciones del año. De esta manera, los single estate ofrecen un amplio rango de experiencias sensoriales.

Estos tipos de tés son elegidos por los amantes de esta bebida, conocidos como tea-lovers. Son más caros, pero son únicos. Se obtienen de plantaciones que poseen condiciones particulares de suelo y su propia técnica de recolección, enrollado, secado, etc. de forma tal de personalizar su producción de té.

La presencia de plantas florales, árboles frutales y distribución de las plantas de té en el campo también le puede dar una personalidad original a cada té single estate.

Estos tés son también conocidos como speciality teas y generalmente muestran el nombre de la plantación en su envase. Por ejemplo, un té denominado Margaret's Hope Darjeeling es un té *single estate* de una finca en Darjeeling llamada Margaret's Hope, mientras que un té llamado simplemente Darjeeling es casi seguro un blend de diferentes fincas y de diferentes productores en Darjeeling.

Las variedades de té

Todas las variedades o tipos de té vienen de la misma planta (la *Camellia sinensis sinensis*). La diferencia entre los distintos tipos radica en el proceso que sufren las hojas.

Los tipos básicos de té son:

- **Blanco:** el menos elaborado de todos los tés. Los brotes y hojas se marchitan y se secan, y se produce una oxidación natural muy leve.

- **Verde:** está fijado, o sea, ha pasado por un proceso por el cual se desactiva la enzima que intervendría en la oxidación.

- **Amarillo o dorado:** está fijado, y se lo envuelve para que la humedad y el calor le den su carácter suave. Se producen solo pequeñas cantidades en China.

- **Pouchong:** levemente oxidado, algunos libros lo incluyen en la categoría de oolongs.

- **Oolong o té azul:** parcialmente oxidado. Su nivel de oxidación puede variar entre el 20% y 80% aproximadamente.

- **Negro (conocido en China como "té rojo"):** está completamente oxidado.[2]

- **Dark tea (conocido en China como "té negro"):** comienza como un té verde que está post-fermentado y oxidado durante un período de añejamiento. El puerh y el hei cha pertenecen a esta categoría.

El té blanco está muy levemente oxidado de forma natural. El oolong y el té negro están **oxidados**. El dark tea (como el puerh y el Hunan Hei Cha) están **fermentados** bacterialmente y oxidados.

Cada tipo de té se obtiene variando los procesos que sufren las hojas, las cuales atraviesan etapas que varían según el tipo de té que se desea elaborar. Todos estos tés son conocidos como tipos o categorías.

---

2. Es importante mencionar que muchos libros y artículos se refieren al puerh como "té rojo". Esto es un error. El té rojo en China es el que en occidente conocemos como té negro. El té negro de China es llamado dark tea en Occidente. Para evitar confusiones, este libro usará el término "té rojo" para referirse a lo que en Occidente se conoce como "té negro".

Plantaciones de té

Las plantaciones de té se encuentran en zonas rurales y, a veces, en campos cercanos a la ciudad. Cada plantación, o cada región productora donde hay varias plantaciones, tiene características únicas que forman el terruño o *terroir*. Este *terroir* le da al té su personalidad. Parte de este terroir lo da:

- La composición del suelo
- La pendiente del terreno
- La altura
- Los cambios estacionales
- El clima:
  - cantidad de sol
  - cantidad de sombra
  - humedad
  - temperatura
  - amplitud térmica
  - viento
  - cantidad de lluvia
  - heladas
- La vegetación aledaña
- El método de cultivo (orgánico, biodinámico, etc.)

Se ha comprobado que los mejores **terroires** para el té son los que tienen tierra ácida con buen drenaje, temperaturas entre 10° y 35° C, lluvias de entre 2.000 a 2.300 mm al año y una altura de 1.200 a 1.800 msnm.

En general, al té le gusta el sol, pero necesita algo de protección, ya que si éste es demasiado fuerte, puede quemar las plantas. En algunas variedades de té producidas bajo condiciones controladas, a los arbustos se los cubre para que tengan más sombra de lo normal, como sucede con el té verde japonés Gyokuro. A éste se lo hace crecer bajo lonas de media-sombra que se colocan durante 21 días antes de la cosecha, cuando los brotes se están formando, para lograr un té de alta concentración de clorofila con el consecuente de color verde intenso. El Tencha se hace crecer en condiciones similares y el té obtenido es molido para hacer el Matcha, que se bate en agua caliente en la ceremonia tradicional japonesa del té.

La humedad también es importante en la elaboración del té. En algunas regiones se observa una bruma que cubre las plantaciones de té, protegiendo a los arbustos del resplandor del sol logrando tés de altísima calidad.

El Cultivo de la planta de té

Las plantas se obtienen a partir de semillas (una cruza heterogénea de plantas genéticamente distintas), híbridos de injertos o de la propagación vegetativa de tallos de hojas (donde todas las plantas son genéticamente iguales) y atraviesan varias etapas de cultivo. A continuación se describen las etapas principales del cultivo del té. Muchos productores de té varían detalles de estas etapas para lograr tés únicos, o debido a condiciones especiales de clima o geografía, pero en general, la planta pasa por estas instancias:

- Siembra.

- Enraizado.

- Desarrollo de 6 a 10 meses en vivero.

- Traslado a jardín.

- No se cosechan por un mínimo de 3 años y aún más en regiones frías.

- Poda regular.

- Período de crecimiento e hibernación.

- Cosecha cada 7-28 días dependiendo del clima.

Detalle del proceso

Se realiza la siembra a partir de semillas, híbridos de injertos o clonación de tallos de hojas. Generalmente, las plantas madre para la propagación vegetativa (clonación) son seleccionadas individualmente por su calidad, rendimiento, resistencia a enfermedades y por su habilidad para adaptarse al ambiente donde crecen. Una vez que el plantín desarrolla raíz, se lo mantiene en el vivero bajo cuidados especiales por 6 a 10 meses. El vivero provee condiciones particulares de sol, sombra, humedad, temperatura, adecuadas para el crecimiento de la planta. Luego del período de desarrollo, cuando la planta ha alcanzado un tamaño de entre 15 y 20 cm de altura, se realiza el traslado al jardín de té o plantación, es decir, a campo abierto. Estas plantas no se cosechan por un mínimo de tres años (dependiendo del clima), hasta que logran una altura de 1,5 a 2 m. En este período se realiza una poda de forma regular que le da vigor a la planta. En áreas estacionales, la *Camellia* vivirá un período de crecimiento e hibernación hasta que haya llegado a la madurez suficiente para ser cosechada.

El manejo de la cosecha, y selección de brotes y hojas afecta directamente a la calidad del té. (Ver a continuación los detalles sobre métodos de recolección o despunte de las hojas).

Dependiendo del clima y de la estación del año, la cosecha se realiza en períodos de 7 a 28 días para darle tiempo a la planta a que produzca nuevos brotes a ser cosechados. En las áreas cercanas al Ecuador y donde el clima es más cálido y uniforme, la cosecha continúa todo el año. En regiones con estaciones marcadas, el té se cosecha desde el comienzo de la primavera hasta el fin del otoño o comienzos del invierno. En Japón, por ejemplo, la cosecha comienza hacia fines de abril. La primera cosecha se realiza entre abril y mayo (primavera), la segunda en junio (verano), la tercera en julio y la última cosecha se realiza en septiembre (otoño). En Darjeeling, India, la cosecha comienza a fines de marzo, obteniéndose los mejores brotes y hojas en esa época (*first flush*).

Cada región productora de té del mundo tiene sus propias técnicas de cosecha, y los brotes y hojas son cosechados en momentos específicos del año para hacer un tipo de té en particular, por ejemplo, un *first flush* (primera cosecha), un *second flush* (segunda cosecha), un autumnal o té otoñal.

Cosecha del té

La cosecha del té se realiza básicamente de dos formas: manual o mecánica. Los mejores tés son despuntados a mano porque el cosechador (o despuntador) puede seleccionar cuidadosamente las mejores hojas, eligiendo un brote y una o dos hojas.

Tanto los tés ortodoxos como los CTC pueden ser cosechados a mano o por máquinas.

En las regiones del mundo donde la mano de obra no está fácilmente disponible o es muy cara, las fincas o *tea estates* tienen que usar algún tipo de recolección mecánica.

Diferentes métodos de recolección de las hojas

La elaboración del té comienza con la recolección de las hojas. El método de recolección o despunte manual permite una mayor selección de hojas, mientras que los métodos mecánicos logran aumentar el volumen de hojas cosechado reduciendo el trabajo manual.

Los métodos utilizados para la recolección de las hojas son:

- Recolección manual
- Recolección manual con tijeras
- Uso de sierras eléctricas
- Recolección mecánica con tractores cosechadores
- Cosechadoras aerodeslizables
- Cosechadoras mecánicas selectivas

Tipos de Cosecha

El tipo de cosecha se denomina en función de la cantidad de hojas unidas a un mismo tallo que se recogen a la vez. Un *leaf set* o *leaf shoot* es la unidad básica de cosecha, que suele ser un brote más 2 hojas o un brote más tres hojas, como se ve a continuación:

- Cosecha imperial (b+1): 1 brote + 1 hoja
- Cosecha fina (b+2): 1 brote + 2 hojas
- Cosecha ordinaria (b+3): 1 brote + 3 hojas

Cada especie de planta de té produce hojas de diferente tamaño. Por ejemplo en Darjeeling, donde las hojas son pequeñas, para obtener un kilo de té se deben cosechar alrededor de 22000 *leaf sets*; en cambio, en Assam, donde el tamaño de la hoja es mayor, con 10000 leaf sets se obtiene el mismo peso de té procesado.

Métodos de elaboración:
tés ortodoxos y CTCs

Para la elaboración del té negro se distinguen dos métodos diferentes.

Por un lado, los tés negros ortodoxos son los producidos por los métodos tradicionales, manuales o mecánicos. Las hojas son enrolladas a mano o por máquinas "ortodoxas" para romper las celdas y provocar la oxidación.

Los tés CTC (Cut, Tear, Curl), por otro lado, son los producidos por el método que inventaron y perfeccionaron los británicos en la década de 1930 para elaborar té de hoja partida para saquitos. Este método se usa para romper las hojas del té en pequeñas partículas y producir enormes cantidades en muy poco tiempo. Con este método se pierde algo de calidad. Sin embargo, por un tema cultural y económico, estos tés son los más ampliamente consumidos en el mundo. La mayor parte de los tés CTCs se destina a saquitos. La idea del té en saquitos es darle al consumidor una infusión rápida, fuerte y colorida, y los tés CTC están diseñados para obtener ese resultado. También, la maquinaria tradicional utilizada está diseñada para empacar saquitos con pequeñas partículas de té. El método de manufactura CTC ayuda a alcanzar la demanda de grandes cantidades de té.

En la Argentina se utilizan distintas máquinas para la elaboración del té: CTC, VSTP (Vertical, Sniechowski Tea Processor), LTP (Lawrie Tea Processor) o Rotovane, usadas principalmente en la etapa del picado del té, que tiene como destino saquitos y té frío.

Los tés producidos por el método CTC pueden ser cosechados a mano o con máquinas, y son procesados luego por máquinas.

La elaboración de
los distintos tipos de té

Desde que se cosechan hasta que llegan a nuestra taza, las hojas sufren distintos procesos en función del tipo de té que se quiera obtener.

Para obtener las diferentes variedades de té es necesario saltear o agregar alguno de estos procesos:

- **Cosecha:** se realiza la selección y obtención de hojas y brotes.

- **Marchitado:** se efectúa para eliminar parte del agua de la hoja, y dejarla lo suficientemente maleable como para luego enrollarla y darle forma. Con el marchitado también se logra la concentración de jugos en las células de las hojas, lo que es importante en los posteriores cambios físicos y químicos del té. Gran parte de los ácidos grasos del té se transforman en compuestos aromáticos que le darán vivacidad a las hebras. Cuanto más largo es el proceso de marchitado, más aromático será el té obtenido. En algunos tés basta con el marchitado natural que se realiza en el camino desde la plantación hasta la fábrica. En otros casos se efectúa un marchitado en fábrica que se realiza en cámaras con control de temperatura (de 29 a 32 grados). En climas relativamente cálidos, la hoja se marchita naturalmente, pero en ambientes más frescos y húmedos se usan ventiladores de 1 metro de diámetro para inyectar el aire caliente a través de las hojas. El marchitado puede durar entre 8 y 24 horas.

- **Cuarteado:** se mueven las hojas sacudiéndolas para asegurar un marchitado o secado parejo.
  En la fabricación de oolongs, se realiza en canastos o tambores de bambú para cuartear las hojas (generando pequeños cortes) y así provocar una leve oxidación parcial.

- **Fijación (aplicación de calor):** se realiza un rápido tratamiento con calor a las hojas para evitar que se oxiden, igual que ocurre con una papa (o patata) pelada. Si la dejamos al aire libre, la papa se pone marrón. Si la hervimos, la papa permanece blanca. Este mismo principio se aplica al té (verde en general) para desactivar la enzima polifenol oxidasa y así detener la oxidación. Se realiza subiendo la temperatura de las hojas a 70° C. La fijación se puede realizar en hornos o woks (tradicional en China), en máquinas de cribado o túneles de vapor (tradicional en Japón).

- **Enrulado:** se le da la forma final a la hoja. Se lleva a cabo en varias etapas de 20 a 25 minutos. Esta fase se realiza para romper las paredes de las células de las hojas y así extraer los jugos que se concentran en capas en las hojas enrolladas. Cuanto más prolongado sea el enrulado, más desarrollado será el sabor del té. El estilo y presión del enrulado le da a la hoja una forma particular.

- **Oxidación:** proceso durante el cual las enzimas polifenol oxidasa reaccionan con polifenoles (theaflavinos y thearubiginos) y con oxígeno para dar un compuesto color marrón, como el de una manzana cortada al medio que se deja al aire libre. Suele durar entre 20 minutos y 3 horas, dependiendo del tamaño de la hoja, y de la humedad y temperatura del ambiente.

- **Fermentación:** es un proceso en el que intervienen microorganismos, y se da bajo condiciones especiales de humedad y temperatura.

- **Secado:** se realiza el secado total del té hasta lograr niveles mínimos de agua en la hoja (de 2% a 3% en peso).

- **Clasificación:** se lleva a cabo para obtener hojas de tamaño o forma similar.

- **Envasado:** se envasa el té en contenedores adecuados para su transporte y almacenamiento. La mayoría de los tés se enva-

san en fuertes bolsas de papel forradas de aluminio; los frágiles se envasan en cofres o cajas de madera; y algunos productores lo hacen en bolsas al vacío.

Dependiendo de los distintos procesos utilizados y del orden en que sean llevados a cabo, los diferentes tipos de té tendrán sus características propias. Dentro de una misma clase de té de un terroir determinado, como por ejemplo el té negro de Darjeeling, también se pueden lograr distintos aromas y sabores modificando levemente estos procesos, prolongando o acortando alguna de estas etapas.

El *terroir* o terruño le impone al té ciertas características propias de la región, dadas por las particularidades del suelo, la cantidad de lluvias, humedad, temperatura, vientos, vegetación aledaña, etc.

A continuación se muestra un resumen de los procesos que típicamente sufren las hojas para obtener los distintos tipos de té. Cada proceso será estudiado en detalle en los correspondientes capítulos de este libro.

Té blanco: cosecha, marchitado, secado, clasificación.

Té verde: cosecha, a veces muy corto marchitado, fijación, enrulado, secado, clasificación.

Té Amarillo: cosecha, fijación, envoltura (fermentación no enzimática), secado parcial, envoltura (fermentación no enzimática), secado, clasificación.

Oolong: cosecha, marchitado en exterior (al aire libre), marchitado en interior, cuarteado, oxidación parcial, fijación, enrulado, secado, clasificación.

Té negro: cosecha, marchitado, enrulado o corte, oxidación, secado, clasificación.

Puerh crudo: cosecha, marchitado, fijación, enrulado, secado al sol, humedecimiento o mojado, compresión (o se lo deja en hebras), añejamiento y fermentación post-producción.

Puerh cocido: cosecha, marchitado, fijación, enrulado, secado al sol, humedecimiento o mojado, apilado por aproximadamente una semana, compresión (o se lo deja en hebras), añejamiento y fermentación posproducción.

Hei cha: cosecha, fijación, enrulado, secado (generalmente al sol), mojado, apilado por hasta un año, pasaje por vapor, enrulado, secado, clasificación, pasaje por vapor, compresión (o se lo deja en hebras), añejamiento y fermentación posproducción.

Capítulo 3 ·
Principales
Regiones
Productoras
de Té

Originalmente la producción de hojas de té y su elaboración se realizaba en Asia, pero con el tiempo se fue extendiendo a otras regiones del
mundo. Hoy se produce en muchos más países, por lo que es posible
disfrutar de una amplia variedad de tés de origen. Cada región tiene
condiciones climáticas particulares, distinta geografía, altura, etc., lo
que hace que podamos disfrutar de una amplia gama de diferentes tés.
Los principales países productores, históricamente, han sido:

- China
- India
- Sri Lanka
- Kenia
- Malawi

- Turquía

- Indonesia

- Vietnam

- Japón

- Argentina

- Taiwán

Sin embargo, el té se está produciendo ahora en otros países, como Italia, Estados Unidos e Inglaterra, no solo debido al cambio climático sino a la ayuda de la investigación, a la genética aplicada a nuevos varietales y a la tecnología. La lista completa de países productores de té, según la FAO y CIA, es la siguiente:

En Norte y Sudamérica: Argentina, Ecuador, Guatemala, Nicaragua, Panamá, Perú, Usa – Se destaca la aparición de Hawai como productor de té ortodoxo, Carolina del Sur y Washington State.

En Asia: Azerbaiyán, Bangladesh, Camboya, China, Georgia, India, Indonesia, Irán, Japón, Corea del Sur, Laos, Malasia, Myanmar (Birmania), Nepal, Papua Nueva Guinea, Sri Lanka, Tailandia, Tíbet, Turquía y Vietnam.

En Europa: Inglaterra, Francia, Italia, Portugal (Azores), Rusia y Suiza.

En Oceanía: Australia y Nueva Zelanda.

En África: Burundi, Camerún, Congo, Etiopía, Kenia, Madagascar, Malawi, Malí, Mauricio, Mozambique, Ruanda, Seychelles, Sudáfrica, Tanzania, Uganda, Zambia y Zimbawe.

En la República Argentina se produce mayormente té del tipo CTC en el Litoral (provincias de Misiones y Corrientes). También existen pequeñas plantaciones que elaboran tés ortodoxos.

La época de cosecha en ese país se extiende desde octubre hasta abril o mayo. En el invierno se realizan podas anuales y de formación que estimulan el crecimiento de la planta para la siguiente temporada.

A continuación trataremos de descubrir qué hace tan especial a los tés de las regiones productoras más importantes.

El té en China

La República Popular China, conocida comúnmente como China, es el país más grande de Asia del este, así como también el más poblado del mundo con casi la quinta parte de la población mundial.

Tal como cuenta su historia, el té tiene origen en China. Es un árbol autóctono de ese país, y su clima y enorme área permiten producir cientos de variedades diferentes.

Los tés de China a menudo siguen siendo de elaboración artesanal, aunque se han incorporado al proceso algunas máquinas (como enruladoras, secadoras, etc). A medida que el país se vuelve más rico, se introduce más maquinaria.

Cada té de China tiene un *terroir* muy particular. Se encuentra mucho la nuez, el tostado y el ahumado, debido a la utilización de *woks* y hornos a carbón para fijar o secar el té.

Geografía: dada la enorme superficie del país, existen distintos climas y geografías. Las regiones productoras de té son montañosas y se encuentran mayormente en el sur del país.

En el norte el clima es seco y se extienden los desiertos de Gobi y Taklamakán. En el sur del país el clima es más húmedo y con bosques subtropicales. En el oeste se desarrollan las altas cordilleras montañosas del Himalaya y Tian Shan que ejercen de frontera natural entre

China e India y Asia Central. Al este se encuentran el mar de la China Meridional y el mar de China Oriental, que también baña las costas de la isla de Taiwán, la península de Corea y Japón. A lo largo de la costa del mar Amarillo y del mar de China oriental hay llanuras aluviales densamente pobladas.

Altura: varía desde el nivel del nivel del mar hasta el punto más alto en la cordillera del Himalaya (que hace de frontera con Bután, Nepal, India y Pakistán) en el monte Everest de 8.844 m de altura, según la Oficina Estatal de Topografía y Cartografía China (en 2005), o los 8.850 m según un estudio realizado por científicos estadounidenses (en 1999).

Clima: en las regiones montañosas los inviernos son crudos y los veranos muy cálidos. Las temperaturas oscilan entre los 13 y -20 °C en invierno, y entre los 23 y 32 °C en verano.

Principales zonas productoras

- Fujian: donde se producen muchos de los tés chinos más importantes, entre ellos: Huang Tian (té verde), Ro Gui, Tie Kuan Yin (oolong), Golden Monkey (té negro), Lapsang Souchong (en los montes Wuyi), Red Towers (té negro), tés verdes con jazmín y tés blancos.

- Zhejiang: donde se producen tés verdes, como Anji White Virgin, Lung Ching, Mao Jian, Tian Mu Yun Lo y Gunpowder, entre otros.

- Anhui: donde se produce té negro Keemun, y el amarillo (o dorado) Huo Shan Huang Cha.

- Hunan: donde se produce té dorado en la montaña Jun Shan en área del lago Dongting y el té rojo (negro). Hunan también produce un tipo de dark tea llamado Hunan Hei Cha.

- Yunnan: donde se produce té negro Yunnan y dark teas como el puerh.

Época de cosecha: las mejores cosechas del té se obtienen en la primavera china (marzo), pero en muchas plantaciones se cosecha el té hasta el otoño.

Tés más conocidos: los tés más famosos de China son el Lung Ching (verde), los tés blancos, tés verdes con jazmín, oolongs y Lapsang Souchong de Fujian, el Keemun, así como el puerh de Yunnan.

El té en India

La República de la India está ubicada en Asia del Sur. Se la conoce también como el subcontinente indio. Es el séptimo país más extenso del mundo, y el segundo más poblado.

Es hogar de la cultura del valle del Indo, identificada por su riqueza cultural y comercial en la mayor parte de su larga historia.

Cuatro de las religiones más importantes del mundo se originaron en la India: el hinduismo, el budismo, el jainismo y el sijismo.

Fue colonia de Inglaterra desde mediados del siglo XIX hasta el año 1947, logrando su independencia gracias al movimiento de la no violencia de Mahatma Gandhi.

Geografía: al norte se despliegan los Himalayas, la cadena montañosa más alta del mundo, y frontera natural con China. Al sur se extiende la llanura Indo-Gangética. Al oeste de esta llanura, y separado de ella por la cordillera Aravalli, se encuentra el desierto de Thar. Hacia el sur, en el centro del país, se extiende la meseta del Decán, flanqueada a la izquierda y derecha por dos cordilleras costeras, los montes Ghats occidentales y orientales.

Altura: las alturas máximas alcanzan más de 8.800 msnm en los Himalayas.

Clima: el clima de la India varía de tropical monzónico al sur, hasta templado continental al norte, y está fuertemente influido por los Himalayas y el desierto de Thar. Estas formaciones favorecen el desarrollo de los monzones (vientos muy fuertes estacionales). En verano soplan de sur a norte, cargados de lluvias. En invierno el clima es seco y frío, con vientos que soplan desde el interior.

Principales zonas productoras:

● Bengala Occidental: al noreste del país.

  ● Darjeeling

  ● Dooars

  ● Terai

● Assam: al noreste del país.

  ● Cachar

  ● Valle de Assam

● Sur del país.

  ● Karnataka

  ● Kerala (incluye Travancore y Munnar)

  ● Tamil Nadu

En el norte de la India también hay regiones productoras más pequeñas, como Tripura, Uttarakhand, Bihar, Manipur, Sikkim, Arunachal Pradesh, Himachal Pradesh, Nagaland, Meghalaya, Mizoram y Orissa con una producción inferior a las regiones mencionadas arriba.

La producción de té comenzó en 1834 en Assam, y se extendió a Darjeeling y las Nilgiri Hills en los años 1850s. Se produce té negro CTC y ortodoxo, y ahora algunos productores también elaboran té verde, oolong y blanco.

Época de cosecha: al igual que en China, las mejores cosechas de Darjeeling se obtienen en la primavera (marzo/abril), pero las mejores cosechas de Assam se producen al comienzo del verano (mayo/junio). En Nilgiri el té crece todo el año pero produce sus mejores tés en los meses fríos de diciembre y enero.

Tés más conocidos: Darjeeling, Assam.

El té en Sri Lanka

La República Democrática Socialista de Sri Lanka es una isla ubicada al sureste de India. Su forma y su cercanía a la India hicieron que la llamen la "Lágrima de la India".

Fue colonia inglesa desde 1815 hasta 1948. Durante ese período tomó el nombre, en inglés, de Ceylon, con el que se sigue denominando al famoso té de este país.

Geografía: la isla de Sri Lanka está en el océano Índico, al suroeste de la bahía de Bengala. Está separada del subcontinente indio por el golfo de Mannar y el estrecho de Palk.

Altura: el punto más alto es el monte Pidurutalagala de 2.534 msnm. Hacia la periferia de la isla la altura disminuye y las variaciones de temperatura también.

Clima: tropical. Está moderado por los vientos del océano y posee humedad considerable.

En pueblos como Nuwara Eliya, que se ubica en las montañas centrales y es famoso por la calidad de sus tés, la amplitud térmica es considerable, con un promedio de 16°C entre la temperatura más baja y la más alta. Las laderas suelen estar cubiertas de abundante niebla.

Principales zonas productoras: hasta 1869 Sri Lanka era conocida por sus plantaciones de café extendidas en las alturas del centro-sur de la isla, pero una peste mató las plantas de café y forzó a diversificar las plantaciones. Descubrieron que la planta de té crecía exitosamente, por lo que el cultivo del té se extendió rápidamente por las montañas centrales del sur. Alrededor del 90% de las fábricas producen tés negros ortodoxos, mientras que el resto son tés negros CTC.

Sri Lanka es una isla que crece en altura hacia su centro, con lo que presenta marcadas diferencias de altitud favorables a la distinción de los tés de baja, media y gran altura.

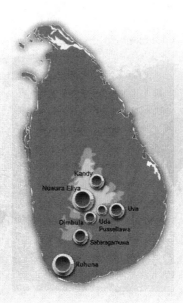

Los tés low-grown (crecidos a baja altura) se encuentran entre los 0 y 600 msnm, los mid-grown (crecidos a media altura) se producen entre los 600 y los 1200 msnm, y los los tés high-grown (crecidos a gran altura) son producidos por sobre los 1200 msnm.

Existen siete regiones principales de producción de té ubicadas al centro y sur del país:

- Sabaragamuwa (Low-grown) que incluye la capital de la provincia, Ratnapura

- Ruhuna (Low-grown) que incluye Galle

- Kandy (Mid-grown)

- Uda Pussellawa (Mid-grown a High-grown)

- Nuwara Eliya (High-grown)

- Uva (High-grown)

- Dimbula (High-grown)

Época de cosecha: la mayoría de los tés en Sri Lanka son cosechados durante todo el año, pero cada región tiene su temporada pico que depende, básicamente, de los vientos.

En Uva, por ejemplo, la mejor cosecha se obtiene en septiembre, una vez que cesa el fuerte viento de julio y agosto. En Dimbula, el pico se produce en enero y febrero.

Tés más conocidos: variedades muy apreciadas del Ceylon son el Nuwara Eliya, Uva Highlands y Dimbula.

El té en Kenia

La República de Kenia toma su nombre del monte Kenia, la cumbre más alta del país. El nombre significa "montaña luminosa" en una de las lenguas locales.

Kenia fue colonia alemana desde 1885 hasta 1890 y colonia inglesa desde ese año hasta 1963 cuando ganó su independencia.

Geografía: Kenia se encuentra situada en el este de África, en las costas del océano Índico. En el centro del país se extiende una meseta central atravesada de norte a sur por el Valle del Rift. En la meseta occidental se encuentran los principales parques nacionales de Kenia. El litoral es bañado por 500 km de costas y al noreste del país se extiende una zona semidesértica, dominada por el desierto de Chalbi.

Altura: el monte Kenia de 5.200 m se ubica en el centro del territorio, al norte de Nairobi, y es la cumbre más alta del país y la segunda de África después del monte Kilimanjaro. Hacia el este disminuye la altura hasta llegar a los 0 msnm en el océano Índico.

Clima: Kenia se encuentra a la altura del Ecuador. Su clima es tropical en la costa y árido en el norte y noreste del continente. Hay un largo período de lluvias desde marzo/abril hasta mayo/junio y otro más corto que va desde octubre a noviembre/diciembre. El período más seco (diciembre, enero y febrero) es el más alto para la producción de tés de calidad.

Principales zonas productoras: La producción de té comenzó en 1903 de la mano de los ingleses, y la mayor parte del té producido es CTC. La producción se distribuye en medio millón de pequeños productores ubicados mayormente al suroeste del país. Algunas zonas productoras son:

- Limuru
- Milima
- Kiambu
- Kericho
- Nandi

Época de cosecha: aunque se produce todo el año, las mejores cosechas son las de los meses secos de enero y febrero.

Tés más conocidos: Kenia CTC

El té en Japón

El Estado de Japón (palabra que significa literalmente "el país del origen del sol") consiste de una medialuna de islas en Asia oriental. Está ubicado entre el océano Pacífico y el mar del Japón, al este de China.

El área metropolitana de Tokio, que incluye a la capital y los alrededores, es la zona del mundo mayormente poblada, con más de 30 millones de personas.

Se sabe de la presencia del hombre en Japón desde el período Paleolítico Superior. El té, sin embargo, se cree que fue incorporado entrado el sigo VIII d.C. Los monjes budistas japoneses que habían estado estudiando en China por el año 729 d.C., conocieron el té y sus bondades, por lo que llevaron la planta a Japón y comenzaron a beberlo para facilitar la meditación. A partir de entonces comenzó producirse té en pequeños cultivos destinados mayormente a fines medicinales, para más tarde beberse de forma regular. Hoy el té en Japón es símbolo de su cultura y tradiciones.

Geografía: Japón está formado por un archipiélago de islas donde ningún punto terrestre está a más de 150 km del mar. Aproximadamente el 74% de su territorio es montañoso y con bosques. Debido a su ubicación en la zona volcánica del océano Pacífico, hay frecuentes terremotos y temblores.

Altura: montañas de entre 1.500 y 3.000 m de altura forman profundos valles. La altura máxima se alcanza en el Monte Fuji, a 3776 msnm.

Clima: su clima es templado con las cuatro estaciones bien diferenciadas. Posee abundantes lluvias y humedad, lo que lo hace ideal para la producción del té.

Principales zonas productoras: Las principales zonas productoras de té son:

- Tokyo: alrededores del Monte Fuji
- Shizuoka: donde se produce Sencha y Bancha
- Kagoshima: donde se produce Sencha y Bancha
- Kyushu: donde se produce Sencha y Bancha
- Okabe: donde se produce Gyokuro
- Uji: donde se produce Matcha, Gyokuro y Sencha

Época de cosecha: la cosecha comienza hacia el final de abril. La primera se realiza entre abril y mayo (primavera), la segunda en junio (verano), la tercera en julio y la última cosecha se efectúa en septiembre (otoño).

Aunque al principio, por herencia china, la cosecha se realizaba a mano, hoy casi todas las plantaciones cosechan sus hojas con máquina, lo cual, junto al proceso de fijación por escaldado, le impone un sabor característico a todos los tés japoneses, mucho más vegetales, como a algas y espinacas. Suelen ser más astringentes y menos dulces que los tés chinos, aunque algunos son intensamente dulces y tienen gusto a umami.

En Japón se produce mayormente té verde, pero cada vez más, los pequeños productores elaboran tés negros.

Tés más conocidos: los tés más famosos son el Gyokuro (durante su crecimiento se lo deja a la sombra 21 días, antes de ser cosechado, una técnica muy cara que hace que aumenten los niveles de clorofila, theanina y cafeína en las hojas, pero reduce el nivel de taninos que puede causar amargor en los tés verdes), el Sencha, el Bancha, el Tencha (el té que se produce para ser molido y convertirlo en té en polvo llamado Matcha, usado en la ceremonia japonesa del té), el Genmaicha (una mezcla de Bancha y arroz tostado) y el Hojicha (elaborado tostando el Bancha).

El té en Taiwán

La isla de Taiwán se encuentra frente a las costas de la provincia china de Fujian, separada de ésta por el estrecho de Taiwán.

Originalmente estaba poblada por pueblos de origen malayo-polinesio. En el siglo XVI los portugueses llegaron a la isla y la llamaron Ilha Formosa ("Isla hermosa") y, casi al mismo tiempo, los españoles se establecieron en el noroeste de la isla, pero fueron expulsados por los holandeses y los aborígenes locales. Entre 1624 y 1662 fue controlada por los holandeses, siendo expulsados por Zheng Chenggong (también conocido como Koxinga), un antiguo comerciante y pirata chino a las órdenes de la dinastía Ming. En el año 1811, más de 2 millones de colonos chinos emigraron a la isla.

En 1885 pasó a ser una provincia china, pero en 1895 fue cedida a los japoneses al final de la primera guerra chino-japonesa (1894-1895). El gobierno de Japón duró 50 años, hasta 1945 cuando la isla volvió al dominio chino. Cuando la Guerra Civil China (entre el partido nacionalista ROC *Republic of China* de Chiang Kai-shek y el partido comunista de Mao Zedong) terminó en 1949, se estableció la Republica Popular China en Beijing, mientras Taiwan se volvió un paraíso seguro para Chiang y 2 milones de sus simpatizantes. La animosidad entre los gobiernos de ambos países continuó desde esos tiempos con el gobierno taiwanés afirmando que Taiwán no es parte de China, y China afirmando que Taiwán es una provincia china.

La producción de té en Taiwan comenzó en el siglo XVII con la inmigración de los chinos de la zona de Fujián, justo frente a la isla de Taiwán.

Geografía: al centro-este de la isla el terreno es muy montañoso, con cinco cordilleras dispuestas de norte a sur. La costa occidental es una planicie donde se concentra la mayor parte de la población.

Altura: las montañas de Taiwán ocupan casi la mitad de la isla y hay más de 200 picos que superan los 2.000 m de altura. El más alto es el Pico Yu Shan ("montaña de jade") a 3.952 msnm.

Clima: tropical marítimo en la costa y subtropical en las zonas de montaña. Está afectado por el monzón sudeste y la estación de las lluvias dura desde junio hasta agosto.

Principales zonas productoras:

- Taipei: donde se produce oolong Tie Kuan Yin, Baozhong (pouchong, un oolong escasamente oxidado) Jade oolong, Amber oolong, entre otros.

- Nantou: donde se produce Dong Ding o Tung Ting, Yu Shan (oolongs) y algo de té negro.

- Lishan: donde se produce el famoso Li Shan oolong (oolong de alta montaña)

- Alishan: en Nantou donde se produce Alishan oolong

- Tao-Chu-Miao: donde se produce el exquisito Oriental Beauty (también llamado Bai Hao oolong o Fanciest Formosa oolong) y el Jade oolong.

Época de cosecha: la época de cosecha se extiende desde abril hasta diciembre, obteniéndose las mejores cosechas al comienzo de este período.

Tés más conocidos: como hemos visto, los tés más famosos de Taiwán son la gran variedad de oolongs producidos en la isla. El Oriental Beauty tiene particular fama porque depende de la picadura de una pequeña langosta (*Jacobiasca formosana paoli*) que muerde las hojas de la planta de té, rompiendo las celdas, y permitiendo que inicie la oxidación en las hojas cuando todavía están en la planta.

El té en Nepal

La República Federal Democrática de Nepal está ubicada en el Himalaya, rodeada al norte por China y al sur por la India. El país está separado de Bután por el estado indio de Sikkim, llamado "Corredor de Siliguri", donde Darjeeling limita con Assam y Bangladesh.

Geografía: en el país se encuentran montañas altas, colinas (que abarcan el valle de Katmandú) y la zona del Terai, una región de llanuras en la frontera con la India y que es parte de la cuenca del río Ganges.

Altura: el monte Everest (Sagarmatha, en nepalés), es el punto más alto sobre la Tierra, en la frontera con China, alcanzando los 8.844 m, según la Oficina Estatal de Topografía y Cartografía China (en 2005) o los 8.850 m según un estudio realizado por científicos estadounidenses (en 1999).

Clima: Nepal posee cinco zonas climáticas diferentes, directamente relacionadas con la altura del territorio. Por debajo los 1.200 m de altura, el clima es tropical y sub-tropical; es templado entre los 1.200 y los 2.400 m, mientras que la zona fría se ubica entre los 2.400 y 3.600 m. Entre los 3.600 y los 4.400 m se encuentra la zona subártica, y a más de 4.400 m el clima es ártico.

A su vez, Nepal tiene cinco estaciones: el verano, el monzón, el otoño, el invierno y la primavera.

La variedad de planta de té que crece mejor es la *Camellia sinensis sinensis*, que se adapta de igual manera a las regiones de altas montañas. Se produce mayormente té negro ortodoxo y CTC, y pequeñas cantidades de té verde.

Principales zonas productoras:

- Jhapa
- Ilam
- Panchthar
- Therathaum
- Dhankuta
- Jun Chiyabari

Época de cosecha: en abril se recoge la primer cosecha (*first flush*), luego en mayo y junio la segunda cosecha (*second flush*) y más tarde, hasta septiembre se recoge la cosecha monzónica. En octubre se recoge la cosecha otoñal (*autumnal*) que tiene un aroma más intenso.

Tés más conocidos: Nepal first flush y Autumnal.

El té en Vietnam

La República Socialista de Vietnam, es el país más oriental de la península indochina en el sudeste asiático.

La historia de Vietnam se remonta a más de 2700 años y la mayor parte de ellos estuvo gobernado por varias dinastías chinas. Obtuvo su independencia al comienzo del sigo X y ganó total autonomía un siglo después, pero por los siguientes 900 años sufrió invasiones de Camboya, Mongolia, China y Japón, invasión y colonización francesa, guerra civil e intervención militar de Occidente durante la Guerra Fría, y la Guerra de Vietnam. Solo a partir de 1989 el país no está en guerra con fuerzas extranjeras.

El té se bebe desde hace más de 3.000 años y se pueden encontrar árboles antiguos que aún se siguen cosechando para elaborar té en las zonas montañosas de norte y noroeste.

Geografía: su territorio es montañoso y con abundantes bosques. Existen dos llanuras principales: la del delta del Río Rojo (Sông Hồng, en el norte) y la del delta del Río Cuu Long (Sông Cửu Long - Mekong, en el sur).

Altura: la montaña de Fan Si Pan es la más alta de Vietnam y alcanza una altura de 3.143 m.

Clima: tropical y monzónico. La humedad es alta (de un 85% en promedio durante todo el año). La precipitación anual varía entre 1200 y 3000 mm, y las temperaturas oscilan entre 5° y 37 °C, lo que lo hace un clima ideal para el cultivo del té.

Principales zonas productoras: Vietnam produce una gran variedad de tés, incluyendo té ortodoxo y CTC, verde, blanco, oolong y dark teas. La mayor parte de los tés elaborados son negros y verdes.

El té se elabora en las siguientes regiones:

- Son La

- Lai Chau

- Dien Bien

- Lai Chau

Época de cosecha: la cosecha comienza en abril y se extiende hasta el invierno vietnamita.

Tés más conocidos: los aromatizados con flores como el loto y el jazmín.

Capítulo 4 ·
El Té -
Conceptos
Técnicos

La planta del té: las diferentes
partes y su nomenclatura

Desde la Antigüedad en China se le ha asignado nombres a las distintas hojas de la planta del té, comenzando desde los brotes hacia la raíz. El siguiente esquema muestra la asignación de esas denominaciones.

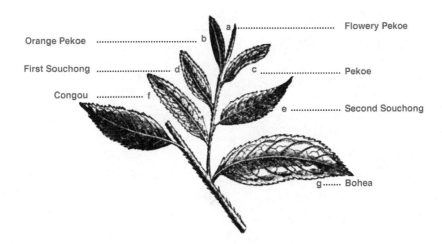

Fuente: Freeman and Chandler. "World's Commercial Products

De acuerdo con el dibujo, los nombres de las hojas son los siguientes:

Flowery Pekoe: Se trata del primer brote de la planta. Es el más tierno y repleto de antioxidantes.

Orange Pekoe: Se la llama así a la primera hoja que nace luego del brote. Es la más tierna de todas y con gran cantidad de antioxidantes. Se utiliza cuando se realiza la cosecha imperial (b+1): 1 brote + 1 hoja.

Pekoe: Es la segunda hoja luego del brote. Junto con la orange pekoe se recogen en la cosecha fina (b+2): 1 brote + 2 hojas.

First Souchong: se trata de la tercera hoja -más vieja y fibrosa- y se la utiliza cuando se realiza cosecha ordinaria (b+3): 1 brote + 3 hojas.

Second Souchong: es una hoja de inferior calidad que generalmente no se recoge en la cosecha manual para obtener tés ortodoxos. Para la elaboración de CTCs muchas de estas hojas son recogidas por cosechadoras mecánicas, dando lugar a tés más toscos, ya que se trata de hojas viejas, fibrosas y con poco contenido de antioxidantes.

Congou y Bohea: Hojas de menor calidad. Pueden recogerse para elaborar puerhs de baja calidad y para CTCs. El sabor de estas hojas es más plano, tosco y fuerte.

Grados de té negro: diccionario de las siglas

Algunas veces podemos encontrar paquetes o latas de té con diferentes siglas acompañando su nombre. Estas siglas son una denominación del denominado "grado de la hoja" y dan información acerca de la apariencia de la misma, el tamaño, el tipo y su grado de selección. Estos términos solo se aplican al té negro elaborado en ciertos países. Las siglas pueden variar de país a país y hasta pueden ser confusas, pero aprendiendo a leerlas junto con sus acrónimos realizaremos mejores compras de té. Sin embargo, es importante reconocer que los grados del té nos dicen poco acerca de la calidad del mismo. La apariencia de las hojas es importante al momento de comprar el té, pero no debe ser lo único que se debe considerar. Para determinar con certeza la calidad del té, es necesario probarlo. No todas las compañías que venden té usan esta terminología, y lo más importante al comprar té es adquirir uno de buena calidad, que le convenga y satisfaga al comprador.

Los grados del té varían de país a país, y los siguientes son términos usados generalmente para tés producidos en India, Sri Lanka, África, Indonesia, Malasia, Europa, etc. China, Taiwán, Japón, Vietnam y Corea del Sur usan su propia nomenclatura. Podemos encontrar algunas de las siguientes letras en diferente orden:

P: Pekoe – Hojas pequeñas, más ordinarias que OP

OP: Orange Pekoe – Hojas enteras

F: Flowery – Gran contenido de brotes

G: Golden - Gran contenido de brotes dorados de alta calidad

T: Tippy: Gran cantidad de puntas blancas o doradas

1: One – Se usa para describir un tamaño diferente de hojas del mismo grado. Por ejemplo OP y OP1. Son ambos Orange Pekoe pero OP1 tiene hojas de mayor tamaño

F (cuando es la segunda F en la sigla): Finest – El mejor

Ej: FTGFOP: Finest Tippy Golden Flowery Orange Pekoe

S: Special – Una cosecha vintage o muy especial

B: Broken – Hojas partidas

Los grados del té (hojas enteras):

Las combinaciones más comunes de siglas del té son las siguientes para hoja entera, pero se las puede encontrar también con alguna letra adicional que cada productor introduce con el fin de diferenciar cada tipo de té.

OP: Orange Pekoe

FOP: Flowery Orange Pekoe

GFOP: Golden Flowery Orange Pekoe

TGFOP: Tippy Golden Flowery Orange Pekoe

TGFOP 1: Tippy Golden Flowery Orange Pekoe One

FTGFOP: Finest Tippy Golden Flowery Orange Pekoe

FTGFOP 1: Finest Tippy Golden Flowery Orange Pekoe One

SFTGFOP: Special Finest Tippy Golden Flowery Orange Pekoe

SFTGFOP 1: Special Finest Tippy Golden Flowery Orange Pekoe One

Los grados del té (hojas rotas):

Cuando se trata de hojas partidas, se agrega la letra "B" para denominar el tipo de té broken:

BOP: Broken Orange Pekoe

BOP 1: Broken Orange Pekoe One

FBOP: Flowery Broken Orange Pekoe

GBOP: Golden Broken Orange Pekoe

GFBOP: Golden Flowery Broken Orange Pekoe

TGBOP: Tippy Golden Broken Orange Pekoe

BP: Broken Pekoe. Tercera hoja

BS: Broken Souchong: Las hojas más viejas

F: Fannings

D: Dust

Otros términos también utilizados

BMF: Broken Mixed Fannings: fannings rotos mezclados

BS: Broken Souchong: hojas pequeñas rotas

Ch: varietal chino

Cl: Clonal

RD: Pekoe Dust/Red Dust: polvo rojizo

Spc: especial

Otros términos
que vienen del idioma chino

Souchong: en chino significa "Xiao Zhong", que quiere decir "variedad de té de hoja pequeña". El té ahumado Lapsang Souchong, originalmente estaba hecho de una variedad de té de hoja pequeña de la provincia de Fujian, China.

Baihao (o Bai Hao): se agrega esta denominación en el nombre de los tés que poseen brotes con vellos blancos. Bai Hao significa "piel blanca" y generalmente se usa para describir tés blancos de alta calidad.

Maofeng: significa "pico con vellos" o "pico con piel" y hace referencia a los vellos blancos que cubren los brotes del té y a la forma puntiaguda de los brotes. Maofeng es un tipo de té, generalmente verde, y se usa para describir hojas secas que han sido enrolladas en pequeñas formas apretadas y alargadas, o con forma curva, cubiertas por algunos vellos blancos. Generalmente se usa para describir el carácter del té, en lugar de su calidad.

Congou: indica que se requiere mucho trabajo y esfuerzo elaborar este tipo de té.

Yin Zhen: significa "agujas plateadas" y se refiere a los brotes del té, generalmente en los tés blancos (silver needle).

PS-Pekoe Souchong: consiste en hojas más cortas y ordinarias que Pekoe.

En China los tés generalmente se gradúan por número. First –primero– denomina el grado más alto, y luego se va bajando la numeración hasta 7, 8 o 9, en función del estilo de la hoja, su forma y cuán cuidadosa haya sido la elaboración, y cuán prolijas, parejas y de aspecto fresco son las hojas de ese té. Como en otros sistemas de graduación del té, estos números no nos dicen nada acerca de su sabor, sino acerca de su apariencia. El sistema de grados del té en China también puede hacer referencia al momento de la cosecha, por ejemplo: pre-qingming lung ching significa *Lung Ching o Dragon Well* (su nombre en inglés) "pre-lluvias", usado para denominar los tés tempranos de la primavera que son cosechados antes de que lleguen las grandes lluvias de esa estación.

En Taiwán y Japón los grados del té varían (hacia abajo) como sigue: Extra Choicest, Choicest, Choice, Finest, Fine, Good Medium, Medium, Good Common, Common, Nubs, Dust y Fannings.

Todos los sistemas para asignar grados al té dependen mucho de la opinión de la persona que aplica los términos, por lo que varían mucho de región en región.

Toda la información que podamos conocer acerca del té será muy útil a la hora de realizar una compra de té o de iniciar un emprendimiento. Muchas veces las compras de té se realizan por catálogo, o sea, estudiando una extensa lista de tés enviada por el vendedor, de donde se escogen las variedades a comprar según su descripción. Las abreviaturas, denominaciones y grados previamente vistos nos ayudarán a tener una idea del aspecto y estilo del té, pero es importante recordar que para realizar una buena compra es conveniente solicitar muestras y probar cada té antes de comprar.

El mercado del té

El té se compra y vende de tres formas: en subastas, directamente de los productores, o de mayoristas. Veremos a continuación cada una de ellas.

Subastas de té

Los precios del té se fijan en subastas. Una subasta o remate es una venta organizada de té a la que asisten compradores, o sus agentes, de todo el mundo. Como en toda subasta, la venta está basada en la competencia directa y los lotes de té se venden al postor que pague la mayor cantidad de dinero. Estos precios son tomados como referencia para las transacciones comerciales internacionales y también marcan tendencias de comportamiento de los mercados.

Las subastas de té se desarrollan en grandes salas del estilo de un teatro donde el proceso está dirigido por el subastador que está sentado al frente y, generalmente, tiene uno o dos ayudantes sentados a los costados.

Antes de ser subastados, todos los tés disponibles para la venta son catados, para que los agentes o potenciales clientes puedan apreciar su calidad, y así poder decidir qué tés desean comprar y cuánto dinero están dispuestos a ofertar en la subasta.

En todo el mundo, los *brokers* y compañías de té tienen grandes salones de cata donde se muestran todos los tés a subastar.

Una vez que los tés fueron evaluados, se compila un catálogo que es enviado a los potenciales compradores antes de la subasta. Nunca hay té en la sala de subastas. El té permanece en la fábrica hasta que haya sido vendido y entonces es enviado a los compradores alrededor del mundo.

Luego de determinar qué té se ofrecerá para la venta, se realiza la subasta.

Los compradores gritan sus ofertas o levantan la mano cuando quieren comprar. Si un cliente puja satisfactoriamente por un lote de té, otros podrían querer compartir el lote, entonces gritan su pedido.

Al final de la subasta todos saben qué té compró cada uno y el precio pagado está disponible para todas las compañías. Las subastas de té son totalmente transparentes y hacen que el comercio del té sea justo.

Principales centros de subastas de té

India

- Calcutta
- Guwahati
- Siliguri
- Coimbatore
- Cochin
- Coonoor

Sri Lanka

- Colombo

África

- Mombasa, Kenia
- Limbe, Malawi

Indonesia

- Jakarta

Japón

- Shizuoka

- Kagoshima

Compra directa al productor

El té también es vendido directamente del productor al cliente. Esto se ha hecho mucho más fácil desde la introducción del teléfono celular y la Internet. Cualquier pequeño o gran comprador de té ahora puede tratar directamente con fincas individuales o jardines para comprar pequeñas o grandes cantidades.

De esa forma, el cliente debe hacerse responsable de controlar los residuos pesticidas, el transporte y todo el papeleo requerido para importar el té.

Compra a través
de mayoristas/distribuidores

Los mayoristas son compañías que:

- Compran té a granel de las diferentes regiones productoras del mundo.

- Realizan todos los controles de residuos de pesticidas.

- Realizan mezclas o blends de té.

- Crean blends para clientes especiales.

- Proveen infusiones de hierbas e ingredientes saborizantes además de té.

- Usualmente proveen accesorios como teteras, envases para el almacenamiento del té, *packaging*, equipo para hacer la infusión, etc.

Estas compañías funcionan como un único punto de venta para pequeños comerciantes y ofrecen un servicio muy útil, en particular para compañías nuevas.

Comprar y vender té como negocio

Es el sueño de la mayoría de los amantes del té tener su propio *teashop*. Lo más importante para hacerlo es ofrecer tés de buena calidad y variedad, y ubicar el negocio estratégicamente de acuerdo al público al que está dirigido.

Para armar nuestra casa de té o *teashop* necesitamos pocas cosas, aunque son muy importantes. Cada una requiere gran esfuerzo de investigación, selección y negociación. Se necesita como mínimo:

- Un nombre
- Registrar la marca
- Un sitio web
- Un local
- *Packaging* (latas, bolsas, frascos)
- Proveedores de pastelería
- Proveedores de té

Packaging

El *packaging* debe ser llamativo y bello, pero sobre todo debe cumplir con condiciones básicas para la conservar la calidad y sabor del té:

- Debe ser inocuo
- Debe aislar el té de la luz
- Debe aislar el té de los olores y la humedad

- Debe ser estanco

- Debe ser práctico

- Debe ser higiénico

El té debe ser almacenado en un lugar fresco y seco, para conservar su aroma y sabor en óptimas condiciones.

Evaluación de proveedores de té

Lo más importante es contar con proveedores de té confiables, que entreguen la calidad precisa solicitada. No se debería comprar té sin probar una muestra antes. Una vez decidido qué tés se desean comprar, se espera recibir los mismos tés que se han probado. Nunca se debería recibir un té distinto del que se compró. Es importante confiar en que el proveedor enviará el té que se ha probado en la muestra.

Comprar té no siempre es fácil. Cuando se lo hace de forma directa de los países productores, hay que considerar todas las diferencias culturales (como el idioma, las expectativas de negocio, la diferencia horaria, la moneda, etc.) entre nosotros y los productores en China, Japón, Taiwán, India, Sri Lanka, etc.

Como todo producto alimenticio, el té debe cumplir con requisitos legales, pero también es deseable que cuente con certificaciones que demuestran que el té cumple con ciertas regulaciones o estándares. Esto podría ser una garantía de que el té es orgánico, o que pasó controles de calidad, o que fue elaborado cumpliendo normas ambientales o éticas que protegen a los trabajadores y cuidan la sustentabilidad del medioambiente, etc.

Los productores que no elaboran tés orgánicos usan Agentes de Protección de Plantas o Plant Protection Agents (PPAs) para ayudar a su crecimiento. Se trata de insecticidas, pesticidas, fertilizantes, etc. que incluyen químicos. El uso de PPA está estrictamente controlado por los países importadores y los tés de todas las regiones son examinados regularmente para asegurar que el nivel de residuos no excede los estándares aceptables (nivel máximo permitido de residuos o MRL).

En Estados Unidos, los niveles máximos de residuos de plaguicidas son establecidos por la Agencia de Protección Ambiental y son controlados por la Administración de Alimentos y Drogas o (Food and Drug Administration, FDA)

En la Unión Europea los estándares son establecidos por la comisión directiva de la UE en Bruselas y cada país realiza el control, por lo general, a través del Ministerio de Agricultura.

Tés orgánicos

Los tés orgánicos han ganado la atención en el último tiempo, y se están volviendo más y más populares. Son tés que se cultivan sin el uso de químicos, bajo condiciones estrictamente controladas y certificadas.

Los productores de tés orgánicos buscan:

- Maximizar el uso de recursos de la finca

- Conservar la fertilidad del suelo y la actividad biológica natural

- Trabajar en un medioambiente sostenible a largo plazo

- Minimizar el uso de los recursos no renovables

- No utilizar fertilizantes ni plaguicidas sintéticos para proteger el medio ambiente y la salud humana

Los productos orgánicos son caros y de trabajo intensivo, por lo que los tés de este tipo son más caros que los no orgánicos. Sin embargo, más y más productores están produciendo sus tés de forma orgánica, y la variedad disponible está creciendo todo el tiempo.

Como cuando se compra cualquier té, es importante probar muestras antes de decidir qué té orgánico será indicado para nuestro negocio.

Certificaciones

Diferentes organizaciones alrededor de mundo conocidas como "entes certificadores" monitorean y certifican la producción orgánica de té.

También hay otras certificaciones que aseguran que los procesos de elaboración, o el producto, cumplen con ciertos requisitos establecidos por diferentes organizaciones o países.

Veamos algunas a continuación:

- BRC Global Standards (Estándares Globales del British Retail Consortium): programa global de certificación para el aseguramiento de la calidad y la seguridad utilizado por proveedores y minoristas para facilitar la estandarización de la calidad, seguridad, criterios de operación y el cumplimiento de las obligaciones legales de los fabricantes. También ayudan a proporcionar protección al consumidor.

- ETP (Ethical Tea Partnership): formada en 1997 en el Reino Unido, es una alianza no comercial de compañías de té internacionales que trabajan juntas para mejorar las condiciones sociales y ambientales en sus cadenas de suministro. La membresía está abierta a cualquier compañía en Europa, América del Norte, Australia y Nueva Zelanda y los miembros cuentan con más de 50 marcas que se venden en más de 100 países. El programa de monitoreo ETP es gratuito para el productor de té, y cubre aspectos sociales y ambientales clave basados en el código de las Ethical Trade Initiatives (Iniciativas de Comercio Ético) que cubre las los principales criterios y convenciones del International Labour Organisation (Organización Internacional del Trabajo)

- EUREPGAP: es un programa privado de certificación voluntaria sobre sanidad y rastreo de los alimentos. Promueve buenas prácticas de agricultura: Good Agricultural Practice (GAP)

- FAIR TRADE (Comercio justo): pretende mejorar las condiciones de los trabajadores de las fincas donde crece el té o se elabora, así como también proteger los intereses de los pequeños productores y los trabajadores en plantaciones agrícolas.

- HACCP (Análisis de Peligros y de Puntos Críticos de Control): Permite identificar potenciales peligros y amenazas a la sanidad alimenticia, y recomienda medidas para su control y eliminación.

- IMO Control (Institute for Marketecology Control): certificación para el seguramiento de la calidad y sustentabilidad de los productos.

- ISO 9000: (ISO: International Organization for Standardization) norma de aseguramiento de la calidad.

- ISO 14001: tiene el propósito de apoyar la aplicación de un plan de manejo ambiental en cualquier organización del sector público o privado.

- ISO 22000: norma de aseguramiento de la seguridad alimentaria.

- RAINFOREST ALLIANCE: aspira a trabajar para conservar la biodiversidad y asegurar que las personas que viven de la agricultura lo hagan de una forma sustentable mediante el cambio de prácticas de uso de la tierra, prácticas comerciales y del comportamiento del consumidor.

- SA8000: es una certificación voluntaria, la cual fue creada por una organización estadounidense llamada Responsabilidad Social Internacional (Social Accountability International - SAI), con el propósito de promover mejores condiciones laborales.

- USDA Organic: Certificación otorgada por el Departamento de Agricultura de los Estados Unidos (USDA: United States Department of Agriculture).

- UTZ: Es un sistema de provisión agrícola sostenible que controla el uso de buenas prácticas, y responsabilidad social y ambiental.

Capítulo 5 ·
El Servicio
de Té

Características de
un buen servicio de té

Al momento de preparar un buen té, nada puede faltar. Los utensilios son lo más importante después del agua y las hebras del té. La preparación requiere destreza en el manejo de los utensilios, y control de la temperatura del agua y del tiempo de infusión, que es el lapso que permanecen las hebras del té en contacto con el agua.

Los siguientes son los utensilios necesarios para preparar correctamente el té:

- Tetera

- Tazas

- Infusor (instrumento parecido al colador, donde se colocan las hebras de té, y sirve para retirarlas una vez cumplido el tiempo de infusión)

- Reloj (usado para medir el tiempo de infusión)

- Termómetro (usado para medir la temperatura del agua)

- Agua a la temperatura justa para el tipo de té seleccionado

- Té

- Cuchara (medida de té) o una balanza digital para incorporar la medida justa de hebras al agua)

Cada tipo de utensilio presenta particularidades, y los hay de diferentes tamaños y materiales. Analizaremos algunos de ellos.

Teteras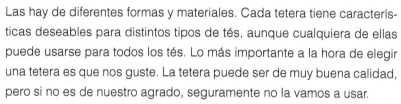

Las hay de diferentes formas y materiales. Cada tetera tiene características deseables para distintos tipos de tés, aunque cualquiera de ellas puede usarse para todos los tés. Lo más importante a la hora de elegir una tetera es que nos guste. La tetera puede ser de muy buena calidad, pero si no es de nuestro agrado, seguramente no la vamos a usar.

Cuando se usan teteras hechas de materiales porosos como terracota, arcilla sin esmaltar, se recomienda usar solo un tipo de té en cada tetera, dado que con el tiempo la tetera irá adquiriendo el sabor del té infusionado en ella.

Teteras Yixing

Hechas de arcilla formada por agua, sílice, plomo, estaño y óxidos metálicos, estas teteras son famosas en todo el mundo. Su nombre se debe a la zona donde se extrae la arcilla "púrpura" con la que se fabrican: Yixing, en la provincia de Jiangsu, China.

Estas teteras se fabrican desde la dinastía Song (960 - 1279) con el método de tallado en bloque, por colada o con torno. Son elaboradas a mano por artesanos a partir de delgados trozos de arcilla. Muchos maestros heredaron el arte de hacer estas teteras de sus padres y abuelos, y logran piezas que son verdaderas obras de arte. Esto muchas veces hace que estas delicadas teteras tengan precios elevados.

Dado que su material es poroso, estas teteras absorben una diminuta cantidad de licor té durante su uso y, luego de un tiempo de uso prolongado, desarrollan un recubrimiento que retiene el sabor y el color del té, mejorando con el tiempo la infusión que con ellas se prepara, razón por la que no debe emplearse jabón para limpiarlas, sino enjuagarlas sólo con agua y dejarlas secar al aire.

En su libro *Las cerámicas de Yixing: desde el período Ming al presente*, K.S.Lo cuenta que "excavaciones arqueológicas han revelado que tan pronto como en la dinastía Song (siglo X) los alfareros cerca de Yixing usaban la arcilla zisha local para fabricar utensilios que podían emplearse como teteras. El autor de finales de la dinastía Ming Zhou Gaoqi afirmó que durante el reinado del emperador Zhengde (1502–1521) un monje del Templo Jinsha ('arena dorada') de Yixing fabricó una tetera de excelente calidad con arcilla local. Las teteras de una calidad semejante se hicieron pronto populares entre las clases pudientes, y la fama de las teteras de Yixing empezó a extenderse".

Tés más recomendados: oolongs, pouchongs y puerhs.

Teteras de cerámica

De vivos colores, paredes gruesas y formas diversas.

Sus paredes son gruesas dado que su método de fabricación es por colada con el uso de moldes. El material cerámico tiene baja transferencia de calor, por lo que conserva la temperatura del agua mejor que los demás materiales.

Dado que el material cerámico es muy frágil, estas teteras deben ser manipuladas con mucho cuidado evitando golpes. Hasta el menor descuido podría causar que se salte el esmalte o que la tetera se rompa. Sin embargo dada su baja transferencia de calor, y los delicados y variados diseños en los que se presentan, son una de las mejores opciones a la hora de comprar una tetera.

La palabra cerámica deriva del griego keramikos, "sustancia quemada", seguramente porque se obtiene cociendo la materia prima, la arcilla, en hornos a temperaturas elevadas. Se emplea agua, sílice, plomo, estaño y óxidos metálicos. Para la cerámica llamada "gres" se utiliza una arcilla no calcárea y sal. Otro material importante es el caolín mezclado con cuarzo y feldespato. También se emplea el polvo de alabastro y mármol.

Tés más recomendados: rojos y puerh

Teteras de porcelana

Las teteras de porcelana son elegantes y cuentan con una apasionante historia. Son piezas muy valoradas desde hace siglos en oriente y occidente, y las hay de muchas formas y diseños.

Su material es un producto cerámico tradicionalmente blanco, compacto, duro y translúcido desarrollado por los chinos en el siglo VII o VIII. Durante siglos la porcelana fue comercializada y valorada especialmente en Europa como objeto de lujo. Muchos fueron los que intentaron descubrir su fórmula de fabricación, hasta que en 1709 el alemán Friedrich Böttger logró obtener la fórmula de la porcelana cociendo distintos materiales a temperaturas superiores a los 1300°C. La empresa alemana Meissen fue la primera en fabricar porcelana en Europa.

Las paredes de las teteras de porcelana suelen ser más delgadas que las de cerámica pero mucho más resistentes y tienen baja transferencia de calor, por lo que mantienen la temperatura del licor (aunque menos que la cerámica).

Tés más recomendados: blancos y verdes.

Teteras japonesas

Las hay de distintos materiales, como arcilla, porcelana e incluso de vidrio.

Su particularidad es la forma. Cuentan con una manija lateral que se sostiene con toda la mano.

Tés más recomendados: verdes.

Teteras de hierro

Por su composición tienen gran transferencia de calor (pierden la temperatura del licor con rapidez). Las mejores de este estilo tienen una capa interior de esmalte para no transmitir sabores metálicos a la infusión. Con el tiempo pueden oxidarse. No deberían ser refregadas, sino enjuagadas solo con agua, y secadas al aire libre.

Tés más recomendados: cualquier tipo de té.

Teteras de plata

Muy populares en Inglaterra y Francia en el pasado, las teteras de plata son un símbolo de status social y lujo. Como la de hierro, pueden transmitir sabor metálico a la infusión pero las más modernas están revestidas en teflón antiadherente para evitar esto.

La plata tiene la desventaja de tener una altísima conductividad térmica (transmite el calor fácilmente) haciendo dificultosa su manipulación.

Tés más recomendados: verdes y negros.

Teteras de vidrio

Las paredes de las teteras de vidrio pueden ser de distinto grosor, pero en general son delgadas. En todos los casos la pérdida de calor en el vidrio es importante, aunque menor que en los metales. El gran atractivo del vidrio es poder observar las hebras y el color de la infusión.

Tés más recomendados: verdes, blancos y flower tea (té arte o té display).

Tazas

Existe gran variedad de tazas, de diversos materiales, cada una indicada para cada persona en función de su gusto. Para tener una mejor apreciación del aroma, calidad y color de la infusión, es recomendable contar con tazas con su interior de color blanco.

Llamamos taza al recipiente que tiene asa (manija) para sostenerla. Y llamamos cuenco al recipiente en forma de bowl que no tiene asa.

En algunos países bebedores de té se usan tazas especiales para algunos tipos particulares de té, como las que siguen.

Gaiwan

Es la taza sin asa con tapa y plato muy de moda en la dinastía Ming en China (1368-1644). Su particularidad es que su tapa se usa para contener las hebras (dentro de la taza) impidiendo que éstas salgan mientras se bebe el té. Manteniendo la tapa colocada sobre la taza, pero levemente corrida de su centro, las hojas del té se ven detenidas por ésta, permitiendo actuar de seudo-infusor.

Los Gaiwans son recomendados para tés que necesitan mayor tiempo de infusión, como algunos tés verdes chinos, puerhs y oolongs.

Gong Fu

El Servicio de Té

Los sets Gong Fu son usados principalmente en la ceremonia china del té y en reuniones donde el dueño de casa quiere compartir un buen té con sus invitados.

Los sets Gong Fu se componen de una bandeja, una fuente para las hebras secas, una pequeña tetera de terracota, una pequeña jarra, un pequeño cuenco para cada invitado y un vasito de paredes altas llamado "vaso de aroma" que permite a los invitados apreciar con mayor intensidad los aromas del té.

Cuando se sirve el té, se vierte el licor dentro de los vasos de aroma, y a cada invitado se le entrega un vaso de aroma lleno de té y un cuenco vacío. Cada invitado vierte el té en su cuenco (estilo *bowl*) con cuidado y mueve su vaso de aroma cerca de su nariz para disfrutar de la concentración de aromas dentro del vaso alto. Entonces admira el color y transparencia del licor dentro del *bowl* y luego, finalmente, bebe del cuenco para apreciar su sabor.

Los cuencos suelen ser pequeñitos (de alrededor de 5 cm de diámetro y 2,5 de alto).

Los sets Gong Fu son recomendados para permitir el disfrute de la belleza visual, la calidad del sabor y aroma de tés en hebras de alta calidad.

Chawan

PÁG.
94

Manual del Sommelier de Té

Es el cuenco utilizado en la ceremonia japonesa del té. Dado que en este antiguo ritual se prepara el té verde en polvo (matcha) que se agita con un pequeño batidor de bamboo, el bowl debe ser de gran tamaño comparado con los pequeñitos cuencos utilizados en la ceremonia tradicional china. De forma generalmente redonda, suelen tener entre 8 y 12 cm de diámetro y 4 a 7 cm de alto. El chawan suele ser de aspecto rústico, de líneas y decoración muy simple, elaborado de forma muy cuidadosa por artesanos, suele ser considerado una obra de arte.

Kulhar

En la India, es costumbre beber el "masala chai", un té negro infusionado en agua con leche que contiene especias como cardamomo, pimienta, canela y clavo. Se bebe en la calle, en puestos que venden porciones de té caliente en pequeños cuencos de arcilla llamados "Kulhar". El Kulhar se usa y se tira para volver a ser parte de la tierra una vez más.

Infusores

El infusor es un instrumento parecido al colador, donde se colocan las hebras de té y sirve para retirarlas una vez cumplido el tiempo de infusión. Es muy importante el uso del infusor para separar de forma rápida

Infusor nuez (de acero inoxidable)
Suficientemente grande para preparar una taza de té.

Infusor cilíndrico (de acero inoxidable)
Suficientemente grande para preparar una taza de té.

Infusor cuchara.
Demasiado pequeña para la mayoría de los tés ; útil para hojas de té bien pequeñas.

Infusor con forma de tetera.
Evitar estos. Demasiado pequeños para cualquier tipo de té.

Infusor de acero inoxidable
Sirve para preparar varias tazas o una tetera.

Infusor de bambú
Sirve para preparar varias tazas o una tetera.

y fácil las hebras del agua y no superar el tiempo indicado para cada tipo de té, en que las hebras están en contacto con el agua.

Hay infusores de distintos tamaños, materiales y formas. Lo más importante a tener en cuenta acerca del infusor es su tamaño. Cuanto más amplio, mejor. Es necesario darle suficiente lugar al té para que las hebras se hidraten, se expandan e infusionen todo su color, aroma y sabor en el agua. Si el infusor es demasiado pequeño, el té no se preparará correctamente.

Relojes

El reloj o *timer* es usado para medir el tiempo de infusión, o sea, el que permanecen las hebras de té en contacto con el agua. Ese tiempo es crítico para preparar bien el té. Si las hebras están en contacto con el agua más tiempo del recomendado para ese tipo de té, seguramente se arruine la infusión y se obtenga un licor muy amargo y astringente. Si el tiempo de infusión es inferior al recomendado, el licor saldrá débil, suave, o le faltará aroma y sabor.

Cada tipo de té tiene su tiempo recomendado de infusión y es muy importante respetarlo.

Termómetros

Otro utensilio esencial para preparar bien el té es el termómetro. Éste es usado para medir la temperatura del agua y lograr una adecuada preparación del té.

Así como cada té tiene su tiempo de infusión recomendado, también tiene su temperatura recomendada.

Verter agua sobre las hebras de té a una mayor temperatura de la indicada puede hacer que las hebras se quemen, especialmente si se trata de un té delicado.

Por otro lado, verter el agua sobre las hebras del té a una temperatura inferior a la indicada puede hacer que el té no infusione correctamente, y al licor le faltará sabor y color.

Para preparar bien el té es importante contar con agua a la temperatura justa para el tipo de té seleccionado.

Cucharas (o medidas de té)

Para incorporar la medida justa de hebras al agua es necesario contar con una forma de medir las hebras. Las balanzas digitales pueden ser muy útiles, pero necesitan ser de una de considerable precisión (0,1 gramo) por lo que si no están disponibles se puede usar una cuchara de té para usar la medida correcta de hebras.

Balanzas digitales

Más y más gente usa las balanzas digitales para medir con precisión la cantidad necesaria de té. Son prolijas, livianas, fáciles de transportar en un bolsillo o cartera y generalmente ofrecen la opción de medir diferentes unidades, como onzas o gramos.

La cantidad correcta de té

Por lo general se sirve entre 2,5 y 3 gramos por taza, pero esto puede variar dependiendo del gusto personal de cada individuo y del tipo de té que se prepare.

Cuando medimos la cantidad de té para preparar la infusión es muy importante recordar que cuanto más grande es la hoja seca del té, más volumen tiene y menos peso por volumen. Por lo tanto, para preparar un té de hoja grande usaremos más volumen de hebras secas que para preparar un té de hoja partida. La regla es que cuánto más pequeña sea la hoja, más intenso suele ser su sabor (con contadas excepciones) y, por lo tanto, necesitamos menos hojas y se puede usar una cucharita más pequeña.

Para preparar el té en una tetera, medimos una cucharita de té por cada taza (según la capacidad de la tetera).

El agua para el té

Hay muchos mitos sobre el agua que se usa para preparar el té. ¿Debemos usar agua de la canilla? ¿Debemos usar agua mineral? ¿Debemos filtrar el agua para preparar el té? ¿El agua debe hervir? ¿No debería hervir? ¿Cuál es la mejor?

Es importante que el agua que usamos para preparar el té tenga mucho oxígeno, signo de buen estado de la misma. Lu Yu dijo que la mejor agua es la que proviene de un manantial de montaña, la segunda es la que procede del río y la más pobre la que viene de pozo. El agua de manantial contiene más oxígeno, por lo que resulta mejor para preparar el té.

Para nosotros es difícil (pero no imposible) acceder a un manantial de montaña, por lo que consideraremos la mejora agua:

- Mineral (pobremente mineralizada).

- Corriente filtrada.

La temperatura a la cual calentamos el agua varía de acuerdo con el tipo de té que preparemos.

Cómo preparar el mejor té

- Elegir el té especial para la ocasión. Cada momento, cada circunstancia, tiene su té especial.

- Disponer previamente de los utensilios necesarios:

  - Tetera
  - Infusor
  - Reloj
  - Termómetro
  - Agua a la temperatura justa para el tipo de té seleccionado
  - Té
  - Medida, cucharita o balanza
  - Tazas

- Medir la cantidad de té necesaria.

- Templar la tetera: volcar dentro de la tetera un chorro de agua caliente para que comience a calentarse, evitando pérdidas de calor en la infusión, y asegurando una correcta preparación del té. Dejar el agua unos minutos dentro de la tetera y desecharla.

- Medir la temperatura del agua antes de preparar el té. Si la misma no es la correcta para ese tipo de té, aguardar a que la temperatura llegue a su nivel adecuado.

- Colocar las hebras, o el infusor con ellas adentro, en la tetera y verter el agua encima.

- Dejar infusionar por el tiempo indicado para ese té.

- Cumplido el tiempo de infusión, quitar el infusor de la tetera y cerrar la tapa. Si colocamos las hebras sueltas en la tetera, es recomendable transvasar el licor para que no se supere el tiempo indicado de infusión.

- Servir el té en la taza y disfrutar.

Reglas básicas de temperatura del agua y tiempo de infusión

Los siguientes son los tiempos de infusión y temperaturas del agua recomendados para preparar los diferentes tipos de té en hebras, ya sea de hoja entera o rota. En todos los casos se debe considerar bajar el tiempo de infusión dependiendo del tamaño de la hoja. Cuanto más pequeña, más rápida la infusión. Algunos lectores podrían preferir usar distinta temperatura del agua y tiempo de infusión según su gusto personal.

- Tés blancos: 75 a 85 °C – 3 a 5 minutos.

- Tés verdes y amarillos: 70 a 80°C – 1 a 2 minutos.

- Tés azules (oolongs): 75 a 95 °C - 5 minutos

- Tés rojos (negros): 75 a 90 °C - 3 a 4 minutos

- Dark Tea: diferentes tipos de dark tea (puerh o hei cha) de distinta edad de añejamiento necesitan diferentes temperatura y tiempo de infusión. Si el té está comprimido, comenzar enjuagando rápidamente las hebras. Luego, como regla general:

    - Hei cha: 80 a 90 °C – 1 minuto. Repetir infusiones cortas de 1 minuto por 5 a 6 veces a 70-80°C.

    - Puerh cocido: 95 °C – 1 a 5 minutos dependiendo de la intensidad del licor requerida. Repetir infusiones por 6 a 10 veces.

    - Puerh crudo:

        1ra infusión: 80 °C –1 minuto

        2da infusión: 70 °C –1 minuto

        3ra infusión: 70 °C – 1 minuto

        4ta infusión: 70 °C –1 minuto

        5ta infusión: 70 °C 1 a 2 minutos

Los tés comprimidos de cualquier variedad deberían enjuagarse antes de ser consumidos: comenzar enjuagando las hebras muy rápidamente en agua caliente a la temperatura indicada para ese tipo de té, y desechar esa agua. Luego infusionar durante el tiempo adecuado.

Método de las burbujas

Si queremos saber la temperatura del agua pero no contamos con un termómetro, los chinos[3] ofrecen un método no muy científico pero que, aseguran, funciona:

- 82 – 88 °C: Crab Eye Water ("agua ojos de cangrejo"): El vapor es suave y se están formando pequeñísimas burbujas en el agua.
- 88 – 93°C: Fish Eye Water ("agua ojos de pescado"): El agua comienza a silbar, el vapor es intenso y se forman burbujas pequeñas en el agua.
- 100°C: Old Man Water ("agua de hombre grande") – El agua hierve a borbotones.

Mitos sobre el té

El agua no debe hervir

Muchos mitos dicen que el agua no debe llegar a su punto de ebullición porque de esa manera se perdería el oxígeno disuelto en el agua, haciendo que el té sepa plano e insulso.

---

3. Lam Kam Chuen. *The Way of Tea: The Sublime Art of Oriental Tea Drinking.* Barron´s, 2002

Lo cierto es que el oxígeno disuelto en el agua se libera a temperaturas muy inferiores a la del punto de ebullición. Como muestra la curva de solubilidad del oxígeno en el agua, ya a los 40°C la presencia de oxígeno disuelto en el agua es tan baja que casi no hay diferencia con la cantidad de oxígeno disuelto en el agua en el punto de ebullición, o la temperatura promedio utilizada para infusionar el té (entre 70 y 95 °C).

Curva de solubilidad del oxígeno en el agua:

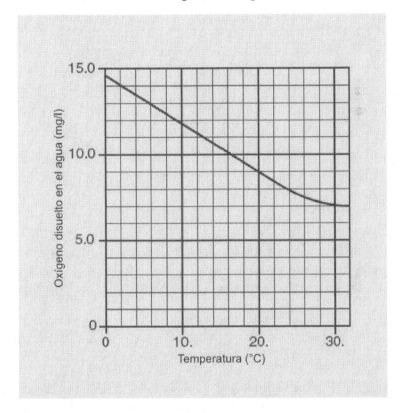

La explicación química de este proceso de pérdida de oxígeno del agua se atribuye a que las moléculas de oxígeno (O_2) son no-polares y las del agua son polares. Como el O_2 y el H_2O tienen distinta polaridad, el O_2 tiene baja solubilidad en el agua.

Cuando el agua alcanza los 95 o 96°C, todavía hay abundante cantidad de oxígeno disuelto en ella. Pero si la hacemos hervir por un tiempo, perderá más oxígeno. Entonces es aceptable permitir que el agua alcance su temperatura requerida pero rápidamente se debe apagar el fuego.

Sin embargo, a veces es deseable hacer hervir el agua para eliminar las bacterias que podrían hacernos daño, o dañar el sabor del té, por ejemplo, cuando usamos agua dura (con alto contenido de minerales, aguas con componentes químicos indeseados como calcio, sales de magnesio, etc). En esos casos, parte de la dureza del agua precipita al hervir y así el agua será levemente mejor para preparar el té. Pero es mejor evitar aguas duras para preparar el té. Tés delicados como los Darjeelings, tés verdes, etc., generalmente se estropean por completo si los preparamos con agua dura.

En química, el agua dura (también llamada calcárea) es aquella que posee una dureza superior a 120 mg $CaCO_3$/l. Es decir, que contiene un alto nivel de minerales. Estos son las causantes de la dureza del agua y el grado de dureza es directamente proporcional a la concentración de sales metálicas.

Muchas ciudades poseen aguas duras. En esos lugares el licor de té es muy claro, y de sabor muy suave y plano. Resulta que por la dureza del agua, aún estando caliente no logra extraer todo el sabor, color y aroma del té.

Cuando tenemos que usar aguas duras es altamente recomendable filtrarla, luego hacerla hervir y dejarla reposar unos instantes para que los minerales precipiten. De esa manera, muchos de los componentes que le aportan dureza al agua se logran eliminar o reducir, mejorando la infusión.

Hierva el agua o no, lo más importante es que cuando la utilizamos para preparar el té, ésta esté a la temperatura adecuada. Nunca debemos verter agua hirviendo sobre las hebras, pero si el agua hierve y se la deja enfriar a la temperatura adecuada, el té será mejor.

Maridajes

El maridaje en el té es el arte de casar, de encontrar la mejor pareja para el té seleccionado (o al revés). Debemos observar si se aprecian todos los sabores del alimento, y si el aroma y sabor del té persiste en la boca, y evitar combinaciones que se perjudiquen o anulen mutuamente.

Para determinar si un alimento es buena pareja de un té, debemos observar cuánto el té limpia la boca luego de ingerir el alimento. Si al combinar un té con una comida, ésta invade el sabor del té, entonces decimos que el alimento "ha matado a su pareja". Por el contrario, si se aprecian todas las notas del té, pero se desluce el alimento, entonces el té "ha matado a su pareja".

El maridaje es el arte del mejorar la apreciación sensorial del té con los alimentos...se busca el mejor complemento para cada uno.

Cada té tiene su pareja ideal, pero puede maridarse con diversos alimentos logrando a veces sorprendentes resultados.

Reglas básicas de maridaje

El maridaje es una técnica empírica. Cada vez que organicemos un té, debemos probar con anticipación el maridaje para asegurarnos de que éste realmente funciona.

¿Qué pasa, por ejemplo, si decimos "el té negro Ceylon marida perfecto con los *scons*"? ¿Es esta una verdad absoluta? En la mayoría de los casos, un té negro Ceylon maridará de maravilla con *scones* con mermelada roja y crema agria. ¿Pero qué sucede, por ejemplo, en el caso de un Ceylon Uva de hoja partida, muy intenso y astringente maridado con un simple *scon*, que tenga bajo contenido de grasa? Seguramente el Ceylon matará a su pareja. La gran astringencia del té frente a la baja untuosidad del alimento hará que el té oculte el sabor del scon y no podamos disfrutar de esa comida. Por el contrario, si por ejemplo maridamos un Ceylon Dimbula OPA de hoja entera poco enrollada, suave y nada astringente, con *scones* con alto contenido de manteca, muy probablemente este Ceylon no logre "limpiar" la boca invadida por la manteca. En este caso, el *scon* oculta al té. Se debe buscar el equilibrio en el té y en la comida.

Lo que queremos lograr con los maridajes es una pareja feliz, que conviva en paz sin matarse mutuamente. Por eso buscaremos que los tés y las comidas se complementen, se mejoren y potencien.

Algunos ejemplos muy generales (siempre con excepciones):

- Tés blancos: solos.

- Tés dorados: solos.

- Tés verdes japoneses: con pescados, comidas fritas y dulces empalagosos.

- Tés verdes chinos: con fideos, vegetales hervidos o grillados, pescados, postres suavemente cremosos, dulces suaves y frutas frescas.

- Tés azules (oolongs): solos, con pastelería básica o chocolates suaves, miel o nueces.

- Tés negros (rojos): con quesos, carnes, fiambres, pastas, dulces y mermeladas, pastelería y comidas especiadas.

- Puerh: con comidas muy especiadas, hongos y comidas aceitosas o grasas.

Momentos del día para tomar los distintos tipos de té

- Tés blancos: a media tarde o después de cenar.

- Tés verdes: a media mañana, con el almuerzo, a media tarde, luego de cenar.

- Té oolong: por la mañana, a media tarde o a la noche.

- Tés rojos (negros): en ayunas, con el desayuno, a media maña-na, antes de las comidas como hepatoprotector, en la merienda –estilo afternoon tea inglés–, con las comidas.

- Puerh: en ayunas para adelgazar, luego de las comidas como digestivo, con comidas con alto contenido de grasas.

Capítulo 6 ·
Propiedades
del Té

Las hojas del té tienen compuestos químicos cuyas propiedades pueden actuar sobre nuestro cuerpo y mente, pero es importante mencionar que el té alimenta nuestro espíritu. Casi 5000 años de historia han generado una rica cultura alrededor de esta bebida. Mitos, historias, leyendas, ceremonias, costumbres, arte… todo está dentro de una taza de té. Disfrutar de una taza de té es una experiencia sensorial y cultural.

Principales compuestos químicos del té

Las hojas frescas del té, recién cosechadas, tienen un alto porcentaje de agua, y gran cantidad de vitaminas, minerales y antioxidantes. Se componen de 75 a 80% de agua. Poseen un 40% de producto insoluble (almidón, la clorofila, resinas, etc.) y un 60% de producto soluble que se transfiere al licor, una vez realizada la infusión.

Polifenoles: actúan en el cuerpo como antioxidantes. Los polifenoles son un grupo de sustancias químicas encontradas en plantas caracterizadas por la presencia de más de un grupo fenol por molécula. Los polifenoles son generalmente subdivididos en taninos hidrolizables, que son ésteres de ácido gálico de glucosa y otros azúcares; y fenilpropanoides, como la lignina, flavonoides y taninos condensados.

Flavonoides (catequinas GC, EC, ECG, EGC y EGCG)**:** Pueden ayudar a prevenir enfermedades cardiovasculares, colaboran a reducir el riesgo de cáncer y ayudan a retrasar el envejecimiento. Las catequinas son los principales flavonoides del té. Son sustancias antioxidantes 100% más eficaces que la vitamina C y 25% más eficaces que la vitamina E, se encuentran en un 30% en el té verde y en un 11% en el té negro.

Theaflavinos y thearubiginos: Son polifenoles que se generan durante el proceso de oxidación, en la elaboración del té, presentes en el té negro.

Taninos: Son los responsables de la astringencia y del sabor amargo del té. Son sustancias fenólicas que le confieren al té propiedades cicatrizantes y antidiarreicas. Además, pueden inhibir la absorción del colesterol, por lo que pueden ayudar en la disminución del nivel de colesterol en sangre.

Sales y minerales: Flúor, calcio, cinc, potasio, magnesio.

Vitaminas: A, B1, B2, B6, B12, C y D.

Cafeína: es un alcaloide conocido por sus propiedades termogénicas. También nos ayuda a mantenernos despiertos y enfocados. Los polifenoles del té ralentizan el ritmo de absorción de la cafeína, por lo que su efecto se nota más lentamente y es más duradero. Además, la cafeína junto con los polifenoles también puede ayudar a que disminuya la absorción de las grasas en nuestro organismo.

Algunos libros se refieren a la teína como un compuesto diferente de la cafeína. De hecho, la teína es el mismo compuesto químico que la cafeína, pero con distinto nombre y se pueden usar ambos términos indistintamente.

L-theanina: es un aminoácido antiestrés, diferente de la cafeína, que se absorbe en el intestino delgado, actúa sobre los neurotransmisores y estimula a las ondas alfa que aumentan la actividad cerebral, mejoran el foco mental y la capacidad de concentración, al tiempo que permite que el cuerpo y el cerebro permanezcan calmados.

Contenido de cafeína en el té y el café

Café expreso .... 300 mg.
Café de filtro .... 115 mg.
Una taza de té............ 25-70 mg.

Recientes investigaciones han demostrado que los niveles de cafeína presentes en los distintos tipos de té, reportados anteriormente, son incorrectos. La cafeína está en la planta del té mientras crece y representa el 1,4% – 4% del peso de la hoja. Ahora se cree que todos los tipos de té contienen aproximadamente la misma cantidad de cafeína, pero ésta varía de acuerdo a:

- El varietal de la planta. Por ejemplo, se cree que las hojas de la *Camellia sinensis assámica* contienen mayor nivel de cafeína

- La química del suelo

- La altura

- Cuán jóvenes son las hojas cuando se cosechan (las hojas más jóvenes contienen apenas más cafeína)

- Cuánto té se usa para preparar la infusión

- El tiempo de infusión (cuanto más prolongado, mayor el nivel de cafeína del licor)

- La temperatura de infusión (en agua más fría, menos cafeína pasa a la infusión)

Propiedades del té

Así como el té tiene compuestos que ayudan a mejorar la salud, éste se disfruta desde hace miles de años por su efecto sobre el ánimo, provocando bienestar y con beneficios espirituales, como veremos a continuación.

El té y la belleza

- Aporta un alto nivel de antioxidantes que combaten los radicales libres y ayudan así a prevenir el envejecimiento
- Mejora la piel y las uñas
- Ayuda a quemar las grasas
- Sacia el hambre y apaga la sed
- Es totalmente natural

El té y la salud

- Protege el sistema inmunitario
- Puede ayudar a prevenir el cáncer
- Contiene vitamina C, que colabora a reducir el estrés, combatir las infecciones y fortalecer el sistema inmunitario
- Contiene flúor que ayuda a prevenir las caries y las enfermedades de las encías
- Combate el proceso de degradación de las células provocado por los radicales libres
- Ayuda a mantener sanas las arterias, protegiendo contra accidentes cardiovasculares, trombosis y enfermedades cardíacas
- Colabora a reducir el colesterol

- Ayuda a controlar la presión sanguínea
- Hace bajar los niveles de azúcar en sangre, evitando la diabetes y la obesidad

Encanto

- El té nos regala un momento para disfrutar de nosotros mismos
- Es una linda forma de agasajar a un ser querido
- Nos hace compañía cuando estamos solos
- Nos invita a compartirlo con amigos
- Nos permite implementar rituales antiguos o crear una ceremonia propia
- Nos da un momento de relax y placer
- Nos invita a ser parte de un mundo refinado
- Nos lleva a lugares lejanos y nos introduce en diferentes culturas
- Nos hace sentir bien

Propiedades del Té

Mitos sobre el té

El té causa estreñimiento

El té no solo no causa estreñimiento, sino que ayuda a regularizar la flora intestinal. Es por eso que se recomienda su ingestión en cuadros de diarreas, infecciones intestinales, y para prevenir y combatir el cáncer de intestino.

El té en sus diferentes variedades (y el puerh en mayor medida) acelera el metabolismo hepático y eso puede ayudar a proteger el hígado. Este incremento metabólico de actividad hepática provoca la aceleración de la digestión, lo que estimula el tránsito intestinal.

Capítulo 7 · Análisis Sensorial del Té

El análisis sensorial o evaluación sensorial del té consiste en una técnica que permite expresar en palabras lo que se percibe mediante los sentidos. Para la evaluación sensorial del té, se realiza un análisis con la vista, el oído, el olfato, el tacto y el gusto.

En boca y a través de nuestras papilas gustativas percibimos los gustos básicos. Estos son: dulce, salado, amargo, ácido y umami.

No es necesario explicar lo que es el gusto dulce, el salado, el amargo ni el ácido, pero sí nos encontramos con uno no muy conocido por todos o, al menos, por su nombre: el umami. Se trata del GMS (glutamato monosódico) o sal sódica de glutamato. Umami es un término japonés que se traduce directamente como "sabor delicioso" y aporta a los alimentos gran cuerpo, sensación en boca y suculencia. Se considera que el unami es esencial para el sabor, ya que intensifica los aromas. Se usa ampliamente en alimentos salados y en *snacks* para realzar la intensidad del sabor general. El glutamato es uno de los aminoácidos que más comúnmente se encuentra en la naturaleza. Es el principal componente de muchas proteínas y péptidos, y está presente en la mayoría de los tejidos. Entre muchos otros productos, se encuentra en el pescado y en el té verde.

Descriptores

En la evaluación sensorial del té, distinguiremos los gustos básicos anteriormente mencionados y aromas, tanto en nariz como en boca, además de sensaciones táctiles en boca.

Los descriptores nos ayudan a identificar y expresar los aromas del té, mediante la comparación de lo que percibimos con elementos conocidos, lo que se conoce como "memoria sensorial". Son las palabras que usamos para describir el aroma identificado. Cada uno de ellos, tanto en nariz como en boca, se describe con "notas" o recuerdos de aromas similares a productos conocidos. Podemos describir el aroma de algo nuevo por medio de la comparación con uno o muchos productos que sepan igual. Por ejemplo, se puede decir que tal té tiene notas a cacao, y no contener ese producto, pero en boca se siente un aroma parecido al del cacao. Para esto contaremos con un **diccionario de descriptores aromáticos** que será el lenguaje utilizado para describir los aromas.

La evaluación sensorial es una experiencia totalmente personal, que se basa en la historia sensorial de cada persona. Quien nunca ha probado una fruta, como por ejemplo el lychee chino, jamás podrá decir que un té tiene ese aroma o sabor pero podrá identificar una fruta similar, como los nísperos. Es por eso que cuantos más productos diversos conozcamos (como frutas, especias y otros alimentos), mayor será la sensibilidad con la que podamos evaluar el aroma y sabor de un té.

Es importante mencionar que todas las personas tienen la capacidad de entrenar sus sentidos para lograr un correcto análisis sensorial del té. Es necesario tener práctica y estudiar el proceso de evaluación o cata del té. Con el tiempo, los sentidos se agudizan y la identificación de aromas y notas es mucho más fácil.

Una vez identificados los gustos y aromas, se busca evaluar los que predominan en el ataque (o primera impresión), medio (lo que viene luego del ataque) y el final (o dejo).

Para hacer que esta evaluación sensorial sea lo más objetiva posible, es que contamos con el lenguaje estándar para la descripción de las sensaciones y recuerdos que despierta cada té. Este lenguaje estándar está expresado en el diccionario de descriptores aromáticos.

Diccionario de descriptores aromáticos

Utilizamos la evaluación sensorial del té para expresar con palabras lo que percibimos a través los sentidos. Nuestro objetivo en la cata es identificar lo que estamos percibiendo, y describirlo de una forma en que todos podamos entenderlo.

El diccionario de descriptores aromáticos es el conjunto de palabras que usaremos para describir los aromas que encontramos en el té. Será el universo de palabras a usar cuando se realice el análisis sensorial de un té. Los descriptores pueden ser virtuosos o positivos (indentifican notas aromáticas que describen el perfil sensorial del té) o pueden ser defectuosos o negativos (identifican olores típicamente relacionados con defectos en el té).

Descriptores virtuosos o positivos

- Notas especiadas: canela, clavo, pimienta, jengibre, cardamomo, cilantro, tomillo, curry, nuez moscada.

● Notas florales: flores blancas, flores rojas, jazmín, gardenia, lirio de los valles, madreselva, rosas, lilas, violetas, orquídea, crisantemos, manzanilla.

● Notas frutales: naranja, limón, lima, frutos rojos, frutillas (fresas), mango, melón, papaya, durazno blanco (melocotón), durazno amarillo (melocotón rojo), damascos (albaricoque), nísperos, banana, uva blanca, manzana roja, manzana verde, manzana hervida, manzana asada, pera, pera en compota, frutas pasas, ciruelas pasas, uvas pasas, orejones, dátiles, cáscara de naranja abrillantada (cáscara de naranja confitada).

● Notas vegetales: pasto (hierba fresca), algas, margaritas, alfalfa, heno, menta, pino, pinocha húmeda (pinaza), espárragos, alcauciles (alcachofas), repollo, brócoli cocido, coliflor, romero, pimiento verde, vegetales crudos, vegetales hervidos, vegetales grillados (vegetales a la parrilla), acelga hervida, zanahoria acaramelada, calabaza hervida, calabaza grillada (calabaza a la parrilla), batata al horno (boniato o camote al horno), nuez tostada, almendras, maní (cacahuate o cacahuete), maní tostado, cáscara de maní, oliva, arroz tostado.

● Notas amaderadas/ahumadas: madera, madera mojada, aserrín, ahumado, carbón, ceniza, tierra, tierra mojada, tabaco, tostado, pan tostado.

● Notas animales: pescado crudo, pescado hervido, pescado grillado, carne roja cocida, carne roja asada, pollo hervido, pollo grillado.

● Notas aromáticas: chocolate, cacao, caramelo, jarabe, almíbar, café, leche, manteca (mantequilla), malta, miel, miel tostada, vainilla.

Descriptores defectuosos o negativos

- Notas minerales: metal, tiza, polvo, tierra seca, grafito.

- Notas químicas: petróleo, desinfectante, alcohol, papel, conservantes, edulcorantes, plástico.

- Otras: rancio, humedad.

También podemos encontrar defectos en el campo visual, como por ejemplo:

- Hebras pegadas.

- Hojas de distinto tamaño.

- Color inapropiado para un determinado tipo de té (por ejemplo un Darjeeling First Flush que tenga hojas color marrón oscuro, en lugar de la típica mezcla de verde claro, marrón claro y dorado).

- Presencia de elementos extraños (fibras, troncos, piedritas, etc.).

- Licor turbio.

- Aceite o grasa en la superficie del licor.

- Material en suspensión en la infusión.

Cada vez que percibimos algo mediante la vista, el olfato, el tacto, el gusto o el oído nuestro cerebro realiza una búsqueda rápida en nuestra memoria sensorial y lo asocia con algo conocido. De esta manera, cuanto mayor sea la cantidad de elementos que podamos identificar mediante los sentidos (como frutas, verduras, especias, carnes crudas y cocidas, pescados, etc) mayor será la sensibilidad de nuestra evaluación. Esto lo hace una experiencia muy personal, por eso siempre debemos recordar que para que nuestra evaluación sea lo más objetiva posible, debemos ajustar nuestra memoria sensorial al vocabulario específico para la cata: el diccionario de descriptores aromáticos. Los descriptores citados arriba serán las palabras a utilizar al describir el té.

Cada vez que identificamos algo a través de los sentidos, debemos relacionarlo con uno de los descriptores de nuestro lenguaje. ¿Cómo es entonces que cuantos más elementos sepamos identificar con los sentidos, mejor? ¿Acaso no alcanzaría con entrenar nuestro cerebro para que reconozca tan sólo los descriptores listados en este libro? Si hiciéramos eso, estaríamos truncando el infinito poder de nuestro cerebro y el descubrimiento de maravillosas sutilezas en el té, concentrando sólo nuestra percepción en lo que buscamos. Lo más importante aquí es comprender que el hecho de reconocer la mayor cantidad de cosas mediante los sentidos permitirá entender lo que estamos detectando. Ese es el mayor desafío en la cata (y el objetivo más difícil de lograr). Si conseguimos identificar lo que estamos oliendo o degustando, sólo nos resta ponerle un nombre. ¿Cuál? El que más se ajuste dentro de los que se encuentran en nuestra lista de descriptores aromáticos, que es el lenguaje que nos permitirá comunicar una idea clara de lo que estamos percibiendo. De esta manera estaremos modelizando algo tan complejo y variable como es el té. Este es el objetivo final de la técnica de cata, y del análisis sensorial del té.

La cata de té – Técnica de cata

Es importante diferenciar lo que es una "degustación" de una "cata técnica" del té.

Por un lado, la degustación es una evaluación subjetiva de la infusión de té, donde el objetivo es determinar si este nos gusta o no, identificando a grandes rasgos las características del té.

Por otro lado, la cata es una experiencia sensorial que nos transporta a varios niveles de descubrimiento. Es la combinación de ciencia y arte utilizada para evaluar la calidad del té y la satisfacción que se obtiene al beberlo. En la cata se realiza el análisis, la identificación de un té y su degustación, para describir y medir parámetros de calidad como el aroma, la frescura, el cuerpo, el color y transparencia del licor, entre otros atributos.

En la cata nos dedicamos a aprender a disfrutar de cada variedad de té de una forma más detallada que en una degustación, prestando singular atención no solo en el aroma de cada té, sino también en su cuerpo, la forma de sus hojas, el color de su licor y la sensación táctil en boca, entre otras cosas.

Su objetivo es distinguir y describir la apreciación sensorial que tenemos de cada té: su color, forma, aroma, en referencia a elementos que conocemos, desde una perspectiva lo más objetiva posible.

Terminología a utilizar en la cata

- Sabor: el perfil sensorial de un té formado por la suma de aromas identificados en nariz y boca, el gusto y la sensación táctil en boca.

- Ataque: llamamos así al primer aroma que se siente.

- Medio: el aroma que identificamos luego del ataque.

- Terminación, *aftertaste* o dejo: el aroma final del té.

- Cuerpo: la viscosidad del té en boca. ¿Es liviano como el agua o muy viscoso como el aceite?

- Textura: la sensación táctil del té en boca. ¿Tiene una textura fina y liviana como el agua o gruesa y untuosa como el terciopelo?

- Astringencia: cuánto seca la boca.

- Pungencia: sensación de picazón, irritación en la boca.

- Complejidad: ¿Es un té "complejo" que despliega un gran abanico de aromas o es simple o "plano"?

● Longitud: la duración de los aromas en la boca. ¿Es corta o es larga?

Hoja de cata de té

Nombre	T	t	Hojas Secas			Hojas Humectadas		Licor		
			Aroma	Vista	Sonido	Aroma	Vista	Aroma	Vista	Sabor
				Grado: Cant. Brotes: Granulometría: Forma: Color:		Ataque: Medio: Terminación:	Grado: Granulometría: Color:		Transparencia: Color:	Gusto básico: Notas aromáticas: Ataque: Medio: Terminación: Sensaciones táctiles: Astringencia: Cuerpo: Textura: Pungencia: Complejidad: Longitud:

La hoja de cata es una planilla que se suele usar para documentar la apreciación sensorial cuando catamos distintos tés. Sirve para obtener una evaluación escrita de los tés, y para poder compararlos de forma analítica.

Cata técnica del té

Consta de los siguientes pasos:

1. Identificar el tipo de té

2. Examinar las hojas secas: análisis olfativo, visual y auditivo

3. Preparar el té

4. Equilibrar el licor

5. Examinar las hojas humectadas: análisis olfativo y visual

6. Examinar el licor: análisis olfativo, visual y gustativo

A continuación se describirá la técnica de cata paso a paso:

1. Identificar el tipo de té

Determinar de qué tipo de té se trata:

- Té blanco
- Té amarillo o dorado
- Té verde
- Té Pouchong
- Té azul o oolong
- Té rojo o negro
- Dark Tea (Puerh cocido, Puerh crudo o Hunan Hei Cha)

2. Examinar las hojas secas

Análisis olfativo

2.1 Las hebras de té secas deben tener un aroma fresco y definido, sin olor a humedad (a excepción de los *dark teas*). Buscaremos identificar la presencia de *off notes* o descriptores defectuosos para determinar la calidad del té. La ausencia de descriptores defectuosos es indicio de que el té está en buen estado para ser consumido.

En esta etapa evaluaremos el atributo **off notes** asignándole **uno** de los siguientes valores:

- Presencia de *off notes*
- Ausencia de *off notes*

Análisis visual

2.2 Analizar el atributo **grado de las hojas** asignándole uno de estos dos valores:

- Hoja entera o *Leaf* (hoja entera, o mezcla de hojas enteras, grandes partes de hojas rotas y brotes)

- Hoja rota o *Broken* (hoja partida)

Muchas veces el tamaño de las hojas es confirmado evaluando las hebras humectadas.

2.3 Evaluar la **cantidad de brotes**. Asignaremos **uno** de estos cuatro valores:

- Nula

- Baja

- Media

- Alta

2.4 Las hebras secas del té deben tener la misma granulometría (ser del mismo tamaño permitiendo pequeñas variaciones). Cuando se trate de un blend, analizar que cada componente tenga una granulometría pareja. En esta etapa evaluaremos el atributo **granulometría de las hojas** asignándole **uno** de estos dos valores:

- Regular (pareja en todo el volumen analizado)

- Irregular

2.5 Identificar la forma de las hojas. En esta etapa evaluaremos el atributo **forma de las hojas**, asignándole **uno** de estos tres valores:

- Aplanada

- Curvada

- Helicoidal

- Enrollada

2.6 Evaluar el **color** y asignar hasta **dos** tonalidades asociadas a las hebras secas del té:

- Amarillento
- Dorado
- Ámbar
- Cobre
- Amarronado
- Anaranjado
- Rojizo
- Rosado
- Negruzco
- Grisáceo
- Plateado
- Azulado
- Verdoso

Análisis auditivo

2.7 Apretar las hebras con las manos y evaluar el ruido de las hojas al partirse. Eso nos permitirá detectar si las hojas están secas o poseen algo de humedad. Lo que esperamos de un té en buen estado para ser consumido es que las hojas hagan un ruido crujiente. Asignar al atributo **sonido de las hojas al partirse uno** de estos dos valores:

- Crujiente
- No crujiente

3. Preparar la infusión de té

3.1 Seleccionar buena agua "la madre del té".

3.2 Determinar la temperatura del agua.

3.3 Infusionar durante el tiempo adecuado. Ver "Regla básica de temperatura del agua y tiempo de infusión" en el capítulo 5.

4. Equilibrar el licor

Para la cata de té se ha creado una taza especial compuesta por el cuerpo de una taza pequeña con asa, tapa y un cuenco en el que se vierte el licor. Para su uso se colocan las hebras dentro de la taza, se la llena de agua, se deja infusionar el té durante el tiempo adecuado y luego se vierte el licor dentro del cuenco. La taza tiene en uno de sus bordes aberturas similares a dientes por donde pasa el licor, quedando las hebras atrapadas entre los dientes y la tapa de la taza.

Si no contamos con una taza de cata para el servicio individual del té, una vez infusionado verter todo el licor en una tetera precalentada, para que el sabor sea homogéneo en toda la infusión.

5. Examinar las hojas humectadas (técnicamente llamadas "infusión")

Análisis olfativo

5.1 Oler las hebras humectadas cuando aún estén calientes, antes de que se enfríen del todo. Acercar la nariz y boca a las hojas humectadas. Oler. Tratar de distinguir el aroma en la boca y en la nariz, pues eso nos dará grandes indicios de lo que encontraremos en la taza.
El análisis de las hebras humectadas es el más importante en cuanto a la fase olfativa, ya que nos dará mucha información, más aún que el análisis realizado sobre el licor.

En esta etapa evaluaremos el atributo **aroma** seleccionando del **diccionario de descriptores aromáticos**, los valores que se identifiquen.

Análisis visual

5.2 Analizar el atributo **grado de las hojas** asignándole **uno** de estos dos valores:

- Hoja entera o *Leaf* (hoja entera, o mezcla de hojas enteras, grandes partes de hojas rotas y brotes).

- Hoja rota o *Broken* (hoja partida).

Confirmar la evaluación realizada en la fase de hebras secas

5.3 Las hebras humectadas del té deben tener la misma granulometría (ser del mismo tamaño permitiendo pequeñas variaciones). Cuando se trate de un blend, analizar que cada componente tenga una granulometría pareja. En esta etapa evaluaremos el atributo **granulometría de las hojas** asignándole **uno** de estos dos valores:

- Regular (pareja en todo el volumen analizado)

- Irregular

5.4 Evaluar el **color** y asignar hasta **dos** tonalidades asociadas a las hebras humectadas del té:

- Amarillento

- Dorado

- Ámbar

- Cobre

- Amarronado

- Anaranjado

- Rojizo
- Rosado
- Negruzco
- Grisáceo
- Plateado
- Azulado
- Verdoso

6. Examinar el licor

Análisis olfativo

6.1 Evaluar el atributo **aroma** del licor. Para esto, mantener el licor con la taza tapada unos segundos para lograr la concentración de aromas. Acercar la nariz a la taza o cuenco y abrir la tapa para sentir el ataque del aroma o primera impresión. Oler las veces que sea necesario para captar los aromas del té. La mayor concentración de aromas a nivel olfativo se observa en las hebras humectadas. En el licor se hará un análisis rápido de los aromas y se pasará a apreciar el licor en boca.

Análisis visual

6.2 En la etapa visual se examina el licor en busca de brillos en la superficie, y se analiza su transparencia en busca de materia en suspensión. El licor de té no debe tener materia en suspensión ni en la superficie del líquido, con excepción de algunos tés verdes de estilo japonés (fijados al vapor) que pueden tener algunas partículas en suspensión.

Evaluar la transparencia del licor. Al atributo **transparencia** le asignaremos **uno** de dos valores:

- Transparente (como el agua).

- Turbio (como un té verde japonés o un té negro con una cucharada de leche descremada en polvo).

6.3 Observar la tonalidad del **color**. Asignar hasta **dos** tonalidades asociadas al licor (la infusión) del té:

- Amarillento

- Dorado

- Ámbar

- Cobre

- Amarronado

- Anaranjado

- Rojizo

- Rosado

- Negruzco

- Grisáceo

- Plateado

- Azulado

- Verdoso

Análisis gustativo

6.4 Pasear el té por toda la boca. En esta etapa evaluaremos el atributo **gusto** seleccionando **uno o más** de los cinco sabores básicos:

- Dulce

- Salado

- Amargo

- Ácido

- Umami

6.5 Beber el té incorporando oxígeno para facilitar la identificación de los aromas.
En esta etapa evaluaremos el atributo **aroma** seleccionando del **diccionario de descriptores aromáticos**, los valores que se identifiquen.

6.6 Evaluar las **sensaciones táctiles percibidas en la boca**.
En esta etapa analizaremos varios atributos, a saber:

6.6.A. **Astringencia**. Este atributo puede tomar **uno** de estos valores:
- Nula
- Baja
- Media
- Alta

6.6.B. **Cuerpo**. Este atributo puede tomar **uno** de estos valores:
- Liviano (poco viscoso como el agua)
- Medio
- Gran cuerpo (muy viscoso como el aceite)

6.6.C. **Pungencia**. Este atributo puede tomar **uno** de estos valores:
- Nula
- Baja
- Media
- Alta

6.6.D. **Textura**. Este atributo puede tomar **uno** de estos valores:
- Fina (como el agua)
- Media

* Gruesa o aterciopelada (como la manteca)

6.6.E. **Complejidad**. Este atributo puede tomar **uno** de estos valores:

* Plano (es simple)
* Complejo (despliega un gran abanico de aromas)

6.6.F. **Longitud**. Este atributo puede tomar **uno** de estos valores:

* Corto
* Medio
* Largo

Utilizando esta técnica seremos capaces de identificar lo que percibimos a través de nuestros sentidos y expresarlo en palabras, de forma tal que todos podamos entenderlo.

Evaluando los distintos atributos y otorgándoles un valor estandarizado, como hemos expuesto en las líneas anteriores, podremos describir las características organolépticas de cada té e incluso evaluar su calidad, su estado de conservación e identificar defectos.

La experiencia es muy importante en este sentido. Todo el conocimiento previo que tengamos sobre el té servirá para detectar anomalías, tés dañados, contaminados, deteriorados en algún sentido o atributos no esperados. Por ejemplo, si al evaluar un puerh encontramos notas a humedad o polvo, tenemos que saber que, para esa variedad de té, son características esperadas. En cambio si encontramos esas mismas notas en un té verde chino como el Lung Ching, estaremos frente a un defecto (que identificaremos como presencia de off notes).

Muchas veces nos preguntamos: ¿cómo sé que el té que estoy por comprar vale su precio? ¿De qué manera puedo determinar si es de la calidad que estoy buscando? Utilizando esta técnica, y evaluando los parámetros aquí presentados, seremos capaces de eso y mucho más. Debemos dejarnos sorprender por nuestros sentidos, y por la intuición que ganaremos a medida que vayamos amigándonos con el té, conociendo sus variedades, a medida que vayamos entablando esta relación íntima con el té, que proponemos a lo largo de este libro.

Características de un buen té

Al analizar sensorialmente un té, podremos determinar el valor de ciertos parámetros o atributos de calidad, que nos darán información muy valiosa sobre ese té en particular.

Un buen té debe:

- Tener un ataque en nariz fresco y vegetal

- Poseer aromas suaves y naturales (nunca olores metálicos ni rancios)

- Mostrar hebras de tamaño parejo (salvo en los blends compuestos por distintos tés que fueron diseñados con cierto propósito)

- Mostrar brillos en la taza

- Dar un licor traslúcido, de tonalidades suaves o intensas pero nunca saliendo de los colores del té (no esperamos un té color turquesa o fucsia)

Un buen té nunca debe:

- Tener aroma rancio, a humedad u otra nota defectuosa (exceptuando los dark teas como el puerh que podrían tener ciertas notas del estilo)

- Mostrarse húmedo (con las hebras pegadas unas a otras, con telilla u hongos)

- Tener las hebras de un color inapropiado para un determinado tipo de té (por ejemplo un Darjeeling First Flush que tenga hojas color marrón oscuro, en lugar de la típica mezcla de verde claro, marrón claro y plateado).

- Dar un licor de color extraño (fuera de los normales, enumerados arriba), por ejemplo, no esperamos un té color turquesa o fucsia

- Dar un licor de tonos grisáceos, signo de té quemado, sobre-manipulado o viejo

- Dar un licor de color opaco, con elementos en suspensión o turbio (con excepción de algunos tés verdes del estilo de los tés verdes japoneses, fijados al vapor, que pueden tener algunas partículas en suspensión)

- Dar un licor con materia flotando, como aceites o colorantes

- Contener elementos extraños como piedras, arena, tierra, hilos, etc. o polvo en el precipitado

Las notas de cata de los diferentes tés

En los siguientes capítulos se realiza un estudio de las diferentes variedades de té, su forma de elaboración y breves notas de cata de los tés más representativos de cada clase.

Cuando realizamos la cata técnica de un té, debemos utilizar toda la información previa que tenemos acerca ese tipo de té, y evaluarlo en función de su categoría. Por lo general, cuando se realizan catas de forma profesional, en un mismo ejercicio de cata se evalúan muchos tés del mismo estilo, tal es el caso de 50 diferentes tés blancos Pai Mutan en donde se busca identificar el mejor de todos ellos, o quizás descartar los tés que posean defectos. Esto significa que cuanto mayor sea la cantidad de tés que hemos bebido en nuestra vida, mayor será el detalle del recuerdo almacenado en nuestra memoria sensorial, información que utilizaremos para evaluar los atributos del té. En otras palabras, cuando catamos un té, cualquiera que sea, debemos compararlo con características conocidas sobre ese tipo específico de té, para así determinar si el valor que toma cierto atributo es esperado o no, es defectuoso o no. Por ejemplo, al evaluar un té blanco Pai Mutan, podemos decir que su cuerpo es medio, comparado con otros tés de su categoría. Por supuesto, al comparar el mismo té con la mayoría de los tés negros, el té blanco mencionado tendrá un cuerpo muy liviano, pero ¿de qué nos serviría ese nivel de información si el resultado generalmente va a ser el mismo? Es por eso que cuando evaluamos sensorialmente un té, asignamos un valor determinado a sus atributos teniendo el cuenta lo que previamente conocemos acerca de ese tipo de té.

También es importante mencionar que, como sabemos, el té es un producto obtenido de la naturaleza, y como tal, cambia de cosecha a cosecha. Incluso tés de la misma cosecha fabricados en diferentes días podrían tener diferencias sutiles. El té podría cambiar según su forma de conservación, y hasta tés con la misma denominación de origen obtenidos de jardines diferentes, aunque sean muy cercanos, pueden tener perfiles sensoriales distintos, como por ejemplo podrían ser dos tés negros de Sri Lanka (Ceylon) producidos en jardines vecinos.

Las notas de cata presentadas en los siguientes capítulos fueron obtenidas evaluando diversos tés de la misma variedad, y son las que se encuentran generalmente en los tés de su tipo. El lector podría encontrar sutiles diferencias en hebras del mismo origen de cosechas o jardines diferentes.

Capítulo 8 ·
Té Blanco

Introducción

Los tés blancos son los más delicados. Son los menos procesados de todos los tipos de té. Muchos de los tés blancos se encuentran en el mercado aromatizados con jazmín, debido a que pocos paladares son capaces de descubrir el abanico de sabores que se encuentran en esta variedad.

En general, los tés blancos son suaves y livianos, de poco cuerpo y color, pero interesantemente complejos. Esto se debe a que este tipo de té se elabora solo con los brotes tiernos de la planta o con los brotes y las primeras hojas jóvenes de la planta. En la primavera, luego de descansar en el invierno, la planta envía una explosión de nutrientes a los brotes nuevos, junto con una mayor cantidad de glucosa, para permitir que esos brotes se conviertan en hojas, lo que le impone un sabor mucho más delicado y dulce al licor de té.

La planta del té provee a los brotes de una fina capa de pelusa o vellos llamados "tricomas" o "pekoe", que protegen a los brotes del sol y de ser ingeridos por insectos. Esta pelusa es lo que le da el aspecto blanco-plateado a las hebras de té blanco.

El té blanco fue producido originalmente en la provincia de Fujián, China, aunque algunas otras provincias chinas y otros países hoy lo elaboran, como Sri Lanka, con su Ceylon Silver Needles, Darjeeling y Hawai.

Proceso de elaboración

La elaboración del té blanco comienza con la cosecha. Los tés blancos se elaboran a partir de los brotes de la planta solamente, o a partir de los brotes y una o dos hojas jóvenes y tiernas. Los brotes son hojas que aún no se han desarrollado. Un brote en 8 o 10 días se convertirá gradualmente en una hoja.

Deseamos que los tés blancos no estén oxidados, así que es muy importante que los brotes y hojas no se magullen o cuarteen en la cosecha. El cuarteo rompe las células y provoca la oxidación. Entonces los tés blancos son cosechados muy cuidadosamente y, a veces, con pequeñas tijeras con las que se cortan los brotes seleccionados de la planta. Como en la elaboración del té blanco no se realiza una fijación (proceso por el cual se desactiva la enzima que causa la oxidación), a veces se da una oxidación natural, muy suave.

Luego de un cuidadoso despunte o cosecha, los brotes y hojas se marchitan y se secan naturalmente al sol por 1 o 2 días y, luego, son llevados a una habitación de secado, donde se siguen marchitando y secando por otros 3 o 4 días. Deben ser manipulados muy cuidadosamente.

Cosecha → Marchitado/ Secado en el exterior → Marchitado/ Secado en el interior → Envasado

Proceso de elaboración del té blanco.

Notas de cata de tés blancos

Yin Zhen Silver Needles

Origen: Fujián, China.
Preparación:

Temperatura del agua: 75° a 85°C.

Tiempo de infusión: 3 a 5 minutos.

Hebras secas: solo brotes de 1 a 1,5 cm de largo, color verde claro plateado. Granulometría regular. Aroma fresco y vegetal y ausencia de off-notes.

Hebras humectadas: de un color verde más vivo y amarillento, las hebras humectadas despliegan un abanico de aromas a vegetales grillados, miel, tomillo y notas a flores rojas. Al final: rosas.

Licor: color dorado muy claro, con delicados tonos rosados, lleno de brillos y reflejos, muestra una transparencia inmaculada. En boca despliega un delicado sabor dulce con notas a jarabe, vegetales cocidos, a pan tostado y rosas.

Cuerpo: muy liviano, redondo, complejo y persistente. De textura media.

Astringencia: casi nula.

Pai Mutan (o Bai Mudan)

Origen: Fujián, China
Preparación:

Temperatura del agua: 75°a 85°C.

Tiempo de infusión: 3 a 4 minutos.

Hebras secas: hojas grandes desplegadas de forma curvada, de granulometría irregular, y una mezcla de colores verdes y amarronados con presencia de brotes plateados. Aroma fresco, y vegetal. Ausencia de off-notes.

Hebras humectadas: tienen una mezcla de tonos marrones y verdosos. De gusto muy dulce, con aroma a miel y a vegetales grillados. Surgen notas a manzanilla, tomillo y flores rojas como rosas muy sutiles.

Licor: de color ámbar muy claro y transparente. Ataque algo tostado, como a nuez y vegetales hervidos. El medio es suave y liviano, y el final, dulce.

Cuerpo: liviano a medio (para un té blanco). Redondo. Persistente. De textura fina a media.

Astringencia: nula.

Capítulo 9 ·
Té Verde y
Amarillo

Introducción al té verde

Los tés verdes son elaborados a partir de hojas y brotes.

En general, son mucho más suaves y livianos que los negros, pero más intensos y con más cuerpo que los blancos.

Los tés verdes que están disponibles en saquitos generalmente presentan una altísima astringencia, sabor muy plano, y un fuerte amargor y sabor a pasto. Los tés verdes ortodoxos ofrecen un abanico de aromas y sabores que van desde los vegetales cocidos, las nueces y las almendras hasta los cítricos y otras frutas. Encontramos más aromas y sabores amables vegetales y, en algunos, aparecerán las notas tostadas.

El té verde se produce actualmente en todo el mundo, pero los mejores continúan proviniendo de China y Japón. Los tés verdes chinos son más suaves, dulces, aromáticos y delicados que los de Japón y se caracterizan, en general, por ser livianos y por tener sutiles notas a vegetales cocidos y a nueces tostadas. Los tés verdes japoneses son más intensos y astringentes, y en su experiencia sensorial predominan las notas a vegetales crudos, algas y limón.

Proceso de elaboración

Luego de la recolección de los *leafsets* (la unidad de brote + hoja/s) son llevados inmediatamente a la fábrica donde las hojas a veces son marchitadas por un período corto antes de realizar la fijación (mediante la aplicación de calor) para evitar la oxidación.

Si se realiza el marchitado, se logra la evaporación de parte del agua y la concentración de sabor en la hoja. En el camino desde la planta hasta la fábrica, se realiza un corto marchitado de la hoja, que la hace más blanda para darle forma luego.

Con el marchitado se logra la concentración de jugos en las células de las hojas, que serán utilizados en los posteriores cambios físicos y químicos del té.

Gran parte de los ácidos grasos se transforman en compuestos aromáticos que le darán frescura a las hebras. Como dijimos, el marchitado en los tés verdes dura generalmente solo el camino desde la planta hasta la fábrica, pero en algunos casos se lo puede prolongar en esta última. Cuanto más largo es el proceso de marchitado, más aromático será el té obtenido.

Luego, sigue la fijación que se realiza para desactivar la enzima polifenol oxidasa y, así, detener la oxidación. Se sube la temperatura de las hojas a 70°C. La fijación en China tradicionalmente se realiza en sartenes, woks, hornos a leña, hornos a carbón, máquinas con sartenes de metal caliente, y ocasionalmente –cuando se elaboran tés para saquitos del estilo del Sencha– se usan túneles de vapor. En Japón se usa casi siempre el vapor.

Cada método de fijación impondrá un sabor particular al té producido. Por ejemplo, los tés fijados en *woks* o sartenes tienen más notas dulces y son más aromáticos. Esto es porque la fijación se produce de forma más lenta y los tés tienen tiempo de desarrollar compuestos aromáticos. En este tipo de fijación (que se da a temperatura más alta que con vapor) se producen glucosidas, derivado de la glucosa que otorga un sabor tostado-dulce muy agradable.

La fijación se realiza durante 30 segundos a 2 minutos, dependiendo de la fábrica y el tipo de té verde que se esté elaborando.

En Japón los tiempos de fijación (o escaldado) son extremadamente cortos y se hace pasando vapor a través de las hojas.

Luego, se realiza el enrulado donde se le da la forma final a la hoja. Este se puede realizar a mano o con máquinas.

El enrulado o enrollado hace que se desarrolle el sabor del té al romper las paredes de las células de las hojas y así extraer los jugos que se concentran en capas en las hojas enrolladas.

Luego, se lleva a cabo el secado, que se realiza en máquinas con sartenes metálicas, en *woks* u hornos. El secado se realiza hasta que el contenido de agua en la hoja es reducido, aproximadamente, hasta el 2% a 3% en peso.

Finalmente, se lo clasifica y por último, se lo envasa en contenedores adecuados para su transporte y almacenamiento.

Proceso de elaboración del té verde.

Notas de cata de tés verdes

Lung Ching

Origen: Zhejiang, China
Preparación:

Temperatura del agua: 75° a 80°C.

Tiempo de infusión: 2 minutos.

Hebras secas: hojas aplanadas de color verde amarillento. Granulometría regular. Su aroma es vegetal y tostado. Ausencia de off-notes.

Hebras humectadas: hojas enteras muy tiernas color verde más claro que las hebras secas. De aroma fresco y a vegetales cocidos, las hebras humectadas permiten apreciar fácilmente los brotes. Ataque tostado dulce, medio con vegetales cocidos y dátiles, y final picante con un dejo a nuez tostada.

Licor: ámbar muy pálido con reflejos tostados. Transparente. Notas a repollo o brócoli cocido y nueces tostadas. Algo de dulzura vegetal. Vainilla. Ataque tostado y final dulce, vegetal y pungente.

Cuerpo: muy liviano. De textura fina. Redondo. Longitud media.

Astringencia: baja a media.

Sencha

Origen: Japón
Preparación:

Temperatura del agua: 70° a 80°C.

Tiempo de infusión: 1 a 2 minutos.

Hebras secas: color verde muy intenso. Aplanadas. Granulometría algo irregular. Hojas rotas con aroma fresco y notables notas de pasto y algas, tradicional de esta variedad. Ausencia de off-notes.

Hebras humectadas: color verde muy intenso, pero más claro que las hebras secas. Hojas rotas y con aroma fresco e importantes notas a vegetales crudos y algas marinas. Presencia de alcauciles, acelga hervida y pasto. Algo alimonado al final.

Licor: verde intenso amarillento, bastante opaco. Algo turbio. Con aroma seco a vegetales crudos y oliva. El ataque es de umami y gusto salado y umami, notas a pescado hervido y vegetales hervidos. Luego, aparecen notas a vegetales crudos y pasto recién cortado.

Cuerpo: gran cuerpo. De textura algo cremosa. Largo.

Astringencia: alta.

Maofeng o Mao Jien

Origen: Zhejiang y Anhui, China.

Preparación:

Temperatura del agua: 75° a 80°C.

Tiempo de infusión: 2 minutos.

Hebras secas: hojas pequeñas, curvadas de color verde grisáceo oscuro. Ausencia de off-notes. Granulometría regular.

Hebras humectadas: color verde-amarillento, más claro que las hebras secas. De aroma fresco y a vegetales cocidos como acelga hervida, notas a nísperos, arroz tostado y pinocha húmeda. En el medio surgen sutiles notas a jazmines. Al final, muy leves notas a nueces tostadas.

Licor: amarillo dorado. Transparente. De gusto dulce. Ataque vegetal. Notas a vegetales hervidos como acelga, dátiles, arroz tostado y nueces al final.

Cuerpo: medio. Textura media. No pungente. Largo.

Astringencia: baja.

Gunpowder

Origen: Zhejiang, China.
Preparación:

Temperatura del agua: 75° a 80°C.

Tiempo de infusión: 2 minutos.

Hebras secas: hojas enrolladas de color verde grisáceo oscuro. Granulometría regular. Ausencia de off-notes.

Hebras humectadas: color verde-amarillento oscuro. Su ataque tiene aroma cálido a cenizas y vegetales hervidos. En el medio hay algo dulce como dátiles y al final, pinocha húmeda.

Licor: ámbar amarronado claro. Transparente con algo de sedimentos. El gusto básico es amargo. Su ataque en nariz es de arroz tostado y cenizas. Luego aparecen notas a vegetales cocidos. Final dulce como a dátiles y algo picante, como una nuez tostada.

Cuerpo: gran cuerpo. Pungente. Textura fina. Plano. Largo.

Astringencia: alta.

Gyokuro

Origen: Uji, Japón.
Preparación:

Temperatura del agua: 60° a 65°C.

Tiempo de infusión: 1 a 2 minutos.

Hebras secas: muy finitas (aplanadas, muy apretadas) de color verde azulado muy intenso, con aroma fresco, vegetal y a algas, típico de esta variedad. Ausencia de off-notes. Granulometría regular.

Hebras humectadas: color verde azulado muy intenso. Presenta aroma fresco con importantes notas a vegetales crudos y cocidos como espinacas hervidas y coliflor. Presencia de algas marinas y lima.

Licor: verde muy intenso pálido, bastante opaco. Turbio. De gran untuosidad y terso, casi como la sopa. Presencia de manteca en el ataque en boca, umami, medio bien vegetal y final astringente.

Cuerpo: gran cuerpo. Textura gruesa, aterciopelada. Persistente.

Astringencia: media a alta (aparece al final).

Matcha

Origen: Uji, Japón

Preparación:

Temperatura del agua: 70° a 75°C.

Tiempo de infusión: 20 a 30 segundos de batido.

Hebras secas: polvo muy fino, del grado del talco, color verde muy intenso y con aroma fresco con importantes notas de pasto. Ausencia de off-notes.

Hebras humectadas: color verde muy intenso, casi fluorescente y con aroma fresco con importantes notas de vegetales crudos y a algas marinas. Presencia de alcauciles, acelga hervida y pasto.

Licor: verde intenso amarillento, opaco, turbio. Gusto a umami y salado. Recuerda a vegetales hervidos y pasto.

Cuerpo: gran cuerpo. Textura gruesa. Plano. Largo.

Astringencia: alta.

Hari Talvar Boutique Single Estate

Origen: Nilgiri Hills, India

Preparación:

Temperatura del agua: 70° a 75°C.

Tiempo de infusión: 1 a 2 minutos.

Hebras secas: hojas grandes, finas y alargadas de forma helicoidal y color verde grisáceo intenso. Granulometría algo irregular. Ausencia de off-notes.

Hebras humectadas: hojas grandes enteras, color verde amarillento claro y con sutiles aromas a vegetales cocidos y algo alimonado. Muy sutiles notas de gardenia al final.

Licor: dorado brillante muy claro con algunos reflejos verdosos. Traslúcido y limpio. Ataque sutilmente cítrico, como a lima, notas a vegetales cocidos como acelga hervida y espárragos. Algo tostado. Presencia a nuez moscada. Medio dulce como batata al horno suave y final vegetal y astringente.

Cuerpo: muy liviano. De textura fina. Plano. Corto.

Astringencia: media.

Introducción al té amarillo o dorado

El té amarillo, también llamado "dorado", es producido en pequeñísimas cantidades en contadas regiones de China, como la montaña Jun Shan en el lago Dongting, en la provincia de Hunan, y también en Huang Mountain −"montaña amarilla"− cubierta de niebla, en la provincia de Anhui.

Su proceso de elaboración comienza como el del té verde, pero se agrega una etapa extra en la cual se envuelve el té o se lo apila en capas profundas mientras está todavía tibio y húmedo. Esto provoca la llamada "fermentación no enzimática", durante la cual el calor y la humedad dentro del paquete o pila de té suaviza su sabor. Las hojas se envuelven o apilan por 2 o 3 días, luego se las seca un poco y se las vuelve a envolver o apilar por otros 3 o 4 días. El secado final reduce el contenido de agua aproximadamente a un 3%.

Michael Harney, escritor americano, dice que el té amarillo o dorado refleja lo mejor de todos los demás tipos de té: tiene la dulzura del té blanco, el suave sabor vegetal del té verde, el intenso y variable aroma del oolong y ese delicado dejo especiado del té negro chino.

Proceso de elaboración del té amarillo.

Los tés dorados más conocidos son:

- Jun Shan Yin Zhen.
- Meng Ding Huang Cha.
- Hou Shan Huang Cha.
- Huang Cha Mao Jien o Huangshan Mao Feng.

Notas de cata de tés amarillos

Jun Shan Yin Zhen

Origen: Hunan, China
Preparación:

Temperatura del agua: 75°C.

Tiempo de infusión: 2 a 3 minutos.

Hebras secas: solo brotes color amarronado plateado, de granulometría regular. Aroma fresco y vegetal. Ausencia de *off-notes*.

Hebras humectadas: de un color verde más vivo y amarillento, las hebras humectadas despliegan un abanico de aromas a vegetales grillados, vainilla, flores rojas y notas de miel. Al final, notas a rosas aparecen y permanecen en la nariz.

Licor: amarillo ambarino muy claro, lleno de brillos y reflejos, muestra una transparencia inmaculada. En boca despliega un delicado gusto dulce, notas a vainilla y rosas, vegetales cocidos y pan tostado.

Cuerpo: muy liviano, redondo, complejo, persistente. De textura media.

Astringencia: nula.

Huang Cha Mao Jien

Origen: Anhui, China.

Preparación:

Temperatura del agua: 75° a 80°C.

Tiempo de infusión: 2 minutos.

Hebras secas: hojas pequeñas, curvas de color marrón grisáceo. Su aroma es vegetal. Ausencia de off-notes. Granulometría regular.

Hebras humectadas: color verde-amarillento, más claro que las hebras secas. De aroma fresco y a vegetales cocidos, notas a arroz tostado y pinocha húmeda. Aparecen notas a cenizas.

Licor: ámbar amarronado claro. Transparente. Ataque tostado, ahumado y amargo. Notas a vegetales grillados, tabaco, ahumado y arroz tostado. Final dulce.

Cuerpo: medio. Pungente. Largo.

Astringencia: media a alta.

Capítulo 10 ·
Té Negro

Introducción

Existen dos grandes grupos de tés negros ("rojos", como los llaman en China): los ortodoxos y los CTC.

Los ortodoxos son tés más amables, sutiles y complejos. Suelen mostrar mucha más expresión aromática en la nariz y en la boca. Los segundos, los producidos con el método CTC (Cut, Tear, Curl) inventado en los años 1930s. Suelen ser de gran carácter, intenso sabor y astringencia.

De la misma forma que los tés verdes chinos son muy suaves y amables, los negros también lo son. Abundan las notas ahumadas, a madera, a cacao y a tabaco.

En los tés negros de India y Sri Lanka encontraremos más notas florales y a frutas rojas, como ciruelas pasas y tabaco.

Proceso de elaboración

En la elaboración del té negro (o rojo) se saltea el proceso de fijación y las células de las hojas se rompen para dar lugar a la oxidación.

Las hebras secas de este té tienen un color negro amarronado dado por el proceso de oxidación.

Luego de marchitarse en fábrica, proceso que en los tés negros puede durar entre 12 y 20 horas, las hojas se enrulan a mano o con máquinas ortodoxas especiales para eso. Como la enzima polifenol oxidasa no fue desactivada mediante el proceso de fijación, ésta reacciona con el oxígeno del aire y con los polifenoles del té para dar compuestos marrones. Esto es similar a los que sucede, por ejemplo, cuando se corta una manzana y se la deja al aire libre por un rato.

En el proceso de oxidación del té se generan dos tipos principales de polifenoles: primero, surgen los theaflavinos (que son dorados y dan las notas más intensas en el sabor) y, luego, aparecen los thearubiginos, de color cobre y sabor mucho más suave, dulce y redondo.

Cuanto más largo es el proceso de oxidación, más suave y redondo será el té en boca.

Luego, le sigue el secado, la clasificación y el envasado, como en todo tipo de té.

Proceso de elaboración del té negro.

Notas de cata de tés negros

Ceylon OP 1

Origen: Sri Lanka.
Preparación:

Temperatura del agua: 75° a 90°C.

Tiempo de infusión: 4 minutos.

Hebras secas: hojas de forma helicoidal, color negro intenso. Granulometría regular. Ausencia de off-notes.

Hebras humectadas: hojas grandes, color marrón cobrizo intenso. Notas a tabaco, madera, ciruelas pasas y algo cítrico como cáscara de naranja abrillantada (confitada).

Licor: ámbar rojizo oscuro que, con la profundidad, toma un intenso rojo rubí hacia el cobre. Transparente, con muchos brillos y vista deslumbrante. Ataque amaderado, dulce y frutal, medio a tabaco. Final astringente y cítrico.

Cuerpo: gran cuerpo. De sabor intenso y textura fina. Redondo en boca. Persistente.

Astringencia: alta.

Keemun

Origen: Anhui, China.
Preparación:

Temperatura del agua: 75° a 85°C.

Tiempo de infusión: 3 a 4 minutos.

Hebras secas: hojas pequeñas de forma helicoidal, de color negro grisáceo, con aroma fresco y ahumado. Ausencia de off-notes. Granulometría regular.

Hebras humectadas: color marrón oscuro con claras notas a cacao y madera. Ataque ahumado, algo de madera mojada y en el medio algo frutal como a frutas pasas o como orejones. El final es picante y dulce.

Licor: color cobre amarronado oscuro, transparente y con algunos brillos. Dulce y especiado. Con algo de frutas pasas y canela.

Cuerpo: medio a gran cuerpo. Redondo. Longitud media. Levemente pungente. Textura fina.

Astringencia: casi nula. Aparece al final.

Yunnan Black Gold

Origen: Yunnan, China.

Preparación:

Temperatura del agua: 80° a 95°C.

Tiempo de infusión: 2 a 3 minutos.

Hebras secas: brotes dorados y algunas hojas marrones. Granulometría regular. Ausencia de off-notes.

Hebras humectadas: brotes color marrón anaranjado y algunas hojas con un sutil aroma dulce tostado, algo de cacao y damascos. Notas a zanahorias acarameladas y batata al horno.

Licor: traslúcido, bien brillante, color marrón claro casi como la miel, con un suave aroma dulce como almíbar. Su ataque es dulce con aroma a madera. Luego, aparece algo de cacao, vainilla y damascos.

Cuerpo: liviano a medio. Sabor complejo. Bien redondo. Longitud media. Textura fina.

Astringencia: casi nula.

Golden Monkey

Origen: Fujian, China.
Preparación:

Temperatura del agua: 85° a 95°C.

Tiempo de infusión: 3 minutos.

Hebras secas: mezcla de hebras de color marrón claro con brotes. De forma curva y granulometría regular. Ausencia de off-notes.

Hebras humectadas: hojas color marrón cobrizo, con un sutil aroma dulce algo ahumado, a tabaco, madera mojada y algo de damascos.

Licor: traslúcido, bien brillante, color marrón anaranjado. Su ataque tiene algo ahumado, tabaco y algo de madera. Luego, aparece el damasco seco, como orejones, y notas a zanahorias acarameladas y tierra mojada. Su final es dulce y algo astringente, como con malta.

Cuerpo: medio. Redondo. Longitud media.

Astringencia: media.

Yunnan Gold Tips

Origen: Yunnan, China.
Preparación:

Temperatura del agua: 85°a 95°C.

Tiempo de infusión: 3 minutos.

Hebras secas: rotas, curvas, de color marrón oscuro con puntas doradas. Hojas curvas y granulometría regular. Ausencia de off-notes.

Hebras humectadas: color marrón oscuro anaranjado con un sutil aroma dulce tostado, tabaco, alfalfa y madera mojada.

Licor: traslúcido, bien brillante, color marrón anaranjado. Su ataque tiene gusto dulce y aroma algo ahumado, tabaco, alfalfa y madera mojada. Luego, aparece el cacao, la vainilla y las notas a zanahorias acarameladas. Su final es dulce.

Cuerpo: medio. Redondo. Corto.

Astringencia: casi nula.

Darjeeling First Flush

Origen: Darjeeling, India.

Preparación:

Temperatura del agua: 75° a 82°C.

Tiempo de infusión: 2 a 3 minutos.

Hebras secas: algo de hojas enteras, algo de hojas rotas, algunas color marrón muy claro y la mayoría color verde, con presencia de brotes y aroma muy fresco. Forma curvada. Ausencia de off-notes.

Hebras humectadas: hojas pequeñas color dorado y verde claro, con intenso y fresco aroma vegetal y a frutas maduras, como uvas blancas. Recuerda a madera mojada, flores blancas y una dulce impronta vegetal.

Licor: traslúcido, bien brillante, color dorado ambarino claro. Gusto dulce. Con un intenso y fresco aroma, dulce como el almíbar. Ataque vegetal, medio dulce, floral, con damascos y peras secas y pasas de uva. Final fresco, aromático y dulce.

Cuerpo: liviano. Textura fina. Redondo. Complejo. Largo.

Astringencia: baja a media.

Darjeeling Second Flush

Origen: Darjeeling, India

Preparación:

Temperatura del agua: 75° a 90°C.

Tiempo de infusión: 3 minutos.

Hebras secas: algo de hojas enteras, algo de hojas rotas, color marrón, algunas color dorado-verdoso con presencia de brotes dorados. Forma curvada. Ausencia de off-notes.

Hebras humectadas: hojas pequeñas color marrón cobrizo, algunas verde claro, con un cálido y dulce aroma frutal y a miel. Recuerda a calabaza grillada, dátiles, pasas de uva y madera.

Licor: traslúcido, bien brillante, color cobre claro. Gusto dulce. Con aroma a miel. Ataque vegetal, medio dulce, con damascos, duraznos, calabaza grillada y zanahorias acarameladas. Final algo astringente y dulce con madera.

Cuerpo: medio. Textura fina. Bien redondo. Complejo. Largo.

Astringencia: baja a media.

Assam

Origen: Assam, India.

Preparación:

Temperatura del agua: 80° a 90°C.

Tiempo de infusión: 3 a 5 minutos.

Hebras secas: curvas, color marrón intenso con tonos rojizos. Hojas curvas y granulometría regular. Aroma fresco y terroso. Ausencia de off-notes.

Hebras humectadas: hojas grandes color marrón anaranjado, con intenso aroma a tierra mojada, miel y madera. Algo tostado y aroma a malta.

Licor: traslúcido, bien brillante, color cobre amarronado oscuro. Con un suave aroma a madera mojada y malta. El ataque es levemente tostado y dulce, el medio astringente, y el final, seco y astringente con algo de madera. Más plano que los Darjeelings y Keemuns.

Cuerpo: gran cuerpo. Textura fina. Plano. Longitud media.

Astringencia: media a alta.

Kala Moti Boutique Single Estate

Origen: Nilgiri Hills, India.

Preparación:

Temperatura del agua: 75° a 82°C.

Tiempo de infusión: 2 minutos.

Hebras secas: enrolladas, color marrón cobrizo. Aroma fresco y ausencia de off-notes. Granulometría regular.

Hebras humectadas: grandes, de color marrón anaranjado, con intenso aroma a zanahorias acarameladas, miel, papaya y madera mojada. Ataque dulce, vegetal. Medio afrutado, final dulce y astringente.

Licor: traslúcido, bien brillante, color ámbar anaranjado claro. Con un suave gusto dulce como almíbar.

Cuerpo: liviano a medio. Textura fina. Bien redondo. Complejo. Largo.

Astringencia: baja a media.

Capítulo 11 ·
Oolong

Introducción al oolong

La leyenda dice que el oolong se originó en Fujian, China. En su afán de complacer al emperador, unos 400 años atrás, los chinos comenzaron a modificar sus procesos de elaboración del té verde: no fijaban las hojas del té, y permitían que se diera una oxidación parcial antes de enrollar y secar las hojas.

Esto dio origen al llamado "oolong", o "té semioxidado". Algunas personas dicen que el primer oolong se hizo en las montañas Wuyi, otras, que el lugar de origen fue Anxi.

Proceso de elaboración

El oolong, también llamado "té azul" está parcialmente oxidado. El nivel de oxidación del té azul está entre el nivel cero de oxidación en el té verde y la oxidación completa del negro. El porcentaje o nivel de oxidación depende de la variedad que se elabora y éste es una decisión del productor de té.

Los oolongs son marchitados muy lentamente, y su proceso de oxi-dación es lento y sutil. Luego del cuarteado, el té desarrolla muchísimos compuestos aromáticos a flores y frutas que se verán reflejados en la taza.

Oolongs oscuros de hoja abierta

Este estilo de oolongs tiene hojas grandes, largas y oscuras, y sa-bor muy desarrollado, complejo.

Luego de la cosecha de las hojas, se realiza el marchitado. El mar-chitado en los tés oolongs se lleva a cabo en dos etapas: una en el exterior, al sol, y otra en el interior de la fábrica.

Luego, se realiza un suave cuarteado, que se hace removiendo las hojas a mano o en grandes canastos de bambú que giran. Este cuar-teado comienza a romper o marcar los bordes de las hojas, haciendo que las células de estas se rompan, entonces los químicos naturales de las hojas son liberados y reaccionan con el oxígeno en el aire para provocar la oxidación.

Cuando se obtiene el nivel de oxidación deseado, el proceso se detiene aplicando calor (fijación), lo que se realiza en máquinas que mueven las hojas en una cámara metálica seca y caliente.

Luego se efectúa un leve enrulado para desarrollar el sabor y darle la forma final a la hoja. Esto se hace a mano o con una maquina enru-ladora.

Finalmente, se realiza el secado total del té hasta lograr niveles de agua en la hoja de 2% a 3% en peso.

Proceso de elaboración del té azul.

Oolongs jade enrollados

Este tipo de oolongs se elabora a partir de pequeñas bolas de té verde. Es un estilo más moderno y cada vez más popular. Su proceso de elaboración es más largo que en los oolongs de hoja abierta (en general 2 días).

Se cosechan las hojas, se marchitan afuera, al aire libre, luego se marchitan en el interior de la fábrica, se mueven para cuartear las hojas y así provocar una leve oxidación, se enrollan (pero no se secan) en exactamente la misma forma que se hace para los oolongs de hoja abierta, y se dejan toda la noche en la fábrica.

En el segundo día, el té se envuelve en grandes bolsas de tela. Cada bolsa contiene aproximadamente 9 kg de té. La bolsa se coloca en una máquina especial para compactar y apretar las hojas, para luego ser enrolladas en una máquina de enrulado. Luego se abre la bolsa, se saca el té y se rompe la bola de hojas (a veces se coloca en una máquina para eliminar algo de agua). El proceso de embolsado y enrulado se repite entre 30 y 60 veces hasta que las hojas del té están apretadamente comprimidas en pequeñas bolitas verdes.

Finalmente el té se seca hasta reducir su contenido de agua al 2% o 3%. Se hace la selección y luego se empacan, generalmente, en bolsas cerradas al vacío.

Oolongs ámbar u horneados

Algunos oolongs se venden como "baked oolongs" (oolongs horneados) o "amber oolongs" (oolongs ámbar), y esto puede significar una de dos cosas. O que estos tés han sido secados por más tiempo de lo normal para desarrollar un sabor más complejo, o bien, que fueron secados de forma adicional por el comerciante que los vende, fuera de la fábrica. Los comerciantes que hornean sus oolongs tienen hornos especiales en su negocio. Los tés son horneados lentamente a temperaturas bajas para eliminar más agua y desarrollar un aroma suavemente quemado, caramelizado. Este proceso reduce los niveles de cafeína y le da a los tés un perfil aromático que es muy popular entre bebedores de té locales. A veces los oolongs son horneados y almacenados varias veces durante años.

Los oolongs horneados (ámbar) pueden ser oolongs oscuros de hoja abierta u oolongs jade de hoja enrollada como una bolita. Siempre tienen una apariencia más amarronada y las hojas generalmente son más pequeñas porque se les ha eliminado más agua.

Variedades

Existen muchas variedades de oolongs, muy diferentes entre sí. Estas diferencias se deben no solo a las particularidades en el proceso de elaboración, sino al cultivar o varietal que le da origen y al grado de oxidación, que en general es entre un 20% y un 80%. Se cultivan entre abril y mayo excepto el Oriental Beauty, cosechado en junio.

Comenzando por los menos oxidados y avanzando en su nivel de oxidación, los más famosos oolongs son:

- **Pouchong:** es el oolong más suave, menos oxidado de todos, y suele tener un nivel de oxidación del 10% al 20 %.

- **Don Ding (o Tung Ting):** significa "cumbre congelada" por la zona a donde se produce: Nantou. Crece a una altura promedio de entre 500 a 800 msnm. Su nivel de oxidación está entre el 20% y 30%.

- **Alishan:** significa "montañas Ali". Estos tés crecen a una altura promedio de entre 1000 y 1400 msnm y son conocidos como "tes de alta montaña". Su nivel de oxidación está alrededor del 25% al 50%.

- **Lishan:** su altura promedio de cultivo es de entre 1500 y 2500 msnm, y son de las plantaciones de más altura del mundo. Su nivel de oxidación está alrededor del 25%.

- **King Hsuan oolong:** famoso por su sabor suave y textura aterciopelada. Un té muy untuoso, cremoso en boca y extraordinariamente aromático.

- **Tie kuan Yin:** significa "diosa de la misericordia de hierro", tiene un intenso aroma tostado, es un té mucho más dulce y con más cuerpo. Su nivel de oxidación está entre el 50% y 75%.

- **Oriental Beauty:** también conocido como "Bai Hao oolong", o "Fancy Formosa oolong", este té es el más famoso de Taiwán. Fue nombrado "belleza oriental" por la reina Victoria de Inglaterra. Pero su fama se debe no solo a su magnífico y único sabor, sino a los colores que despliegan las hojas secas (pueden tener hasta 5 tonos) y a un curioso dato previo a su elaboración: en el verano de Taiwán, una pequeña cigarra (Jacobiasca Formosana Paoli) visita las plantaciones de té y pica las hojas, dejando marcas y hasta a veces deteniendo su crecimiento. La mordida de este insecto actúa como la etapa de enrollado del té: libera los jugos de las células de las hojas provocando la oxidación cuando las hojas siguen aún en la planta, y, para ahuyentar a los insectos, la planta también genera una enzima que le da al té un sabor y aroma dulce.

- **Da Hong Pao oolong:** uno de los oolongs más bebidos en el mundo ya que es de origen chino. Tiene un interesante aroma a tostado y ahumado. Su *terroire* es típicamente chino y lo diferencia de los oolongs de Taiwán. Su nivel de oxidación es cercano al 80%.

Notas de cata de oolongs

Pouchong

Origen: Wenshan, Taiwan.
Preparación:

Temperatura del agua: 75° a 85°C.

Tiempo de infusión: 2 a 4 minutos.

Hebras secas: hojas poco enruladas, de forma helicoidal, de un color verde intenso casi azulado. Granulometría algo irregular. Su aroma es vegetal y fresco. Ausencia de off-notes.

Hebras humectadas: hojas enteras color verde intenso. De aroma fresco y a vegetales cocidos, ataca la manteca y, luego, aparecen flores como jazmín y la gardenia.

Licor: dorado muy claro. Transparente. Notas de repollo o brócoli cocido y manteca. Algo de dulzura vegetal. Frescura de flores blancas.

Cuerpo: medio. Textura cremosa. Redondo. Largo.

Astringencia: baja a media.

Dong Ding o Tung Ting oolong

Origen: Nantou, Taiwan.

Preparación:

Temperatura del agua: 80° a 90°C.

Tiempo de infusión: 5 minutos.

Hebras secas: enrolladas, color verde azulado con aroma vegetal. Ausencia de off-notes. Granulometría regular.

Hebras humectadas: muy aromáticas, con ataque a manteca y luego aparecen vegetales cocidos y frutas tropicales como la papaya. Notas a gardenia.

Licor: licor aromático, color amarillo claro. Transparente. Despliega aroma a flores blancas, destacándose la gardenia. El ataque en boca es untuoso y floral. Hay notas a leche, algo de fruta fresca como el durazno y la papaya. Final largo y floral.

Cuerpo: Redondo. Longitud media. Un té algo untuoso en boca, con textura cremosa aunque su cuerpo es liviano.

Astringencia: casi nula.

Ali Shan oolong

Origen: Chiayi, Taiwan.

Preparación:

Temperatura del agua: 80° a 95°C.

Tiempo de infusión: 3 a 5 minutos.

Hebras secas: enrolladas fuertemente apretadas, color verde azulado con aroma vegetal. Ausencia de off-notes. Granulometría regular.

Hebras humectadas: muy aromáticas, con ataque a manteca y, luego, aparecen frutas tropicales, el durazno y la papaya. Muchas flores como gardenias y lilas.

Licor: licor fuertemente aromático, color amarillo bien claro. Transparente. Despliega un intenso aroma a flores como gardenia y lilas. El ataque en boca es untuoso y floral. Hay notas a manteca. El medio es vegetal y hay delicadas notas a lima. Final largo y floral.

Cuerpo: Muy redondo. Largo. Un té untuoso en boca, con textura cremosa aunque su cuerpo es liviano.

Astringencia: nula.

King Hsuan oolong

Origen: Taiwan.

Preparación:

Temperatura del agua: 80° a 90°C.

Tiempo de infusión: 5 minutos.

Hebras secas: enrolladas fuertemente apretadas, color verde azulado muy aromáticas. Ausencia de off-notes. Granulometría regular.

Hebras humectadas: muy aromáticas, con ataque a manteca y leche, luego aparecen muchas flores. Algo muy dulce como caramelo y vainilla. Hay notas a frutas como la banana, el durazno y la papaya.

Licor: fuertemente aromático, color amarillo intenso con reflejos verdosos. Transparente. Un té muy untuoso en boca, con mucha textura aunque su cuerpo es liviano. Naturalmente aromático, despliega intenso aroma a flores blancas y rojas, destacándose la gardenia y la lila. Hay mucha fruta fresca como el durazno, la papaya y el níspero. Claras notas a vainilla y banana.

Cuerpo: liviano. Muy redondo. Largo. En boca es claramente untuoso como la manteca.
Astringencia: nula.

Oriental Beauty oolong

Origen: Hsinchu, Taiwan
Preparación:

Temperatura del agua: 80° a 90°C.

Tiempo de infusión: 3 a 4 minutos.

Hebras secas: curvadas, color verde, marrón, anaranjado, dorado y brotes blancos con aroma fresco y dulce. Ausencia de off-notes.
Hebras humectadas: muy aromáticas, con ataque a frutas pasas como damascos y peras pasas. Algo de miel y algo levemente tostado. Luego aparecen frutas como el durazno blanco fresco.
Licor: licor levemente aromático, color cobre. Transparente. Hay algo de fruta fresca como el durazno y la papaya, pero predominan los damascos pasas, zanahorias acarameladas y algo levemente tostado.
Cuerpo: medio. Muy redondo. De textura fina. Longitud media.
Astringencia: nula.

Da Hong Pao oolong

Origen: Fujián, China
Preparación:

Temperatura del agua: 80°a 90°C.

Tiempo de infusión: 5 minutos.

Hebras secas: curvadas, color marrón intenso y con aroma tostado. Ausencia de off-notes.

Hebras humectadas: color marrón oscuro casi negro, con intenso aroma tostado y algo ahumado que recuerda al pan tostado y al arroz tostado. Algo de cacao amargo y café, con notas a vainilla.

Licor: color caramelo oscuro, cristalino, con suficiente brillo y notables reflejos. El licor huele a arroz tostado y cacao. En boca invaden las notas tostadas, a cacao y algo de malta. Luego, aparecen frutas pasas como orejones o peras en compota y el final es dulce y largo.

Cuerpo: medio a gran cuerpo. Redondo. Textura fina. Largo.

Astringencia: casi nula.

Capítulo 12 · Dark Teas (Puerh y Hei Cha)

Introducción al dark tea

Los dark teas (en China se los llama "tés negros") son los que atraviesan una etapa de fermentación post-producción. Los dark teas más famosos son el puerh y el hei cha. Los puerhs provienen de la provincia de Yunnan, China, y su nombre viene de la población de Puerh donde estos tés han sido comercializados por cientos de años. Otros dark teas se elaboran en las provincias de Sichuan, Hunan y Guangxi. Originalmente, estos tés eran elaborados para ser transportados a las periferias de China, en particular a las muy áridas regiones de Tíbet y Mongolia, donde la gente local dependía del té por su valor nutricional. Como el viaje desde Yunnan, Sichuan o Hunan era muy lento y largo, y como el té era almacenado por largos períodos en condiciones que a veces eran frías y húmedas y otras, cálidas, el té absorbió humedad, y eso, junto a los microbios, produjo en él un cambio químico. Entonces, la apariencia, color, sabor, aroma y química del té gradualmente cambió con el tiempo.

Introducción al puerh

Los dark teas son los únicos que atraviesan un proceso de fermentación post-producción y en los puerhs este proceso optimiza el carácter del té. Contrariamente a otros tipos de té que pierden su frescura y aroma a medida que pasa el tiempo, los puerhs bien hechos mejoran con el correr de los años. Estos tés están elaborados a partir de la planta de variedad assámica de hojas grandes que crece en la provincia de Yunnan, y el té verde (o mao cha) que se produce durante las primeras etapas de elaboración puede ser muy astringente, amargo y metálico. Con un añejamiento bajo condiciones adecuadas, la astringencia y el amargor desaparecen gradualmente y el té se vuelve más suave y desarrolla una redondez, suavidad y sutileza en el sabor.

Su perfil aromático y gustativo es totalmente diferente de los demás tés. Puede presentar aromas terrosos, a polvo y hasta a humedad. Avanzando sobre estos aromas y sabores que atacan los sentidos, podemos descubrir interesantes notas a frutas pasas que se acentúan con los años, lo que justifica la espera para su añejamiento. Esa robustez sensorial está dada por su proceso de elaboración, en el que interviene una etapa de fermentación. Es importante aclarar que la fermentación es un proceso diferente de la oxidación. En la fermentación intervienen microorganismos vivos que actúan en el té, mientras que en la oxidación (como se da en el proceso de elaboración del té negro y del oolong) solo actúa el oxígeno sobre los flavonoides.

También es importante explicar que muchos libros y artículos mencionan al puerh como "té rojo", lo cual es un error. El té rojo es el que en Occidente conocemos como "té negro". En China a nuestro té negro lo llaman "té rojo". Al puerh en China se lo conoce con ese nombre o como "té negro" y debemos traducirlo "dark tea". Para evitar confusiones, cada vez que se hable de "té rojo" en este libro, se estará hablando de nuestro tradicional té negro (occidental) y al puerh se lo llamará por ese nombre.

Proceso de elaboración

En 2009 los puerhs ganaron la denominación Identidad Geográfica Protegida, lo que significa que para llamar a un té "puerh" debe estar elaborado con las hojas y brotes de la planta de té variedad assámica de hoja grande y árboles de té antiguos que crecen al sur de la provincia de Yunnan; debe estar elaborado en la provincia de Yunnan, y debe ser producido usando un método aceptado. Esta identidad geográfica es similar al estatus de protección de Champagne, jamón de Parma o Parmesano, etc.

Puerh crudo y cocido

Existen dos tipos de puerh: el crudo (sheng en chino) y el cocido (shu en chino) –también llamados verde y maduro respectivamente–.

El puerh crudo (verde) está elaborado con el método tradicional. Se cosechan las hojas, generalmente de árboles ancianos y son levemente marchitadas. Luego, se realiza la fijación, el enrulado y el secado al sol. Después, al té procesado (mao cha) se lo humedece o pasa por vapor y se lo deja en hebras sueltas o se lo comprime en ladrillos de diferentes formas, como discos, tortas o nidos. Una vez que se le dio la forma, se almacena en condiciones controladas de temperatura y humedad por un mínimo de 5 años y, a veces, hasta 60 a 70 años o más. Antes de venderse, los ladrillos se envuelven en un papel que contiene todos los detalles del té: cuándo fue elaborado, dónde fue fabricado, etc. y entonces quedan listos para ser enviados a los clientes.

La fermentación que se realiza en la elaboración de un puerh crudo es un proceso en el que las bacterias actúan como las levaduras en el vino: convierten azúcares simples en monoterpenoides que con el tiempo se degradan en sesquirtempenoides, conocidos por su aroma a tierra y malta.

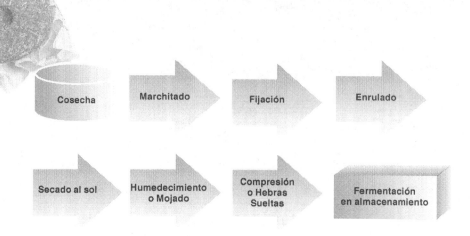

Proceso de elaboración del puerh crudo.

El puerh cocido (también llamado maduro o madurado, "ripe" en inglés) se elabora con un método más moderno que trata de conseguir un perfil sensorial similar en el té, pero sin tener que esperar mucho tiempo a que se desarrolle. Las primeras etapas del proceso de elaboración son las mismas que para el puerh crudo pero, en vez de hacer pasar por vapor el té verde fabricado (mao cha), se lo pulveriza con agua y se apila el té mojado por 5 días en condiciones cálidas y húmedas. Este proceso provoca inmediatamente una fermentación bacterial y hace que cambie el carácter del té muy rápido. Luego de aproximadamente 5 días, se lo deja suelto (en hebras) o se lo comprime en tortas del mismo modo que para los puerhs crudos.

El proceso de fermentación en los puerhs cocidos hace que las catequinas se conviertan en ácido gálico y los aminoácidos (como la theanina), carbohidratos (como la sacarosa y la glucosa) desaparecen. La cafeína permanece en el té.

Proceso de elaboración del puerh cocido.

Notas de cata de puerhs

Puerh cocido (en hebras)

Origen: Yunnan, China.

Preparación:

Temperatura del agua: 80° a 95°C.

Tiempo de infusión: 5 minutos.

Hebras secas: de color marrón grisáceo, opacas y curvadas. Granulometría regular. Con aroma a malta, algo como humedad, algas y polvo (esperado).

Hebras humectadas: color marrón brillante, con intenso aroma a malta, madera mojada, aserrín, algas, tierra.

Licor: color marrón muy intenso con tonalidades rojizas. Algo turbio. Aroma intenso a tabaco, madera y tierra. El ataque es terroso, luego aparecen sutilmente las frutas pasas como ciruelas y malta. El final es dulce y prolongado. Con las infusiones sucesivas se acentúa el dulzor de las ciruelas pasas.

Cuerpo: gran cuerpo. Redondo. Largo. Textura fina.

Astringencia: casi nula.

Puerh crudo Bing Cha (disco) 2011 catado en 2012

Origen: Yunnan, China.

Preparación:

Temperatura del agua: 80°C.

Tiempo de infusión: 1 minuto.

Hebras secas: enteras color verde oscuro, opacas con presencia de brotes. Con aroma a humedad, algas y madera.

Hebras humectadas: color verde amarillento, enteras, con intenso aroma a algas, vegetales crudos, pescado hervido y algo sutil mentolado y cenizas al final.

Licor: color dorado amarronado claro y apagado. Transparente. Aroma intenso a cenizas, vegetales hervidos y pescado hervido. Gusto amargo, se identifica desde el ataque. Final algo mentolado.

Cuerpo: liviano. Plano. Corto. Textura fina.

Astringencia: baja a media.

Puerh crudo Bing Cha (disco) 2009 catado en 2012

Origen: Yunnan, China.

Preparación:

Temperatura del agua: 80°C.

Tiempo de infusión: 1 minuto.

Hebras secas: hebras color verde amarronado con brotes dorados. Con aroma a tierra seca.

Hebras humectadas: color verde amarillento, rotas. Con aroma a cenizas y madera.

Licor: color ámbar rosado apagado. Transparente. Gusto amargo, en la boca hay aroma a cenizas, pescado grillado, tierra seca y aserrín.

Cuerpo: medio. Textura fina. Plano. Corto.
Astringencia: baja.

Puerh crudo Seven Sons Vintage Bing Cha (disco) 1985 catado en 2012

Origen: Yunnan, China,
Preparación:

Temperatura del agua: 80°C.

Tiempo de infusión: 1 minuto

Hebras secas: color verde oscuro con brotes dorados.

Hebras humectadas: color cobrizo verdoso, enteras. Con aroma a dátiles, orejones, miel y banana.

Licor: color ámbar amarronado claro. Transparente. Gusto dulce, aroma a miel, con textura como de un almíbar. Notas a vegetales tostados, pescado hervido, orejones. Final dulce con notas a arroz tostado.

Cuerpo: medio. Redondo. Textura media. Persistente.

Astringencia: nula.

Introducción al hei cha

Hei cha significa "té negro" (lo que llamamos "té oscuro" o "dark tea"). Como el puerh, el hei cha fue elaborado inicialmente para los grupos minoritarios que habitaban las zonas más alejadas de China, Tíbet y Mongolia, y también fue llamado "té de frontera". En su viaje a las regiones altas de la frontera, el té a veces se mojaba con la lluvia y eso cambió su carácter. La leyenda dice que al principio estos tés "dañados" eran rechazados, pero cuando algunos de los pueblos remotos fueron afectados por un brote de disentería (una enfermedad infecciosa que tiene como uno de sus síntomas característicos la diarrea) la gente local estaba desesperada por conseguir nutrición, por lo que bebieron el té dañado. Todos los que bebieron ese té se curaron, por lo que este tipo de té se hizo muy popular.

El hei cha se elabora hoy en Sichuan, Hunan, Hubei, Guangxi y Diangui y, como el puerh, nace como un té verde. Pero el hei cha se diferencia del puerh por las siguientes razones:

- Está elaborado a partir de diferentes cultivares (o varietales), dependiendo del origen.

- Posee diferentes condiciones locales.

- Pasa por diferentes procesos de elaboración.

- Actúan distintos microorganismos, dependiendo de la región: la bacteria presente en el puerh se llama *Asper Nigellus*. La bacteria que se encuentra en el hei cha se llama *Eurotium Cristatum*.

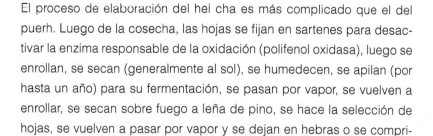

Microorganismos presentes en el dark tea.

Proceso de elaboración

El proceso de elaboración del hei cha es más complicado que el del puerh. Luego de la cosecha, las hojas se fijan en sartenes para desactivar la enzima responsable de la oxidación (polifenol oxidasa), luego se enrollan, se secan (generalmente al sol), se humedecen, se apilan (por hasta un año) para su fermentación, se pasan por vapor, se vuelven a enrollar, se secan sobre fuego a leña de pino, se hace la selección de hojas, se vuelven a pasar por vapor y se dejan en hebras o se comprimen en distintas formas para ser añejadas. Durante el añejamiento del hei cha la fermentación post-producción continúa cambiando el sabor y carácter del té por alrededor de tres años; luego de ese tiempo, el perfil sensorial del té se estabiliza.

Proceso de elaboración del hei cha.

Se cree que el hei cha tiene beneficios para la salud:

- Ayuda a la digestión.

- Ayuda a bajar de peso.

- Ayuda a reducir el colesterol en sangre.

- Ayuda a protegerse contra enfermedades relacionadas con la edad.

- Ayuda a bajar la presión sanguínea.

- Ayuda a controlar la diabetes.

- Tiene propiedades anti-inflamatorias y anti-bacteriales.

Algunas de las variedades de hei cha son:

- Fu Cha or Fu Brick.

- Hei Brick.

- Hua Brick.

- Qing Brick.

- Tian Jian en hebras (grado más alto).

- Gong Jian en hebras (grado medio).

- Sheng Jian en hebras (grado de uso cotidiano).

- Qiang Liang (1000 Taels).

- Bai Liang (100 Taels).

- Shi Liang (10 Taels).

Notas de cata de hei chas

Fu Cha 2008 (Hunan Hei Cha) catado en 2012

Origen: Hunan, China.
Preparación:

Temperatura del agua: 90°C.

Tiempo de infusión: 1 minuto.

Hebras secas: color verde amarronado muy oscuro, grandes y apretadas.

Hebras humectadas: color marrón muy oscuro, casi negro, enteras. Con aroma tostado y frutal, como a durazno blanco y uvas. Algo de flores rojas.

Licor: color ámbar con tonos rosados. Transparente. Aroma a orejones y arroz tostado. Gusto dulce y notas a rosas, orejones y ciruelas pasas. Final amaderado y dulce.

Cuerpo: medio. Textura fina. Redondo. Persistente.

Astringencia: baja.

Bai Liang 2008 (Hunan Hei Cha) catado en 2012

Origen: Hunan, China.

Preparación:

Temperatura del agua: 90°C.

Tiempo de infusión: 1 minuto.

Hebras secas: color verde amarronado, opacas. Algunas off-notes esperadas como humedad y aroma a algas.

Hebras humectadas: color marrón muy oscuro, casi negro. Con aroma fresco a flores rojas y tierra mojada.

Licor: color ámbar. Transparente. Aroma a arroz tostado y pescado grillado. Gusto dulce. En el medio hay notas a pescado grillado. Final dulce.

Cuerpo: medio. Textura fina. Plano. Corto.

Astringencia: nula

Qiang Liang 2009 (Hunan Hei Cha) catado en 2012

Origen: Hunan, China.

Preparación:

Temperatura del agua: 90°C.

Tiempo de infusión: 1 minuto.

Hebras secas: color verde amarronado, opacas. Algunas off-notes esperadas como algas y humedad.

Hebras humectadas: color marrón muy oscuro. Con aroma fresco a pasto, algas y tierra mojada.

Licor: color ámbar rosado claro. Transparente. Aroma seco con notas a peras secas y pescado hervido. Gusto levemente dulce. En la boca, ataque a pescado hervido, orejones. Final levemente dulce.

Cuerpo: liviano. Textura fina. Redondo. Persistente.

Astringencia: nula

Capítulo 13 ·
Té y Cócteles

Qué es un cóctel

Un cóctel o cocktail es una preparación a base de una mezcla de diferentes bebidas en distintas proporciones, que contiene por lo general unos o más tipos de bebidas alcohólicas junto a otros ingredientes como jugos, frutas, salsas, miel, leche o crema, especias, etc. También son ingredientes comunes de los cócteles las bebidas carbónicas o refrescos sin alcohol, la soda y el agua tónica.

En algunos países existen regulaciones que lo definen, como por ejemplo:

XX. BEBIDA ALCOHÓLICA MIXTA O COCTEL:

Es la bebida con graduación alcohólica de 0,5% a 54% Vol. a 20 °C (Celsius), obtenida por la mezcla de una o más bebidas alcohólicas o alcohol etílico potable de origen agrícola o destilados alcohólicos simples con otras bebidas y/o jugos de frutas y/o frutas maceradas y/o jarabes de frutas y/o leche y/o huevo y/u otras sustancias de origen vegetal o animal permitidas en el ámbito del Mercosur.

Esta bebida podrá ser adicionada de azúcares y también de aditivos permitidos en el ámbito del Mercosur.

La Bebida Alcohólica Mixta o Coctel, podrá ser gasificada y, en este caso, la graduación alcohólica no podrá ser superior a 15% Vol a 20°C (Celsius).

Podrá ser denominada "batida" la bebida alcohólica mixta con graduación alcohólica de 15% a 36% Vol a 20°C (Celsius), obtenida por la mezcla de aguardiente de caña o destilado alcohólico simple de caña o alcohol etílico potable de origen agrícola con jugos o pulpas de frutas u otras sustancias de origen vegetal y/o animal permitidos en el ámbito del Mercosur con un mínimo de 50 gr por litro de azúcares.

DEFINICIÓN DEL CÓDIGO ALIMENTARIO ARGENTINO, CAPÍTULO XVI.

Tipos de cocktails

La principal división o clasificación más genérica en los cocktails es de soft drinks y long drinks.

Soft drinks son las bebidas sin alcohol. Podemos hacer un cocktail que tenga una mezcla de jugos, frutas y té, y obtener un cocktail o soft drink.

Long drink se refiere a un trago con alcohol, por ejemplo, una mezcla de bebidas espirituosas y jugos, frutas y té.

Ingredientes de un cocktail con té

Para la preparación de cocktails se utilizan diferentes ingredientes:

- Bebidas alcohólicas.
- Jarabes y almíbares.
- Té (en sus diferentes formas para la utilización en coctelería).
- Jugos de frutas y otras bebidas.
- Azúcar.
- Condimentos.

Bebidas alcohólicas

Las bebidas alcohólicas son bebidas que contienen etanol (alcohol etílico). Se pueden producir por fermentación alcohólica (como el vino, la cerveza, el sake) en las que el contenido en alcohol no supera los 18-20 grados, o por destilación, generalmente a partir de licores o aguardientes.

Se recomienda tener siempre a mano los básicos de coctelería:

- Whisky.

- Tequila.

- Vodka.

- Cognac.

- Gin.

- Ron.

- Vermouts y bitters.

- Licores.

La cantidad de alcohol de un licor u otra bebida alcohólica se mide por el volumen de alcohol que contenga o por su grado de alcohol. La graduación alcohólica de una bebida es la expresión en grados del número de volúmenes de alcohol (etanol) contenidos en 100 volúmenes del producto, medidos a la temperatura de 20 °C.

Por ejemplo, un vino con una graduación de 13,5° tiene un 13,5% de alcohol, o sea, 13,5 ml de etanol en cada 100 ml de vino.

Graduación alcohólica de algunas bebidas (grados)

- Cerveza: 2,5 – 8.

- Vino: 10 – 14.

- Jerez: 17.
- Vino de arroz: 18 – 25.
- Oporto: 20.
- Gin: 40 – 43.
- Tía María: 31.
- Cognac: 40.
- Vodka: 37.5 – 42.
- Pisco: 33 – 50.
- Ron: 37 – 43.
- Tequila: 37 – 45.
- Bourbon y Whisky: 37 – 45.
- Fernet: 35 – 40.
- Grappa: 45 – 50.
- Ginebra: 45 – 60.
- Absenta: 65 – 89.
- Cocoroco: 93 – 96.

Espirituosas

Una explicación de por qué los aguardientes, brandy, vodka, gin, etc. son llamados "espirituosas" es porque, antiguamente, no se sabía cuál era el efecto del alcohol en el cuerpo humano. Entonces comentaban que cuando una persona consumía cocktails, era realmente cuando salía su verdadero espíritu.

Otra explicación es que alguna vez se creyó que cada químico contenido en las bebidas espirituosas (hadas mágicas) le daba a las personas una habilidad particular. Había espíritus fogosos y espíritus mordaces, etc., y los espíritus en el whisky, gin, brandy, etc. tenían el poder de hacer perder el control (y comportarse como borracho).

Jarabes y almíbares

Los jarabes son líquidos de consistencia viscosa que, por lo general, contienen soluciones concentradas de azúcar en otro líquido.

El jarabe simple se usa mucho en la coctelería, y se prepara como una solución de 850gr de azúcar y 1 litro de agua.

El almíbar o syrup es una disolución sobresaturada de azúcar en agua, cocida hasta que comienza a espesar.

Para preparar un jarabe o almibar con té, una vez obtenida la preparación, verter algunas hebras de té a elección para saborizar y realzar el color.

Uso del té en coctelería

Para preparar los cócteles, el té se utiliza en diferentes formas. Todas ellas nos sirven como ingrediente de creativos cocktails con y sin alcohol:

- En infusión (como cuando preparamos un té para beber. En este caso el té se prepara más concentrado que de costumbre, y se deja enfriar para incorporarlo al cocktail a temperatura ambiene o más baja.)

- En hebras (las hebras secas mezcladas con la preparación).

- En jarabe (una mezcla de agua y azúcar, que se lleva al fuego para que tome consistencia a la que se añaden algunas hebras de té para darle sabor y color).

- En maceración (por ejemplo, dejando unas hebras de té dentro de una botella de vodka, para darle un sabor adicional a la bebida).

- En licores hechos con té (son licores elaborados en base a té).

Jugos de frutas y otras bebidas

Entre los ingredientes sin alcohol que se usan para preparar cocktails, los jugos o almíbares de frutas ocupan un lugar destacado. Si es posible escoger, es preferible elegir los jugos frescos. Eso dará un sabor más natural en la preparación.

Cualquier jugo de frutas, concentrados y bebidas gaseosas (como colas, limonadas, Ginge Ale o tónica) pueden ser usados para mixear, o sea, para mezclar con otros componentes y lograr así un cocktail.

Azúcar

Conocemos el azúcar blanco común, pero también existe el azúcar moreno, el negro y el pigmentado con distintos colores (rosa, verde, celeste, etc.) que puede ser muy divertido para adornar nuestros tragos.

Condimentos

Se pueden usar infinidad de condimentos, como:

- Salsas: de soja, Worcestershire, Teriyaki, etc.

- Especias: cardamomo, pimienta, jengibre, etc.

- Sal, glutamato de sodio (Ajinomoto).

- Esencias: extractos de frutas, vainilla, etc.

Utensilios

Para la preparación de cocktails es necesario contar con utensilios:

- Coctelera: sirve para mezclar los ingredientes y para refrescar la mezcla con hielo.

- Colador: sirve para filtrar los agregados que no deben ir en la copa.

- Jiggers y medidas: utilizados para armar el cocktail con sus ingredientes en proporciones correctas.

- Cristalería: copas y vasos de diferentes formas y tamaños para la presentación del cocktail.

- Cuchara mezcladora.

- Cuchillos: para cortar y pelar las frutas.

- Garnish: frutas y accesorios de decorar.

Cristalería

Los vasos y copas usados en coctelería son casi tan numerosos y variados como sus contenidos habituales. El entendido siempre insistirá en el vaso correcto para una bebida en particular. Los comúnmente usados son:

Copa de cóctel o Martini

Es indispensable, elegante y debe ser bien proporcionada: un pie lo suficientemente largo como para proteger el contenido de la copa del calor de la mano y de boca amplia para poder albergar, sin que se hunda demasiado, una cereza, una aceituna, una rodaja de fruta, etc. Capacidad máxima: unos 110 cc.

Vaso de whisky

Se utiliza para servir cualquier cóctel con hielo. También para whisky, ya que el típico vaso old fashioned –bajo y ancho, sin estrechamiento en el centro– no es tan atractivo para tomar whisky, como el ahora tradicional vaso tallado en el que se observa un sutil y ligero estrechamiento en la mitad, lo que lo hace más práctico para ser sujetado. Capacidad, 170 cc.

Vaso mediano

Es de un tamaño intermedio (largo) y sirve para varios usos, incluido el de los highballs (Bebidas preparadas). Capacidad: 225 cc.

Vaso alto

Sirve para bebidas largas (las cuales permiten una libre elección en la cantidad de mezclador, por ejemplo: un Cuba Libre). Cuanto más alto, mejor. Siempre es estrecho y a menudo con los lados perfectamente rectos. Capacidad: 280 cc.

Combinación

Copa con pie para una bebida que no es ni cóctel ni trago largo. A veces se usa para un fizz (bebida en la que se utiliza hielo raspado). Capacidad: 140 a 170 cc.

Balón

Es la copa con más diversidad de modelos, especial para vinos y aperitivos rojos. Su tamaño exige que se llene tan solo a medias (o aún menos) para poder saborear el aroma del vino. En los aperitivos rojos (servidos en copa balón) se resaltan al máximo el color y la frescura que les confieren los cubitos de hielo y la colorida rodaja de naranja que les da un especial toque de elegancia.

También puede usarse para media pinta de cerveza, aunque para ello es preferible un vaso recto. Capacidad: 280 cc.

Copa de licor

Especial para aquellos fuertes y dulces que se sirven en pequeñas cantidades. Capacidad: 25 o 50 cc.

Catavinos o degustación

Para vino y para jerez. Copa alta y estrecha que se va sirviendo en pocas cantidades de la botella. Para un vino fino un catavinos estilizado con los bordes ligeramente hacia adentro es lo ideal, pues conserva más el aroma. Capacidad: unos 50 cc.

Las copas muy altas solo son pomposas; no conservan el aroma y hacen que el jerez se caliente antes de beberlo.

Copa de cognac

Tradicional para el brandy o el cognac, de pie corto y bien redonda para poder templarla (modificar la temperatura) con la palma de la mano. Su boca es estrecha con el fin de que conserve el fuerte aroma del brandy. No es necesario servir el cognac en copas excesivamente grandes.

Copas de champagne

La copa tradicional es la de boca ancha, aunque la de boca estrecha es más estilizada y mantiene mejor las burbujas.

Cuando se trata de servir los cócteles de un vino espumoso como el champagne, resulta más adecuada la de boca ancha.

Copa de vino blanco

Suele tener un pie largo para que la mano no caliente el vino y es más bien alargada (de línea elegante para vinos delicados) y estrecha para conservar el frío.

Copa de vino tinto

Su aspecto es normalmente sólido, casi para entonar con la densidad de un Borgoña o un Rioja. El pie es corto y la copa más bien redonda para poder hacerla rodar con el calor de la mano. La boca debe ser lo suficientemente ancha para dejar que el vino respire.

Vaso de ponche

Son vasos resistentes al calor, con un soporte y con asas para poder beber licores calientes.

Formas de preparar los cocktails

Existen distintas técnicas para la elaboración de cócteles. Aquí algunas:

- **Batido:** preparación clásica en coctelera, como se hace con el Pink Panther.

- **Directo:** cuando los ingredientes se mezclan directamente en la copa. Dentro de estos tenemos la subcategoría de puosse-café, que son las mezclas por capas, por ejemplo el B'52.

- **Refrescado:** se pone hielo en la copa y se mezclan los ingredientes en la coctelera con la ayuda de un removedor o una cuchara.

- **Licuado:** preparación en licuadora.

- **Frozen:** son los cócteles preparados en la licuadora con hielo molido, para obtener una consistencia parecida a la de un helado, por ejemplo: daiquiri o margarita.

- **Flambeado:** son las combinaciones que en su preparación se prende fuego, por ejemplo: la cucaracha.

Unidades de medida

Estas son las unidades de medida más utilizadas en los bares y las equivalencias americanas de las medidas extranjeras:

1 galón	128 onzas
1 galón	8 pintas
1 galón	4 cuartos
1 galón	3,8 litros
1 pinta	16 onzas
1 cuarto	32 onzas
1 onza	30 ml
1 litro	0.26 galones
1 libra	16 onzas
1 libra	454 gramos
1 kilogramo	2,2 libras
1 jigger (cubilete)	1,5 onzas
1 shot	1 jigger
1 cucharadita	1/8 de onza
1 dash (pizca o gota)	1/6 de cucharadita

Partes de una bebida

Es importante no confundir medidas con partes.

Cuando una receta habla de "partes" hay que dividir el vaso (cualquiera sea su forma o estilo) en tantas partes como se señale y entonces aplicar las proporciones.

Cocktails nutritivos

Para nuestros cócteles, no dejemos de utilizar muchas frutas, cremas y diferentes insumos de colores y texturas que, además de permitirnos disfrutar, nos aporten nutrientes que hagan que nuestro trago tenga un conjunto de propiedades excelentes para nuestro organismo.

Actualmente, los consumidores se empapan de información para saber qué tomar, cuándo y cómo. Eso los hace cada vez más exigentes y, como bartenders, debemos preparar mezclas oportunas, creativas y sorprendentes.

A continuación les ofrecemos algunas recetas.

SUMMER OF 99

- 2 partes de gin
- 3 partes de té negro Darjeeling frío
- 3 partes de gaseosa lima-limón
- 1 semilla de cardamomo
- Láminas de pepino.

Cristalería: trago largo.

Preparación:

Agregar hielo al vaso, incorporar el gin, el té negro helado, la semilla de cardamomo machacada y la gaseosa lima-limón. Decorar con láminas de pepino. El pepino aportará aroma y frescura a la bebida.

DBR SOUND

2 partes de vodka.

3 partes de té negro (Ceylon o Assam) helado

1 parte de cubos frescos de papaya

2 cucharadas de azúcar.

Cristalería: old fashioned.

Preparación:

Preparación: machacar los pequeños cubos de papaya en el vaso de composición (mixing glass) junto con el azúcar. Agregar los otros ingredientes y un poco de hielo. Batir enérgicamente. Servir en el vaso y decorar con cascara de naranja o pomelo.

SUNSET

2 partes de gin.

3 partes de puerh helado.

1 dash de jarabe cítrico.

Unas gotas de Bitter Orange.

Pimienta negra molida.

Cáscara de naranja flambeada.

Cristalería: copa Martini.

Preparación:

Enfriar los ingredientes en un vaso de composición lleno de hielo. Antes de servir en la copa de Martini previamente enfriada y cuidando de filtrar el hielo, deslizar un trocito de cáscara de naranja por el borde de la copa. Esto aromatizará el trago con sus aceites esenciales.

GREEN ROADS

- 2 partes de vodka.
- 3 partes de té verde Sencha helado.
- 4 artes de ginger ale.
- 1 dash de jugo de limón.
- 1 dash de jarabe simple.

Cristalería: trago largo.

Preparación:

Servir hielo en el vaso, agregar el vodka, el té verde helado, la gaseosa ginger ale y el jugo de limón. Agregar el jarabe simple y mezclar.

FALLING IN LOVE

- 1 parte de vino espumante tipo Champagne.
- 1 parte de té verde chino helado (Maofeng o Lung Ching).
- 1 dash de agua de rosas.
- 1 cereza fresca.

Cristalería: copa de champagne.

Preparación:

Servir el té verde helado, el espumante y el agua de rosas. Decorar con una cereza fresca. Todos los ingredientes deben estar fríos ya que no es una buena idea agregar hielo.

Capítulo 14 ·
Ceremonias
del Té

El té es encanto, es distinción. Desde hace casi cinco mil años ha estado relacionado al arte, a rituales y ceremonias, a mitos, a leyendas, a la belleza y a la salud. Pero, sobre todo, el té genera historias. Historias de personas. Personas que lo cosechan, lo elaboran con sus manos, con su familia, en su tierra...personas que lo procesan y preparan con mucho esmero y amor. Esas personas tienen su historia enclavada en un valle de hojas verdes que se descubre a través de las muchísimas variedades de té. En todo este tiempo las distintas culturas de donde proviene el té, donde se comercializa y consume, han generado rituales y ceremonias. En este capítulo recorreremos las más representativas y famosas del mundo, sin dejar de mencionar que existen tantas ceremonias como pueblos, como tribus y familias y que cada día, cada individuo que hace del té su momento de relax, crea su propia ceremonia, le pone su impronta y conocimiento para generar así nuevos ritos que construyen día a día la rica historia del té.

Además de las más conocidas (la ceremonia china, la japonesa y la inglesa) existen innumerables ceremonias en diferentes regiones, con sus características particulares, como la de Tailandia, la de Taiwán, Tíbet, Francia, República Checa, Austria, etc.

Cada día todos los amantes del té reescribimos la historia, creando nuevas ceremonias e incorporando la impronta de distintas culturas alrededor del mundo.

Ceremonia china: Gongfu Cha

"La ceremonia china del té sigue siendo el núcleo de la cultura del té, y también se refiere a la técnica y al proceso artístico de preparar, servir y degustar el té, considerando el espíritu con el cual el proceso se realiza. El té y la cultura del té son en sí mismos visibles, mientras que su espíritu es invisible. Juntos forman una combinación estética verdaderamente única." Ling Wang.

La ceremonia del té china es una reunión, a veces formal, pero la mayoría de las veces distendida, donde las personas se reúnen a tomar el té. Es llamada Gongfu Cha y significa " preparar el té con gran habilidad". Se realiza desde la Antigüedad por distintos motivos: para agasajar a una visita, o cuando se quiere homenajear a alguien (por ejemplo en un cumpleaños, cuando alguien regresa de un viaje, en una graduación, etc.), como presente de bodas, como dote (real en el pasado, simbólica en el presente), como signo de respeto (de menores a mayores, de empleados a jefes, etc.), también se celebra la ceremonia como encuentro de familia. En la China moderna los hijos dejan el hogar para salir a trabajar, casarse, formar su propia familia. Los fines de semana se reúnen con sus padres y realizan la ceremonia para reafirmar los lazos y tener un acercamiento en intimidad familiar. También se celebra para para pedir desculpas, para agradecer, en particular en el día de bodas la pareja se arrodilla frente a sus padres y les sirven té como símbolo de respeto y agradecimento y para presentar a las respectivas familias en la boda.

En la ceremonia china del té, sobre todo cuando se reciben visitas, se bebe el mejor té disponible. Es una forma de mostrar que se ofrece lo mejor al invitado (generosidad, respeto, agradecimiento) y también es una manera de ostentar estatus social, económico y cultural.

En China, el termino "cha li" tiene una larga historia. Significa "etiqueta del te" y ha sido un elemento muy importante en la sociedad, que expresa cortesía y buenos modales.

Se dice que "ningún té es descortés" lo que significa que no ofrecer té a un invitado es una forma inadecuada.

Utensilios necesarios para Gongfu Cha

Cada ceremonia cuenta con utensilios especiales, que tienen relación con el tipo de té y variedad que se servirá en la ceremonia. Así, para tés aromáticos como el oolong para beber la infusión se recomienda usar el set Gong Fu compuesto por una pequeña bandeja individual, un pequeño cuenco en forma de bowl y un vaso alto y finito que sirve para apreciar los aromas. En otros casos, como el que mostraremos a continuación, se utilizan solo los cuencos en forma de pequeño bowl.

Los utensilios necesarios son:

- Tetera Yixing (tetera de ceremonia).
- Tetera de servicio (una tetera más grande, usada para verter el agua caliente).
- Una pequeña jarra.
- Cuencos.
- La bandeja de ceremonia.
- Pinzas de bamboo.
- Una cuchara para mostrar el té.
- El mejor té disponible.

La ceremonia paso a paso

La ceremonia china del té cuenta con siete pasos básicos, que describiremos con más detalle a continuación:

1. Lavar la tetera de ceremonia.

2. Lavar los cuencos.

3. Mostrar el té.

4. Lavar el té.

5. Quitar el agua con la que se lavó el té.

6. Preparar el té.

7. Servir el té.

Detalle de cada paso

1. Lavar la tetera de ceremonia.

Para eso, llenarla de agua caliente, y colocar la tapa. Nos podemos servir de la tetera accesoria (o de servicio) para verter el agua caliente sobre y dentro de la tetera. También se puede usar una pava.

2. Lavar los cuencos.

Llenarlos de agua de la tetera, con un solo hilo de agua con movimientos horizontales de derecha a izquierda hasta que se acabe el agua.

Usando las pinzas de bamboo, tomar el primer cuenco y enjuagarlo en el segundo, y así sucesivamente hasta que el último cuenco ha sido lavado y enjuagado.

3. Mostrar el té.

Usando una cuchara de bamboo o un pequeño plato de porcelana blanca, tomar una pequeña cantidad de hebras secas y mostrarlas a los invitados, comenzando por el más importante. Es una forma de comunicar que les ofreceremos lo mejor de nosotros y la apreciación visual de las hebras secas es una parte importante del disfrute sensorial de la ceremonia.

4. Lavar el té.

Incorporar el té a la tetera de ceremonia, verter el agua caliente de la tetera de servicio primero en los costados para no quemar el té. Luego, incorporar el agua en el centro de la tetera, subiendo y bajando la tetera de servicio tres veces. Esto es un signo de respeto hacia los invitados. Como un saludo de bienvenida. Llenar la tetera de ceremonia hasta el borde y colocar la tapa.

5. Quitar el agua con la que se lavó el té.

Eliminar el agua de la tetera vertiéndola sobre los cuencos vacíos de derecha a izquierda hasta que quede sin agua. Con la pinza de bamboo tomar cada cuenco y verter el agua en la bandeja.

6. Preparar el té.

Inmediatamente colocar agua caliente dentro de la tetera de ceremonia, sobre las hebras previamente lavadas. Comenzar por los costados de la tetera y luego ir hacia el centro, con movimientos ascendentes y descendentes tres veces hasta que la tetera esté llena hasta el borde. Luego, colocar la tapa y verter agua caliente sobre la tetera para asegurarse de que no queda aire adentro, para limpiarla y mantenerla caliente.

7. Servir el té

Llenar los cuencos con el licor de té, con un solo hilo de agua y movimientos horizontales de derecha a izquierda hasta que los cuencos estén llenos. Eso se hace para equilibrar el licor en todas las tazas y asegurar que todos los cuencos contienen té con la misma intensidad de sabor.

Si queda té en la tetera una vez servidas todas las tazas, colocar el licor en la jarra que acompaña al juego, o eliminar el té remanente a través de las rejillas de la bandeja.

El maestro de té continúa preparando té hasta que las hebras no den más sabor y color o hasta que cada invitado haya bebido suficiente té.

Cuando el anfitrión sirve el te a los invitados siempre se empieza por los de mayor edad y los invitados especiales o los más respetados. Luego se sirve a los demás invitados. Ultimo se sirve el anfitrión o maestro de ceremonias. Cada vez que un invitado termina su taza de té, el anfitrión debe volver a llenarla inmediatamente.

Cuando a una persona se le sirve té, para expresar su agradecimiento al maestro de té (en lugar de pronunciar literalmente la palabra "gracias") tradicionalmente golpea la mesa con sus dedos índice y medio. Esto se usa especialmente en el sureste de China. Es un símbolo de gratitud hacia la persona que sirvió el té. También puede decir "gracias". Cuando un invitado no desea beber mas té simplemente deja su cuenco, o, si el invitado es amigo o es de la familia, da vuelta su taza y la coloca sovre la bandeja individual, señalando que ya no desean beber mas té.

Ceremonia japonesa: Chanoyu o Chadô (Sadô)

Chanoyu significa literalmente: "agua caliente para el té". Chadô (a veces escrito como Sadô) significa "el camino del té". Ambos términos se usan para denominar a la tradicional ceremonia del té verde japonesa.

La ceremonia del té en Japón es una forma protocolar de preparar té verde matcha (té verde en polvo de la provincia de Uji, Japón) la cual está influenciada por el budismo zen. Es la forma más estructurada de todas las ceremonias y está gobernada por un estricto protocolo. El té verde en polvo comenzó a beberse en China durante la dinastía Song (960-1279) pero se popularizó en Japón cuando los monjes budistas japoneses aprendieron a usarlo de los chinos. Los japoneses lo llevaron a su país y desarrollaron la ceremonia del té japonesa.

Es la costumbre social más tranquila que practican las clases elevadas desde el siglo XII d.C. El objetivo de la ceremonia es la creación de una atmósfera especial, en la que los participantes saborean el té y admiran pinturas, la naturaleza y otras obras de arte. Tiene influencia de los hábitos y formas rituales de los samurai (guerreros), que eran la clase dominante en Japón. Su objetivo es olvidar todos los objetos materiales y mundanos para purificar el alma, mediante su unión con la naturaleza y tratar de alcanzar un estado de armonía espiritual con el universo.

Chanoyu persigue el reconocimiento de la verdadera belleza, que reside en la sencillez y la simplicidad. Lo más importante del protocolo de la ceremonia es conseguir la mayor economía posible de movimientos.

La ceremonia del té evolucionó y comenzó a desarrollar su propia estética, en particular el wabi. Wabi significa "quietud" o "refinamiento sobrio" o "gusto sometido"; es caracterizado por la humildad, moderación, simplicidad, naturalidad, profundidad, imperfección, y simples objetos y arquitectura sin adornos, con asimetrías enfatizadas, y la celebración de la belleza suave que el tiempo y el cuidado imparten a los materiales. Según se dice, Chanoyu podría definirse como "esteticismo de austera simplicidad y refinada pobreza".

Todos los materiales y equipos utilizados en Chanoyu tienen una construcción, representación o expresión artística.

En la segunda mitad del siglo XVI, Sen-no Rikyu estableció de modo definitivo la forma generalizada del Chanoyu, relacionada directamente con la sensibilidad japonesa y con el budismo zen. Existen tres escuelas que han perdurado hasta nuestros días: la Omotesenke, la Urasenke y la Mushakojisenke. La más practicada y seguida es la Urasenke.

Sen no Rikyu, quizás la más conocida y respetada figura histórica en la ceremonia del té, introdujo el concepto de ichi-go ichi-e, literalmente, "un encuentro, una oportunidad", una creencia de que cada encuentro debería ser atesorado en la memoria ya que no podrá volver a repetirse.

Principios de Chanoyu

Chanoyu se basa en cuatro principios:

- Wa: armonía.

- Kei: respeto.

- Sei: pureza.

- Jaku: tranquilidad.

Se cree que la celebración de la ceremonia con plena conciencia de estos principios tiene el poder de transformar la conciencia humana.

El té fue introducido en el Japón alrededor del siglo VIII, procedente de China. Los monjes budistas lo han utilizado durante cientos de años para relajar el cuerpo, ayudar a la concentración y evitar la somnolencia en sus horas de meditación. Llevaron la planta a Japón y comenzaron a celebrar la ceremonia del té.

La costumbre de beber matcha se extendió gradualmente entre los sacerdotes zen y las clases dominantes. Se utiliza mayormente para la ceremonia, pero también se bebe diariamente por sus beneficios para la salud y se utiliza en la preparación de alimentos como helados, galletitas, tortas y otros dulces.

Materiales y equipos

Como se ha mencionado, en Chanoyu, todos los materiales y equipos utilizados tienen alguna relación con el arte. Como son muchos los elementos dignos de ser contemplados y disfrutados durante la ceremonia, hemos decidido agruparlos en 2 categorías para su adecuada presentación:

- **El espacio**

  - El jardín que conduce a la casa de té, generalmente cuenta con fuentes de agua (naturales o artificiales)

- La sukiya o casa de té: cuidadosamente diseñada. Se usa exclusivamente para celebrar la ceremonia del té.

- El tokonoma: altar donde se colocan las piezas de arte para su admiración.

- **Utensilios de ceremonia**

  - Chawan: el cuenco.

  - Chaire: el recipiente para almacenar el té.

  - Chasen: el agitador de bamboo.

  - Chashaku: la cucharita de bamboo.

  - Hishaku: el cucharón de bamboo para servir el agua.

  - Chakin: el pañuelo de lino.

  - Fukusa: paño.

Estos utensilios suelen ser valiosos objetos artísticos.

Las etapas de la ceremonia

Kaiseki: una comida ligera

La primera etapa de la ceremonia se trata de una comida ligera en la que todavía no se bebe el té. La ceremonia se desarrolla con todos los participantes arrodillados sobre el tatami que cubre el suelo, dentro de la casa de té.

Los invitados se reúnen en la sala de espera. El maestro de ceremonias aparece y los conduce por el camino del jardín hasta la sala de ceremonias. A un lado del camino hay un recipiente de piedra o una fuente con agua fresca, en el que se lavan las manos y se enjuagan la boca. Ingresan arrodillados a la sukiya o casa de té. Cada invitado se arrodilla ante la capilla o tokonoma y hace una reverencia respetuosa.

Se admira la obra de arte presentada, como una pintura colgada en la pared o un arreglo floral. Se sirve el kaiseki, que termina con unos dulces a manera de postre.

Naka-dachi: pausa intermedia

Cuando el maestro de ceremonias lo indica, los invitados se retiran a un banco colocado en el jardín que rodea a la casa de té. Antes de regresar a la sukiya deberán volver a lavarse las manos y la boca.

Goza-iri: la fase principal en la que se sirve té espeso

El anfitrión hace sonar un gong de metal 5 o 7 veces. Los invitados regresan a la sukiya o casa de té. La estampa o pintura ha desaparecido y, en su lugar, se ve un recipiente con flores artísticamente arregladas u otro objeto de apreciación, como una caligrafía.

Los recipientes de cerámica para el agua y el té están ya colocados en su sitio. Los invitados admiran el objeto de apreciación y la tetera.

El maestro de ceremonias prepara el Koicha: té matcha espeso (tres cucharadas por persona). El invitado principal se desplaza sobre sus rodillas para tomar el cuenco, hace una inclinación a los demás y coloca el cuenco en la palma de su mano izquierda, al tiempo que lo sujeta por uno de los lados con la derecha. Toma un sorbo, alaba su sabor y toma otros dos o más sorbos. Limpia la parte del borde que ha tocado con los labios. Pasa el cuenco al invitado siguiente que repite las operaciones del invitado principal. Finalmente el invitado principal entrega el cuenco al maestro.

Usucha: fase final, en la que se sirve té claro

El té se prepara individualmente para cada invitado con dos cucharadas de matcha. Cada invitado debe beber su cuenco entero. Cuando cada invitado ha bebido su té, devuelve su cuenco al maestro, quien lo limpia con agua y luego con una chakin (servilleta de lino).

Una vez que el maestro de ceremonias ha sacado los utensilios de la sala, hace una reverencia en silencio ante los invitados con lo que indica que la ceremonia ha terminado. Los invitados entonces abandonan la sukiya.

Ceremonia británica

Inglaterra tiene una relación muy entrañable con el té, ya que desde el siglo XVIII esta bebida cobró gran protagonismo en la vida cotidiana de la sociedad británica.

Como se explicó anteriormente, el té fue llevado a Inglaterra por los holandeses, a través de la Compañía de las Indias Orientales. Con el tiempo, Gran Bretaña se volvió muy afín a esta bebida, a tal punto de convertirse en parte esencial de su cultura.

La tradición británica

Los británicos tienen la costumbre de tomar té en distintos momentos del día, o para diferentes ocasiones:

- The morning tea (generalmente se lo bebe en la cama).

- The five o´clock tea (consiste de tres elementos: té con fingers (sándwiches), scones tibios servidos con crema, y mermelada, masitas y tortas)

- The tea break (un descanso o varios descansos durante la jornada laboral, que generalmente son negociados en el contrato de trabajo)

- The afternoon tea (una reunión social de media tarde en la que que se sirve té con pequeños sándwiches, scones y pastelería.

En el pasado se servía en las elegantes salas de dibujo de las casas, pero hoy generalmente se sirve en hoteles de alta categoría y casas de té).

- Cream tea (similar al afternoon tea, té con scones, mermelada y crema)

- The high tea (un té abundante, que suele hacerse en reemplazo de las cenas. La costumbre la creó la clase trabajadora inglesa durante la Revolución Industrial. La gente que había pasado muchas horas de trabajo en la fábrica venía a casa con la necesidad de una comida abundante, entonces el high tea se servía alrededor de las 6 pm en la cocina, junto con comidas comunes como pescado y papas fritas, pasteles, carnes, ensaladas, panes y una gran tetera de té negro fuerte)

Tea gardens (o jardines de placer)

Hacia el siglo XVII comenzaron a surgir los tea gardens (jardines de té) dentro y en las afueras de Londres. Eran espacios verdes con muchas flores, estatuas y fuentes en los que la gente se reunía para socializar y disfrutar del té. Generalmente había música, circos, conciertos, fuegos artificiales y otras formas de entretenimiento en estos jardines de placer.

Tea dances

Los bailes del té o tea dances se hicieron populares en 1913, luego de la llegada del tango de Buenos Aires. Todo el mundo se enamoró de ese baile y deseaba aprender los pasos, así que los teatros, hoteles y restaurantes fundaron escuelas y clubes de tango, y organizaron afternoon teas en los cuales la gente podía bailar el tango y otras formas populares de música mientras se disfrutaba de comidas tradicionales.

Los bailes del té incluían la presencia de una orquesta que tocaba música en vivo. En su mayoría se bailaba el vals, el tango y foxtrot y hacia 1920, se popularizó el charleston.

El afternoon tea

Hacia el año 1840, Anna, la 7ma duquesa de Bedford, hizo popular el hábito de tomar el té con snacks y dulces a la tarde. Hasta comienzos del siglo XIX la costumbre en Inglaterra era tomar un abundante desayuno a las nueve de la mañana, una comida liviana al mediodía (llamada "luncheon" o "nuncheon") y, luego, la cena alrededor de las ocho de la noche, seguida tradicionalmente por una taza de té para ayudar a la digestión.

Se dice que la duquesa tenía mucha hambre a la mitad de la tarde, así que un día tuvo la idea de adelantar su tetera de después de cenar para llenar el vacío que había durante la larga tarde. No fue la primera persona en tomar té a la tarde entre comidas, pero se escribió sobre ella, por lo que se hizo famosa por su té de la tarde o afternoon tea y esa costumbre social gradualmente se puso de moda. Otras damas de la aristocracia, luego la clase media y la clase trabajadora copiaron luego a la duquesa, y el afternoon tea se convirtió en una parte importante de la vida social británica.

Hoy, el elegante té de la tarde se disfruta comúnmente durante el fin de semana en grandes hoteles, mientras que en casa es común disfrutar de una taza de té solo con scones, tortas o cupcakes.

La reina Victoria y su five o´clock tea

Sin embargo, fue la reina Victoria de Inglaterra quien hizo famosa la costumbre de tomar el té a las 5.

Se dice que durante su reinado, entre las 4 y las 6 pm, las calles de Gran Bretaña quedaban desiertas porque todo el mundo se reunía a tomar el té de las 5, como lo hacía Victoria.

El *Victorian Tea Party* es un evento elegante donde se comen fingers (sándwiches) y pastry (pastelería), en salones finamente adornados.

Builder's tea

El builder´s tea (el té de los constructores) es, básicamente, un mug (taza grande muy popular en Inglaterra) de english breakfast tea, leche y una o dos cucharaditas de azúcar. Surgió la costumbre entre los empleados de la construcción que hicieron un hábito de parar el trabajo por 10 o 15 minutos para tomar un tea break o "recreo de té" para descansar y recobrar fuerzas.

En 1916 el gobierno declaró que el té era bueno tanto para la salud como para el rendimiento en el trabajo y los tea breaks fueron permitidos oficialmente.

Tea breaks

Los recreos de té o tea breaks en Inglaterra son muy comunes, especialmente entre las clases trabajadoras, en las oficinas y en las fábricas. La gente deja el trabajo durante unos minutos para tomar un té y relajarse.

Capítulo 15 ·
Etiqueta y
Protocolo
del Té

¿Qué es la etiqueta
y el protocolo del té?

La etiqueta es un código que describe el comportamiento esperado en eventos sociales contemporáneos. El protocolo social es el conjunto de reglas y normas a conocer, respetar y cumplir en el medio en que una persona se desenvuelve. Es importante conocer las reglas y cómo comportarse en un servicio de té, ya sea en un té de trabajo, en un te social o entre amigos.

En el mundo del té nos encontraremos con dos roles muy importantes que podemos ejercer: el de Tea Sommelier o Sommelier de Té, y el rol de cliente (como anfitrión o invitado a un té).

En ambos casos existen normas de buena conducta esperadas que se deben considerar al momento de participar de un té, cualquiera que sea nuestro rol.

Rol: Sommelier de Té

¿Qué debemos tener en cuenta como Tea Sommeliers?

El Sommelier de Té o Tea Sommelier tiene una activa participación en el servicio del té desde que este comienza, hasta que culmina. Las etapas más importantes de su participación son la recepción del invitado, el servicio en sí, y la despedida.

Recibiendo a los invitados

Cuando se recibe a los invitados el Tea Sommelier debe solicitar abrigos y guardarlos en lugar adecuado, acompañar a los comensales hasta la mesa donde se realizará el servicio y acercar la silla de cada comensal para ubicarlos en la mesa, en el siguiente orden:

- primero, las mujeres de mayor edad;
- luego, las mujeres de menor edad;
- por último, los hombres.

Durante el servicio

Durante el servicio de té, el Sommelier de Té debe dar la bienvenida, presentar el servicio del lugar mencionando el nombre del chef / tea blender y describir el servicio de té ofrecido o las diferentes opciones disponibles. Para esto se debe describir brevemente el servicio de té o las diferentes opciones que se pueden elegir, dar la información de la carta de tés, y explicar muy brevemente las categorías de tés disponibles en la carta, en el caso en que ésta esté ordenada con algún criterio, por ejemplo:

- tés suaves.
- tés intensos.
- tés especiados.

- tés frutales.

- tés blancos/verdes/negros/etc.

Luego se debe consultar al invitado si requiere ayuda para seleccionar su té y recomendar la mejor opción según el gusto del cliente o el maridaje elegido.

Consultar si el invitado desea preparar el té él mismo o prefiere que se lo prepare el servicio. De desear prepararlo él mismo, se le deberá instruir acerca de su procedimiento. De desear ser atendido, se le debe preparar el té frente a sus ojos.

Lo primero es servir el té. Luego, se lleva a la mesa la comida.

Mise en place

Esta expresión en francés significa literalmente 'puesto en el lugar'. Se usa en gastronomía para indicar la necesidad de tener todo listo antes de la preparación de un plato o un servicio. Es muy importante llevar a la mesa todos los utensilios necesarios, y no olvidar ningún detalle para que el té sea preparado a la perfección.

En un servicio de té tipo inglés, además de llevar los utensilios para preparar el té (tetera, infusor, reloj, termómetro, agua caliente para el té, cuchara (o medida de té), salsera o platito blanco pequeño para observar las hebras y las instrucciones necesarias para la preparación del té), se puede contar con los siguientes elementos:

- Un carrito o mesa rodante con dos estantes, o una mesa auxiliar y una bandeja.

- Una jarrita con leche y/o crema.

- Rodajas de limón.

- Azucarero con su pinza o cuchara.

- Tazas de té, previamente calentadas, con sus platos y cucharas.

- Platos, para cada invitado, que podrán ser del tamaño de los de postre o ligeramente más pequeños.

- Cuchillos para untar crema, manteca y/o mermelada, que no se usarán para cortar.

- Pequeños tenedores, para ayudar a cortar tortas y masitas.

- Servilletas pequeñas de tela (o de papel, en último caso).

- Dulceras con sus cucharas.

- Mantequeras con sus cuchillos o paletas.

En la despedida

Una vez finalizado el servicio de té, el Tea Sommelier debe presentar la cuenta a quien la ha solicitado de forma privada (usando carpetas cerradas), preguntar si estuvo todo bien y si se les ofrece algo más. También es el momento de ofrecer la comment card o tarjeta de sugerencias y devolver los abrigos a los comensales.

Rol: cliente

¿Cómo debemos comportarnos cuando somos el cliente o invitado que tomará el té?

En este sentido, una persona puede tomar dos roles: ser el anfitrión (persona que invita o convoca a los demás) o ser el invitado. Dependiendo del caso, cada persona tendrá un rol bien definido y reglas de buena conducta que se recomienda tener presentes.

La organización

Para los británicos, el afternoon tea se volvió muy importante durante el siglo XIX y ha desarrollado sus propias reglas de protocolo. Hoy, el afternoon tea todavía es popular y muy seguido se organiza para celebrar una ocasión importante, gasajar a una persona o hacer un gran anuncio.

Es muy importante cuidar todos los detalles, en especial los referidos a la organización y servicio del evento.

Todo comienza con una invitación que solía enviarse en una tarjeta a la casa del invitado y hoy se suele hacer de forma electrónica o por teléfono.

Al enviar las invitaciones se debe especificar:

- el motivo de la celebración ("en honor a...", "para celebrar..."),
- el horario en que comienza el té,
- la dirección,
- el lugar de encuentro (por ejemplo, el lobby del hotel).

La hora clave para tomar el té al estilo inglés es a las cinco de la tarde. Se suele invitar un rato antes o exactamente a esa hora.

Es posible que el anfitrión elija un invitado de honor o pourer que le ayudará a preparar y/o servir el té (en el caso de que el té se celebre en una casa privada). Ese invitado de honor debe ser informado de la misma manera que el resto de los invitados, pero se le debe aclarar que sería un honor contar con su ayuda en el servicio.

Es descortés rechazar una invitación a ser invitado de honor.

Al recibir una invitación para un té, siempre se la debe agradecer y dar una respuesta concreta al anfitrión acerca de la participación en el evento. Es muy descortés responder a una invitación diciendo "No sé si podré ir" o "Intentaré ir" o "Veré luego si puedo ir". Siempre debe responderse por "Sí, allí estaré" o "No, lamento no poder ir..."

Es muy descortés aceptar la invitación y no aparecer. Woody Allen siempre dice que el 80% de éxito en una reunión de cualquier tipo es "aparecer". Y el 90% de éxito es llegar a horario.

Cancelar sobre la hora es muy descortés, salvo fuerza mayor. De no poder asistir al té se debe notificar al anfitrión con suficiente tiempo para que pueda reorganizar la cita (al menos un día antes).

No aparecer sin avisar es muy descortés y, probablemente, haga que se lo quite del grupo de reuniones.

Armado de la mesa para el té

Sobre la mesa se coloca un plato pequeño para la comida con un cuchillo y tenedor de té juntos a la derecha del plato o sobre la servilleta de tela ubicada sobre el plato. La taza, su plato y la cucharita se colocan en el ángulo superior derecho del plato de postre.

Las fuentes o platos con comida se deben distribuir estratégicamente en la mesa: que queden en posición cómoda para la mayor cantidad de personas.

El servicio de té se coloca al frente e izquierda del anfitrión.

El mantel que cubre la mesa debería ser blanco o de color pastel suave y se admite que tenga algún pequeño bordado. Y con servilletas haciendo juego. Pueden ser de diversos materiales como algodón, hilo e incluso fibra (pero de buena calidad).

Decoración de la mesa

El arreglo de la mesa debe ser sencillo, discreto y acorde a la decoración de su entorno. Se puede optar por un centro de flores frescas con poco perfume, o algún detalle similar como una vela o un pequeño plato de vidrio con piedras decorativas. Todos los elementos deben ser lo suficientemente bajos como para permitir que todos los invitados se vean las caras.

Es adecuado lucir el juego de plata o porcelana, bien limpio y cuidado. La vajilla generalmente viene adornada con flores pequeñas (sobre todo las porcelanas inglesas tradicionales) o figuras muy vivas para darle elegancia a la mesa.

Vestuario

Para un té clásico o sencillo, las señoras visten de traje o vestido corto y los caballeros, traje de calle de corte clásico. Si el té tiene un carácter más formal las damas pueden vestir un traje de cóctel y los caballeros un esmoquin (aunque todo depende de lo que indiquen los anfitriones). Si el té se organiza en una estancia o en un jardín al aire libre, el vestuario puede ser tipo informal con estilo, pero siempre se debe vestir de forma elegante.

En el salón de té

Al llegar a la sala de té es muy importante saludar a todos los asistentes y sentarse donde lo indica el anfitrión. Si conocemos a los invitados, saludar con un beso en la cultura latina está bien. Si hay personas que no conocemos, lo correcto es saludar oralmente y extender la mano para estrecharla. El invitado que no conocemos podría ser de otra cultura donde no se utilice el beso para el saludo y, generalmente, es un signo de informalidad. Durante el té nos inclinaremos, ante la duda, a usar los modales más formales y refinados.

Nunca dejarse puestos los guantes durante el té o el saludo. Es correcto ponerse de pie para saludar a los invitados que llegan y a los que se van.

El anfitrión debe esperar a los invitados en el punto de encuentro. No esperar más de 10 minutos pasada la hora pactada, recibir a los invitados, acomodarlos a la mesa, designar el/la pourer o invitado de honor; es un honor ser el pourer, así que es importante agradecer a la persona elegida por aceptar la designación. El anfitrión suele presentar a los invitados conocidos. Si hay gente nueva, cada invitado debe presentarse. La presentación debe ser breve y concisa.

Durante el servicio de té

A lo largo del servicio es importante no monopolizar la conversación en ningún momento. De ser necesario, mantener pausas en la charla para no acaparar toda la atención. Circular, intercalar la charla entre varias personas y no acaparar la atención del anfitrión ni del invitado de honor. Es descortés insistir en ser el centro de la charla, interrumpir o dar opiniones negativas sobre cualquier cosa. Se deben evitar las palabras vulgares, los calificativos y las expresiones de descontento. Deben eludirse los temas de conversación conflictivos o tabú, como el sexo, la religión, la política o el fútbol, siempre que no sea el objetivo de la reunión.

No colocar objetos sobre la mesa (carteras, carpetas, anteojos, llaves, teléfonos). No comer nada antes de que sirvan el té. Lo primero de todo es dar un sorbo de té para, luego, comenzar a servirse la comida. Adaptarse a lo que se sirve y no crear complicaciones será la manera de demostrar buena educación.

El servicio. Sentados a la mesa.

Durante el servicio, atender a las sugerencias e indicaciones del maestro o Sommelier de Té. Seguir las indicaciones para la preparación del té o solicitar ayuda en el caso de no querer prepararlo uno mismo.

Una vez que el anfitrión o el invitado de honor ha servido el té en las tazas, cada invitado puede comenzar a beberlo. No es necesario esperar hasta que todos los invitados tengan servido su té. Pero, al menos, se debe beber un sorbo de té antes de ingerir alimentos.

El anfitrión se ubica con la mesa del servicio de té a su izquierda; sobre ella, las tazas, azucarero, limón, lechera, jarra con crema, jarra con agua, tetera y utensilios para preparar el té. Sirve cada taza, primero el té, y preguntando qué desea agregarle cada cual y en qué cantidad. El anfitrión entrega la taza al invitado sin levantarse de su lugar. Éste se acerca a recibirla. El asa de la taza y la cuchara deben quedar del lado derecho de quien las recibe.

Después de servir a todos los invitados, el anfitrión sirve su taza y debe estar pendiente para ofrecer más té.

La comida es autoservicio. No hace falta pedir que le sirvan ni pedir permiso para servirse comida. Sin embargo, esto no sucede con el té. La tetera y utensilios deben ser manejados únicamente por el anfitrión y por el invitado de honor. Una vez que estos han servido la primera taza de té, el personal de servicio puede encargarse de servir las sucesivas tazas.

Si se sirvieran scons o sandwiches calientes, se presentan idealmente en fuentes con tapa y doble fondo, donde se coloca agua caliente, o en algún elemento caliente, similar, que conserve el calor.

Toda la comida se debe tomar con la mano. Es costumbre comer lo sándwiches primero, luego los scones, y después, la pastelería y tortas.

Todas las porciones deben ser pequeñas o estar cortadas para ser tomadas con la mano. Es correcto a la hora del té tomar la comida con la mano. Los sandwiches grandes o abiertos pueden ser cortados en pequeñas porciones del tamaño de un bocado y llevados a la boca con la mano. Si los fingers (sándwiches) están cerrados, deben ser tomados con las manos.

Las masitas con crema o tortas pegajosas se deben cortar en pequeños trozos con el tenedor.

La manteca se debe presentar en rollitos o pequeños trozos que cada invitado debe colocar en su plato (con el cuchillo o paleta provista junto a la manteca). Cada invitado debe usar su propio cuchillo para untarla. Con la mermelada se hace lo mismo: se sirve un poco en el plato con la cuchara de la dulcera y se unta con el cuchillo propio.

Los grandes hoteles suelen ofrecer algo especial al final del té, como una crème brûlée, frutillas con crema o una copa de champagne.

Comiendo scones - Estilo británico

Partir el scone al medio con un cuchillo, haciendo dos mitades redondas y planas. Poner algunas gotas de mermelada y crema sobre el plato (nunca directo al scone) y del plato llevar la mermelada o crema con el cuchillo al scone. Untar solo la porción que se está por comer (un bocado). Repetir para cada bocado hasta finalizar el medio scone. Realizar el mismo procedimiento con la segunda mitad del scone.

Algunas personas prefieren untar el scone primero con mermelada y luego con crema. Otras, prefieren untar primero la crema. No untar todo el scone de una vez, sino solo una pequeña porción de crema y mermelada del tamaño de un bocado y llevarlo inmediatamente a la boca. Repetir con cada bocado hasta finalizar el scone.

Tradicionalmente no se usan los dos cubiertos a la vez para comer los scones. El cuchillo se sostiene con la mano derecha y se usa para cortar el scone en dos, y untar mermelada y crema antes de cada bocado.

Faux Pas

Se denomina así en francés al incumplimiento de una norma social, en este caso, el protocolo del té. Veremos los casos que son los faux pas para el té o detalles a tener en cuenta para no faltar a las buenas maneras a la hora de tomarlo.

Faux Pas - Scones

- Nunca juntar las mitades del scone como un alfajor.
- Nunca embeber la comida en el té.

La servilleta

Ladies: lo primero es eliminar el rouge con una servilleta de papel. Nunca la servilleta de tela para esto. La servilleta debe estar siempre sobre las faldas. Si nos tenemos que levantar del asiento, la servilleta queda sobre la silla, nunca sobre la mesa, salvo cuando estamos decididos a dejar el lugar. Cuando nos retiramos, no debemos doblar la servilleta, sino abollarla levemente y dejarla a la izquierda del plato.

El té

El té siempre es servido por la anfitriona o por su pourer, y se entrega taza por taza a los invitados.

La taza de té nunca debe llenarse del todo, sino hasta los tres cuartos.

Tradicionalmente se pregunta: "¿Lo preferís fuerte o suave?" Fuerte: se llena la taza ¾. Suave: se llena la taza ½ de té y el resto de agua caliente. "¿Con leche, azúcar o limón?" Primero se coloca la leche o el limón. Luego, el azúcar. Nunca se usa leche y limón al mismo tiempo.

Milk in first or milk in last?

Existe una famosa discusión en Inglaterra acerca de si la leche debe colocarse en la taza antes o después del té. Algunas personas prefieren poner en la taza primero la leche porque el té se mezcla mejor con ella. Otras, prefieren poner la leche luego del té para poder ver cuánta leche se necesita para el tipo de té servido. La etiqueta en la época victoriana decía que la leche debía ir en la taza después del té, pero hoy las dos formas son aceptadas.

Es importante señalar que para la mayoría de los tés es mejor beberlos sin leche y es una buena idea alentar a la gente a probar el té sin leche primero.

Regla general: Es mejor servir el té primero en la taza y, luego, agregar leche, azúcar o limón.

Faux Pas - Servicio de té

- Al beber, nunca mirar sobre la taza del té, sí dentro.
- El té y la comida nunca deben estar en la boca al mismo tiempo.
- Probar, al menos, una porción de cada paso.
- No servirse demasiada comida en el plato. Solo dos o tres bocados por vez.
- Siempre solicitar ayuda para alcanzar algún objeto alejado. No atravesar la mesa o una persona en busca de algo.
- No alejar el plato al finalizar el té. Dejarlo en su lugar.
- No gesticular con utensilios en la mano.
- El cuchillo y el tenedor nunca se usan a la vez. Se usa el cuchillo en la mano derecha o se usa el tenedor en la mano derecha, uno por vez.
- No dejar la servilleta sobre la mesa, salvo cuando se está dispuesto a irse del evento. Si un invitado se levanta de la mesa para ir al toilette, debe dejar su servilleta sobre su silla.
- No usar gajos de limón, sino rodajas finitas.
- Nunca sacar la rodaja de limón de la taza.
- Nunca machacar la rodaja de limón dentro de la taza con la cucharita o con otro utensilio.

Cuando le ofrezcan más té, si ya no desea beber más simplemente diga: "No, gracias".

Uso de utensilios y vajilla

Plato de té (saucer)

Tomarlo con la mano izquierda sosteniéndolo con los cuatro dedos y fijando el pulgar en el borde.

Taza con asa (manija)

Pasar el dedo índice y mayor por la manija y asegurar la taza con el pulgar. Los demás dedos descansan bajo los otros. Nunca se estira el pinkie finger (el meñique). Se dice que la costumbre de estirar el meñique viene del siglo XI cuando los cruzados comían con tres dedos mientras que las personas comunes usaban todos los de sus manos. Esto se había impuesto ya antes en el Imperio romano. La regla de los tres dedos se sigue aplicando actualmente para comer alimentos con la mano.

Otra historia dice que cuando los chinos bebieron té por primera vez en cuencos pequeños, la forma indicada de tomar el cuenco era entre los dedos pulgar, índice y mayor. El dedo meñique se estiraba para conseguir el balance. Cuando los alfareros europeos comenzaron a fabricar cuencos de porcelana en el siglo XVIII, la tradición continuó. Sin embargo hoy, esta práctica es vista como ordinaria y algo ridícula.

¿Cuándo tomar el plato y cuándo tomar solo la taza?

Tomar solo la taza cuando la distancia entre la mesa y nosotros en menor a 30 cm. Si la distancia es mayor, tomar la taza junto con el platito.

Faux Pas - Taza

- No tomar el cuerpo de la taza con la mano, sino del asa o manija.

- No pasear el té por la taza como si fuera vino.

Uso de la cucharita

La cucharita nunca debe hacer ruido contra las paredes de la taza. Una vez utilizada, ubicarla debajo del asa de la taza, sobre el platito, con el mango en dirección al comensal.

Faux Pas - Cucharita

- Nunca dejar la cucharita dentro de la taza.

- Nunca beber el té con la cucharita dentro de la taza.

- No poner la cucharita sobre el platito frente a la taza ni atrás, sino debajo del asa de la taza, con el mango apuntando hacia el que bebe.

Cubiertos

Los únicos cubiertos utilizados en un afternoon tea son el cuchillo de té y el tenedor de té. El cuchillo de té es más pequeño que el de postre, así como el tenedor de té es más pequeño que el de postre. El tenedor de té tiene solo tres puntas; la tercera y cuarta se fusionaron durante la época victoriana para hacer una punta el doble de ancha que las demás, lo que le da un poco más de fuerza para romper la pastelería o cortar tortas blandas. El tenedor se sostiene con la mano derecha (a menos que uno sea zurdo) y nunca se usa al mismo tiempo que el cuchillo.

Posición de los cubiertos

La posición básica de los cubiertos para la etiqueta inglesa es: cuando ponemos la mesa, el cuchillito y el tenedor de té deben ir juntos a la derecha del plato o sobre la servilleta de tela ubicada sobre este. La ubicación de los cubiertos es diferente de la usada para una cena o almuerzo, y el cuchillo y tenedor no deben ubicarse en cada costado del plato.

La cucharita debe ir sobre el platito de la taza, debajo del asa, con el mango en dirección al comensal.

Los cubiertos que han sido usados nunca se deben colocar sobre el mantel. Mantenerlos sobre el plato mientras no están en uso, en la posición de descanso o pausa.

Pausa: colocar el cuchillo en la parte superior derecha del plato con el filo hacia adentro.

Finalizado: colocar los cubiertos juntos sobre el plato, en la posición de finalizado (imaginando un reloj en el plato, a la hora 12:30).

Saquitos de té

No es común que se sirva té en saquitos en una ceremonia de té inglesa ya que es considerado el de inferior calidad. En un té victoriano debería servirse té en hebras y se debe usar el colador o infusor.

Faux Pas - Saquitos de té

- Nunca mover el saquito dentro de la taza para que infusione más rápido. Sin embargo, si se prepara el té en una taza, es aceptable moverlo al retirarlo de la misma.

- No poner el saquito de té en el platito de la taza, sino en uno aparte.

- No enroscar el saquito de té en la cucharita para escurrirlo.

Retirarse del salón

Una vez que todos los invitados han terminado de comer, el anfitrión coloca su servilleta sobre la mesa en señal de que el té ha finalizado. Ubicar los cubiertos en la posición de finalizado.

Cuidar de no prolongar la visita más allá de una hora y media o dos.

Consideraciones

- Siempre se espera a que se vaya el invitado de honor. Nadie debería irse antes del invitado de honor.

- Antes de irse, saludar a todos los asistentes, y agradecer al anfitrión por la invitación.

- Poner el cuchillo y el tenedor en la posición de finalizado antes de retirarse.

- Dejar la servilleta sobre la mesa solo cuando se está dispuesto a irse.

- Es muy importante y muy cortés, al día siguiente del té, escribir una nota de agradecimiento al anfitrión.

Etiqueta americana para el té

El servicio americano del té es más abundante que el británico. El menú del afternoon tea americano generalmente incluye sopa, queso y galletitas saladas, flan y otros bocados salados, así como pequeños sandwiches. Los ítems dulces incluyen scones (generalmente llamados "tea biscuits") servidos con mermelada y crema, tortas, tartas, pequeñas gelatinas y otros postres, petit fours y fruta fresca.

La comida generalmente se sirve toda junta y, una vez que se bebe la sopa y se comen otros aperitivos, los invitados se sirven una mezcla de comida dulce y salada, y comen sin ningún orden.

En Estados Unidos se toma el afternoon tea usando el cuchillo en la mano derecha y el tenedor en la izquierda. Cuando terminan de comer, los cubiertos se colocan en la posición de 4:20 (imaginando un reloj).

Al finalizar el té, la servilleta se dobla y se coloca sobre la mesa, a la izquierda del plato.

Mise en place: llevar a la mesa todos los elementos necesarios:

- Tetera.
- Infusor.
- Reloj.
- Termómetro.
- Agua.
- Cuchara (o medida de té).
- Salsera o platito blanco pequeño para observar las hebras.
- Instrucciones para la preparación del té.
- Vasos de agua para beber agua fría.
- Una pequeña jarra con leche.
- Rodajas de limón.
- Una azucarera con pinzas o una cuchara.
- Tazas de té, previamente calentadas, con sus platitos y cucharitas.

- Platos para cada invitado, que pueden ser del tamaño de postre o más pequeños.

- Cuchillo y tenedor de postre.

- Cucharas de postre o de té, para comer postres pequeños.

- Servilletas pequeñas de tela o de papel en último caso.

- Dulceras con sus cucharas.

- Mantequeras con sus cuchillos o paletas.

Decoración de la mesa estilo americano

Mientras que en Inglaterra la decoración de la mesa es generalmente simple, las mesas americanas generalmente se decoran con arreglos florales mucho más elaborados, pequeños favours o regalitos, tarjetas personales, ítems temáticos, etc. La mesa generalmente está mas ocupada y llena que en Gran Bretaña.

Compartir el Misterio

Tal como mencionábamos al principio de este libro, el concepto de *cultura* está desde sus orígenes íntimamente relacionado al té en muchos países alrededor del mundo siendo, incluso, la historia de esa palabra una bella metáfora de la historia del té, que transita, tal como el té lo hace, el cultivo de la tierra y el del espíritu.

A lo largo de la historia, el hábito de beber el té ha estado relacionado con diferentes culturas de muchos pueblos. Durante casi cinco mil años se han generado incontables mitos, leyendas, ceremonias y rituales en torno a él, y las distintas civilizaciones lo han asimilado como parte de su vida, haciéndolo protagonista de la religión, el poder, la sabiduría, las guerras, la economía, la belleza, la salud, el amor y la pasión.

Desde hace muchos años estamos apasionadas por el té, lo investigamos, lo difundimos y lo hacemos parte central de nuestra vida. Pero, más allá de todo el estudio y el conocimiento que hemos ganado, seguimos creyendo que la magia indefinible, esencial del té, sigue siendo igual a su mismo origen: un misterio.

El objetivo de este libro es transmitir el encanto del té y compartir su misterio. Esperamos que el lector haya disfrutado al leerlo tanto como nosotras disfrutamos al escribirlo, y esperamos que el conocedor y aquel que está apasionado por esta inspiradora bebida, pueda iniciar su camino en él, escribiendo más capítulos en esta maravillosa historia.

VICTORIA BISOGNO Y JANE PETTIGREW

Referencias

Asociación Argentina de Fitomedicina: www.plantasmedicinales.org

Climate Charts: www.climate-charts.com

Climate Zone: www.climate-zone.com

Código alimentario Argentino:

www.alimentosargentinos.gov.ar/programa_calidad/marco_regulatorio/caa.
  asp

Dirección Nacional de Alimentos, Ministerio de Agricultura, Ganadería y
  Pesca:

www.alimentosargentinos.gov.ar

Food and Agricultural Organization of the United Nations: www.fao.org

Fresh Cup magazine: www.freshcup.com

INTA: www.inta.gov.ar

IRAM: Instituto Argentino de Normalización y Certificación, norma IRAM-ISO
  3720: www.iram.org.ar

Real Academia Española (RAE): www.rae.es/rae.html

Tea and coffee trade journal: www.teaandcoffee.net

The Tea House times: www.theteahousetimes.com

UK Tea Council: www.tea.co.uk

Wikipedia: es.wikipedia.org

World Tea News: www.worldteanews.com

Bibliografía

Álvarez, Laura: *Cómo cura el té verde,* Integral - Rba Libros, 2002.

Amalfi, Francis: *El Arte del té*, Barcelona, Océano, 2007.

Amalfi, Francis: *Todos los tés del mundo*, Barcelona, Océano, 2005.

Autores varios: *El té chino*, Madrid, Miraguano Ediciones, 1991.

Carles, Michele y Dattner, Christine: *Le Thé et ses bienfaits*, París, Flammarion, 2005.

Chuen Lam Kam, Sin Lam Kai and Yu Lam Tin: *The Way of tea The Sublime Art of Oriental tea Drinking*, Darby, Pennsylvania, Editorial Diane Pub Co, 2002.

Harney, Michael: *The Harney & Sons guide to tea*, Nueva York, Penguin Press HC, 2008.

Hilton, Giles: *Infuse*, Witney, Origin Publishing Co on behalf of Whittard of Chelses, 2003.

Hohenegger, Beatrice: *Liquid Jade the Story of Tea from East to West*, Editorial St. Martin's Press, 2007.

Johnson, Dorothea: *Tea & Etiquette Taking Tea for Business and Pleasure (Capital Lifestyles)*, Sterling, Virginia (EE.UU), Capital Books (Revised edition), 2000.

K.S., Lo, y colaboradores: *The Stonewares of Yixing: from the Ming period to the Present Day*, Londres, Sotheby's Publications, 1986.

Mariage, Frères: *The French Art of Tea*, Editorial Mariage Freres, 2002.

Okakura, Kakuzo: *El Libro del té,* Buenos Aires, Quadrata, 2005.

Peters, Beryl: *Etiquette of an English Tea (The Etiquette Collection)*, Editorial Copper Beech Publishing Ltd, 1995.

Pettigrew, Jane: *A Social History of Tea*, National Trust, 2001.

Pettigrew, Jane: *Afternoon Tea*, Jarrold/History Press, 2004.

Pettigrew, Jane: *Tea in the City London,* Editorial Benjamin Press, 1st edition, 2006.

Pettigrew, Jane: *The Tea Lovers Companion (Tea Classified)*, Londres, National Trust, 2008.

Pierre-Robert, Annie: *Le Thé*, Editorial Editions du Chêne, 1999.

Rosen, Diana: *Meditations withTea: Paths to Inner Peace*. Editorial Citadel, 2006.

Safi, Tammy: *Healthy teas*, Boston, Periplus Editions, 2001.

Saltoon, Diana: *Tea and Ceremony Experiencing Tranquility*, Editorial Robert Briggs Associates, 2004.

Stevens, Neil: *El té verde,* Buenos Aires, Sirio, 2001.

Taylor, Nadine: *El té verde*, Barcelona, Ediciones Obelisco, 2004.

Von Wachendorf, Viola: *El té*, Barcelona, Parragón, 2007.

Wang, Ling: *Tea and Chinese culture*, San Francisco (USA), Editorial Long River Press, 2005.

Tea Sommelier Handbook

Tea varieties, cupping and protocol

VICTORIA BISOGNO • JANE PETTIGREW

Tea
Sommelier
Handbook

Tea varieties,
cupping and protocol

VICTORIA BISOGNO · JANE PETTIGREW

*La cultura del Té,
de la tierra al espíritu.*

Index

Aknowledgements

Victoria Bisogno would like to say thank you
To Martín, my husband, my companion and support, for helping me make my dream come true.
To Jane Pettigrew, my beloved teacher and partner in the journey of making this book, for her generosity in the art of teaching, for her great support and her affection.
To my grandmother Nanni, for being my inspiration.
To the members of the Tea Club, for filling up my spirit with emotion and enthusiasm at each meeting.

Jane Pettigrew would like to say thank you
To Victoria, for including and involving me in her inspirational work, for sharing her creative ideas, and for her wonderful sense of kindness and fun.
To all the people around the world from whom I have learned and am still learning so much about tea.

Acknowledgements
Roberto A. Navajas - Establecimiento Las Marías
Eng. Humberto Primo Fontana – National Institute of Agricultural Technology
Eng. Patricia Parra – Production Ministry, Agriculture, Livestock, Fishing and Food Secretary – Undersecretay of Agricultural Policy and Food, Food General Direction.
María Brom – Specialist in food Sensory Evaluation, for her collaboration in chapter 7 of this book.

Introduction

The Tea Sommelier

The word "sommelier" though old, is modern, too.

Since we designed and started teaching the Tea Sommelier Certification Course, some people have inquired about the use of the word "sommelier". Some thought it was only used to refer to wine specialists, so we started researching the word to understand its origin. Surprisingly, we discovered that it has a wider history, meaning, and use than was previously believed.

The word "sommelier" originated during the Middle Ages. It is a French word that derives from "somme" meaning "charge", associated with the transportation, supply, storage, and care of valuable goods. And so there were many types of "sommeliers" and the word was used to describe different occupations: for example, the Wine Sommelier, who was responsible for holding the key to the cellar and the wines; the Bread Sommelier, who was in charge of the distribution of bread, tableware, tablecloths, cutlery, and carving knives; the Curtain Sommelier, who was stationed in the ecclesiastical palace and accompanied the king and queen when they went to the chapel or said grace; and the Arms Sommelier, responsible for an array of weapons.

Since language is alive and constantly evolving in response to changes in attitudes, lifestyle, work, etc, the ancient term "sommelier" has now been adopted into the modern world to designate a new occupation – that of the tea professional. In the last few years, the term Tea Sommelier has gained popularity all around the world.

The Tea Sommelier is an expert in tea, highly trained in its culture, service, cupping and pairing. The Tea Sommelier is the person in charge of selecting the tea service for a tea house, tea room, restaurant, hotel, special event, etc. He or she is responsible for the selection of the tea, the distribution, the service and relevant advice required by the client or institution. He or she also has the necessary training to work as a free agent, offering his services as a maître or expert of the gastronomic tea world, through cuppings, private tastings and presentations.

It is with this term that tea gains a professional status and generates new business opportunities. This is good news for tea lovers and offers them the possibility of making a living out of their passion for tea.

This handbook offers technical and cultural knowledge to achieve expertise in:

- Distinguishing the principal types and varieties of tea, and their correct method of preparation;

- Recognizing the principal sensory characteristics of the different types of tea;

- Evaluating tea quality;

- Selecting tea suppliers and providing tea for the service;

- Designing tea menus;

- Knowing about the correct storage of tea;

- Knowing and selecting the necessary utensils for the tea service;

- Arranging the room and the tea service;

- Organizing different types of tea service;

- Directing cuppings, tastings and presentations about tea;

- Advising and guiding clients as to the selecting of tea and the correct pairing for the time of day;

- Starting his or her own tea enterprise (tea room, confectionery, tea bar, teashop, tea lounge, etc.);

⦿ Creating a sensory experience of the act of drinking tea, and to be able to describe it.

Tea culture, from the earth to the spirit

The word *culture* is used to refer to different things and different situations and its usage has been extended over time to include new meanings that originally it did not have.

The term culture comes from the Latin *cultus* that derives from *colere, meaning* 'to cultivate the land'. Originally it was used to designate a plot of cultivated land, and then it evolved to mean the action of cultivating the land.

As time went by, the word *culture* acquired a metaphorical connotation and began to mean not just the practice of *land cultivation* but also the cultivation of the *spirit* and the intellect.

This more recent meaning now predominates in everyday language, and thus, a "cultivated person" is one who has an interest in and an understanding of many different areas of knowledge. So we say that culture is the set of all the forms and expressions a human being possesses, and as such it includes customs, practices, norms of behaviour, belief systems, etc.

UNESCO says that "... culture gives man the capacity of reflecting about himself. It makes each if us specifically human, rational, critical and ethically committed."

Tea culture

There are few things in life that connect us so closely to the concept of *culture* as *tea*. Tea grows out of the cultivated land and nourishes the cultivation of the spirit. Its ancestral history, its myths and legends, the diversity of people and nations who have cultivated and consumed it all over the world for thousands of years, adding to its history all the layers of their lives - these are just a few of the elements that will always be a part of each individual tea lover's experience.

Good tea is a fruit from the land, cultivated with deep knowledge, understanding, skill and love. When we drink it, we become connected to the earth where it grew, to the craftspeople who made it, to the culture of the land of its origin. As we enjoy it and share it with others, our souls are enriched and our spirits are cultivated and nourished.

The Tea Club exists to nurture and spread the culture and spirit of tea.

Chapter 1 ·
The History of
Tea

Tea is ancient. Throughout history, the habit of drinking tea has been associated with different cultures. For nearly five thousand years, tea has generated a rich culture, and different civilizations have assimilated tea as part of their lives. Tea has become the protagonist of various aspects of everyday life.

Tea originated in the East, where it has been known and enjoyed for thousands of years.

Originally tea was very much appreciated for its effect of bodily and mental well-being caused by caffeine and tannins. Later it was appreciated for its medicinal characteristics, and later on as an element of luxury and distinction. Lastly, it began to be considered as an element of good taste and refinement, and was valued as an element of pleasure and delight.

Tea's name

Tea is thousands of years old, and it has been named in different ways according to the very many places in the world to which it has travelled.

- In China it is called chá

- In India it is called tschaj

- In Arabia, shay

- In Russia it is called caj o chay

Lù Yu (733-804 AD) of the Tang Dynasty, wrote of the origins of the word 'cha' in his crowning work, *The Tea Classic or Chájīng*: "Its character: may come from herb/grass from tree/wood, or the combination of the two".

In the province of Fujian, the word, tea is pronounced 'tay'. It was in Fujian that the Dutch learned the word and took it to Europe, where it became:

- Tay in Ireland and England

- Tee in Germany

- Thé in France

- Té in Spain

Finally, in England, the word changed from tay to tea.

While the Dutch traded tea from Fujian province, the Portugese traded out of Cantonese- and Mandarin-speaking Macao, the island off the south China coast, close to Hong Kong. Here, the local word for tea was 'cha' and anyone trading with Mandarin or Cantonese speakers used that word.

The Chinese version of the origin of tea

The legend tells us that tea was discovered by the Chinese emperor Shen-Nung named 'the divine farmer' in about 2750 BC.

When Shen-Nung was resting under a tree one day, he was given a bowl of hot water to drink as he was very thirsty. A soft breeze caressed the leaves of a nearby tea tree, which fell into the emperor´s bowl. Shen-Nung drank the potion and felt himself revived and relaxed, while at the same time, his mind was relieved from all its torments. In this way Shen-Nung discovered the charm of this beverage and he is said to have encouraged the Chinese people to cultivate the bush and drink the infusion as their everyday beverage.

Buddhist monks have used it for hundreds of years to help relax the body, to help them concentrate, and to avoid sleepiness during their long hours of meditation.

Later on, there are references to tea that emphasize its medical attributes, for example, relieving stomach aches, getting rid of bad breath, removing impurities from the body, curing indigestion, etc. There is evidence that a Chinese surgeon, in about 200 BC, recommended tea for increasing the capacity to concentrate. Chinese writings from the year 100 BC call tea "the elixir of immortality" and relate it to Lao-Tse, father of the Taoism.

During the Tang dynasty (8th century AD), Lu Yu, known as "the patron saint of tea" wrote the first ever book about tea. Entitled *Cha Ching or The Classic of Tea*, it was influenced by Zen philosophy and was also known as the *Sacred Tea Book.*

Lu Yu was born in Jinling, today Tianmen in the province of Hubei, China. Legend says that Lu Yu was an orphan, and was adopted by a Buddhist monk of a local monastery. But as he did not want to wear the monks' clothes, he ran away and he was taken in by the local governor, Li Qiwu, who offered him a chance to study and gave him access to the library. From then on, he grew up surrounded by poets, writers, monks and other religious people.

Lu Yu wrote the *Cha Ching* because he was convinced that "tea symbolizes harmony and the mysterious union of the Universe". The book includes details of the tea plant, its cultivation and the preparation of the beverage.

Different ways of brewing

During its history, the *Camellia sinensis* has been used in different ways. Books give different versions, but we can conclude from the most important publications that the tea was drunk in the following ways:

- As a light infusion with butter and salt.

- Consumed as nourishment in decoctions with vegetables such as onions, carrots and garlic.

- Compressed into bricks, cakes, nests, and crumbled into boiling water.

- In powder, beaten as an infusion.

- As a liquor made by infusing the leaves.

Most people who have studied this agree that tea was initially consumed as a decoction with milk, salt and other ingredients such as onion, orange peel or butter.

Another method of preparation, particularly among the minority groups who live on the outer borders of China in Mongolia and Tibet, was to break brick or compressed tea and boil it with vegetables; compressed tea was made in more southerly provinces such as Yunnan, Sichuan and Hunan and was transported to these regions where it provided nutrition and sustenance to the local people who otherwise had very little access to vegetables and plants because of the very rocky and arid terrain.

Since the 14th century, the Chinese have infused the dried tea leaves in hot water and this method of brewing has become the most usual way of preparing tea all around the world.

The tea road

Tea commerce in ancient China began along the silk route, the porcelain route and the tea-horse road along which tea was traded into the countries that lay beyond China's borders.

Some historians say that by the year 400 AD, China was exporting tea to neighbouring countries such as Japan and Tibet. Others say that in Tang Dynasty (618-907 AD) tea began its journey from Yunnan, China to Beijing and Lhasa, Tibet's capital city, along the "tea horse road". On that road tea was transported by porters (who carried between 50 to 130 kg of tea on their backs), and by caravans of camels, horses, ponies, mules and yaks. The aim was to make tea available to people living in the remote mountain regions; the tracks were steep and dangerous, passing along narrow mountain trails, across rivers, through forests and deep valleys, and progress was slow. The journey of approximately 1500 km. took several months, sometimes at heights of over 5000 m.a.s.l. To allow the tea to be more easily transported and to ensure that it kept its quality, it was compressed into cakes or bricks which were exchanged for other goods that the Chinese needed – horses for the Chinese army, salt, furs, iron goods, etc. When the tea was finally delivered, the porters were paid with as many kilos of rice as the amount of tea they had carried to their destination.

The most famous of those commercial journeys began in Yunnan province. It started in Puerh, famous as the centre for the marketing of locally-made, aged, black (dark) teas, then it went north through Dali, Lijiang, Zhongdian and Deqin. At this point it entered Tibet and went through Mangkang, Zuogong, Bangda, Changdu, Luolongzong and Gongbujiangda, until it reached Lhasa, the capital. From here it turned south, towards Gyantse, Pali and Yadong, crossed into Nepal and finally into India. Another route began in Ya'an in Sichuan province, and continued through Luding, Dangding, Batang and Changdu up to Lhasa where it joined the caravans coming up from Yunnan.

The Siberian route was also known as the tea road, because of the large quantities of tea that were transported from China to Russia through Mongolia and Siberia.

In Russia, tea was transported from the locality of Kyakhta to the Irbit fair, the second most important fair of Imperial Russia, where it was traded.

It is said that the long nights the camels spent by the fire gave the tea a smoky smell, and so the Russians received tea that had a slightly smoky aroma and character. This was perhaps the origin of the famous tea called Lapsang Souchong (smoked red tea) and the blend known as Russian Caravan, which is usually a mixture of oolong, Keemun and Lapsang Souchong.

The tea was transported in bundles (packs that contained several bricks of compressed tea) so that each camel could carry large quantities[1].

Tea was traded along many other routes and some sections coincided with the silk roads along which other products such as spices and porcelain were traded.

---

1. In 1915 China exported to Siberia 70,297 tons of tea, which represented 65% of the country's total tea exports.

The Tocha game

Since ancient times, the Chinese dedicated their free time to the arts, poetry, music and to playing intellectual games. Tea always accompanied their pastimes, and with the passing of the years it became more important.

Originally, the Tocha game was a social event at which teas of different origins were tasted, and then the participants gathered around the fire to tell stories and recite poems. The game consisted of distinguishing the different types of teas inside tea bowls. Players were not given any information about those teas, so they simply had to guess. Later, it became a competition with judges, public and prizes.

The Japanese version of the origin of tea

In Japan tea is drunk all day, anytime. The habit of drinking tea was inherited from the Chinese; nevertheless, the legend of Emperor Shen-Nung's discovery of tea is not the most accepted in the country. The Japanese believe instead that it was Bodhidharma, founder of Zen Buhddism, who introduced tea to Japan from India.

Buddhism began with the teachings of its founder, Siddhartha Gautama, in about the 5th century B.C. in the north-east of India. Siddhartha Gautama, known as Buddha, was born in Lumbini (Nepal) some time between the years 566 and 478 B.C. The Buddha is a sacred religious image for two religions that have the greatest number of followers: he is the symbol for Buddhism (Gautama was the founder of the Buddhist dharma and first "great visionary"), and for Hinduism (Buddha is considered to be the incarnation of the god Vishnú).

The legend says that in the year 520 AD, Bodhidharma, the twenty eighth patriarch of Buddhism and the first legendary patriarch founder of Zen or Chan Buddhism, travelled from India to China to preach Buddhism, and sat in front of a wall to meditate for 9 years. But one day he fell asleep, and when he woke up, was extremely angry with himself for not having managed to stay awake; it is said that he cut off his eyelids and threw them on to the ground. A plant that would later be used as medicine grew in that place: it was the tea plant.

For many years the tea consumed in Japan was imported from China and was drunk according to Chinese ways. By the year 729 AD, Japanese Buddhist monks who were studying in China discovered that tea was useful not only as medicine but also as a stimulant to keep them awake during the long hours and even days of meditation. So they took the plant to Japan and developed their own tea ceremony.

The monk Eisai Myoan, known as 'Zen Master Eisai', is acknowledged as the founder of Zen Buddhism in Japan. In 1187 AD, Eisai Myoan travelled to China to learn philosophy and, when he went back to Japan, he took with him tea seeds that he planted in the grounds of the Reisenji temple. It is said that Eisai Myoan introduced to Japan the preparation of matcha - powdered green tea that is whisked in a bowl of hot water. Powdered green tea was first consumed in China during the Song dynasty (960-1279 AD) and since the Japanese learned about tea from the Chinese during this period, they copied that method of preparing tea and it became the central element of the Japanese tea ceremony.

Some years later, in 1211 AD, Eisai Myoan wrote the book Tea's Healthy Virtues.

The tea ceremony in Japan: Chanoyu

People in Japan celebrate the tea ceremony, developed during the second half of the 16th century, when Sen-no Rikyu established the generalized form of Chanoyu (Chadô, o Sadô) which was related to Japanese sensibility and Zen Buddhism.

See chapter 14 for details on this ceremony.

Chayoria

From the 14th century on, tea gained popularity in Japan, especially among samurai and Buddhist monks. Samurai, members of the military elite that had governed Japan for hundreds of years, played tea tournaments called Chayoria. In these competitions, the participants first had to distinguish tea from other herbs of a similar flavour. Then they had to distinguish teas produced in the gardens of different temples of the region from foreign teas. Finally, the participants tried to discern the true origin of the tea plant.

Tea in Tibet

In the year 641 A.D., princess Wen Cheng of the Tang Dynasty married Tibetan king Songtsen Gampo, and, according to the legend, started the custom of drinking tea in Tibet. This country, with its very cold climate, immediately adopted the habit of drinking hot tea.

In Tibet, tea is generally drunk with butter made from yak's milk and with a little salt. It is called Po cha or Sutschia.

In 650 AD under the kingdom of Songtsen Gampo, founder and first emperor of the Tibetan empire, the Tibetans began to import great quantities of tea from China. Caravans of yaks carried the teas from the border cities towards Lhasa using the tea road.

Tea in Arabia

Today, people in Arabic countries drink a lot of tea, especially green tea with fresh mint leaves and sugar, served in delicate glasses. Nevertheless, the period when the habit of drinking tea started is not clearly determined.

One of the few references to tea in Arabia appears in a book published in Venice in 1559 by Gianbattista Ramussio entitled *The Tale of Hajii Mohammed* in which Ramussio he described the trading of tea between Arabian countries and China.

Tea in Russia

It is thought that the first tea arrived in Russia when the Mongolian ruler, Altyun-Khan, sent a gift of tea to Tsar Michael I in 1638. In 1689, a Chinese ambassador gave tea to the Tsar Alexis. In the same year, the Nerchinsk agreement was signed, establishing formal border crossings and facilitating commerce between the two countries and the Chinese began to export tea to Russia in exchange for furs. The agreement, signed on August 27th 1689, was the first between China and a European power. It officially defined the frontiers between China and Russia and ended a number of conflicts between the Chinese troops stationed in Manchuria and different Russian colonies such as Albazin and Nerchinsk, mostly inhabited by Cossacks and Tunguses.

The tea started its journey north of the Great Wall of China and the huge caravans took almost a year to cross the Gobi desert into Mongolia. At Usk Kayakhta in Russia, the tea was inspected, repacked and loaded onto sledges and carts ready for a further journey of 16-18 months to St Petersburg.

The Samovar was originally used in Russia to keep the water hot for long periods in the hard winter. Today it is rarely used but is kept as an ornamental household object.

Tea in the West

The Dutch were the first to take tea to Europe, on the ships of the Dutch East India Company. That company was established in 1602, when the Netherlands General Estates granted it a 21 years monopoly to carry out colonial activities in Asia. It was the first multinational corporation in the world and the first company to publish its profits.

In 1606 the company shipped the first cargo of tea to the West. England was one of the first western countries to become fond of tea.

In 1660, Thomas Garraway, who ran a coffee house and general store in the City of London, wrote a broadsheet to advertise tea and its health benefits.

He wrote of the new and exotic drink: "It activates the body, eases headaches, it eliminates obstructions of the spleen, it cleans the kidneys and it is good for kidney stones, it helps breathing, it prevents heavy dreams, it activates the brain and reinforces the memory".

As it was very expensive, tea was only consumed by the highest classes in society, and in the 18th century, wealthy families chose to have their portraits painted with their tea wares on the table – a sign of refinement and social status.

In the West, tea was a luxurious product that showed class and refinement. An Englishman wrote: "The beautiful North American ladies, drink a lot of tea and they pleasantly enjoy the latest style. They behave as gracefully as the elegant London ladies".

In the early years of tea drinking in England, all the tea consumed was shipped into London on Dutch ships, but the English East India Company soon began to import larger and larger quantities themselves.

In 1600 Queen Elizabeth had created the East India Company (the Honourable East India Company, the East India Trading Company, the English East India Company and later, the British East India Company). The company was granted a monopoly on all commerce in the Orient. Although at the beginning Holland continued to dominate commerce with China, England soon became the main buyer of China tea. The company went on growing, changing from a simple commercial body to become the representative of the British crown in India until 1874, when it was dissolved. It had its headquarters in London and its ships were strongly armed to defend themselves from pirates and from the navies of other trading nations. It brought larger and larger quantities of tea from China. Its power was enormous, monopolizing British commerce with China for more than 200 years.

In 1784 England drastically reduced the tea tax from 119% to 12.5%. Thus tea's popularity increased and consumption in England went up from 2.200 tons to 6.800 in 1791.

Towards the middle of the 18th century, trade between Britain and China was in deficit. The importations of silk, chinaware and tea exceeded exports of wool and spice and the imbalance of trade involved vast sums of money. In 1773, the British started exporting Opium grown by the East India Company in Assam, India to China and very soon, because of the vast scale of opium addiction amongst the Chinese, the revenue earned helped to redress the trade deficit.

In 1829 the emperor Yongzheng, a philosopher-emperor who encouraged the arts, wrote poetry and founded libraries, prohibited opium commerce in order to control the ravaging effect it was having on his people. But the English ignored it and continued to ship opium into China. When, in 1839, the Chinese authorities confiscated 20,000 boxes of opium from ships in the Canton port, the English attacked the Chinese and thus began the first of the two opium wars (1839-1842 and 1856-1860).

At the end of each opium war the Chinese found themselves in a more and more unfavourable situation. The British forced the Chinese to open several ports to foreign trade and to hand over Hong Kong to Great Britain.

Five o'clock tea

In 1662 Catherine of Braganza, Portuguese princess, married King Charles II, and took with her to England a small chest of Chinese tea. Soon Catherine started serving tea to her ladies at court and so they too began drinking tea. Catherine had started a new fashion!

By the year 1840, Anna Maria, 7th Duchess of Bedford, made popular the habit of drinking tea in the afternoon with snacks and sweets.

Nevertheless, it is said that it was Queen Victoria of England (1819 – 1901) who made the custom of 5 o'clock tea very popular. During her reign (1837 – 1901), the streets of Britain are said to have become deserted between 4 and 6 p.m. because people were at home enjoying their 5 o'clock Afternoon Tea, as Victoria did.

Boston tea party

1773. The way towards the USA Independence.

The Boston tea party is remembered as a historical event that marks the point at which the United States began its fight for independence.

By the year 1773 the United States was importing (into Boston, New York, Philadelphia and other eastern ports) cargoes of valuable merchandise from England, including tea. At the time, Britain was imposing high taxes on goods sent to the colony in order to finance its army stationed there. It is said that a group of colonists known as " the freedom children", in order to demonstrate against the high taxes imposed on tea, disguised themselves as Native Americans, took three East India Company ships by storm and threw the entire cargo of tea into Boston harbour. The king was furious and, since the tea tax was precisely destined to the maintenance of the colony's military garrisons, he took measures against the colony. The "Boston Tea Party" was one of the events that led to the cruel war of Independence.

Even today 'tea parties' are celebrated, and, as a commemoration of the Boston Tea Party, are staged today as modern civic protests for tax reductions.

Tea in India

In the Ramayana, one of Ancient India's most important and influential religious works, possibly written in the 3rd century B.C., there are references to the use of tea as a medicine. But it was not until 1823 that the British developed the idea of cultivating tea in India. When Mayor Robert Bruce, in charge of a garrison of the British army in Assam was offered an infusion made from a wild bush by some of the local people, he found that it tasted so similar to tea that he sent some leaves from the plant to be analysed in Calcutta. It was found to be a local variety of the *Camellia sinensis*: the *Camellia sinensis assamica*.

In the 1830s, the British East India Company established trial plantations of tea plants in Assam, brought in some Chinese tea makers to teach them how to make both black and green tea and discovered that they could make black tea that was judged by the London brokers to be as good as any tea coming out of China. The first shipment of British–made Assam black tea was shipped from India to London in 1838 and was sold in the London tea auction of January 1839. Once they had proved that they could produce their own tea, the British started manufacturing large amounts of mainly black tea in India: in Assam, Darjeeling and Nilgiri.

Currently India is one of the major tea producers of the world.

Tea in USA

In the 1904 World Fair in Saint Louis, Richard Blechynden, India Tea Commissioner and Director of the East Indian Pavilion, did not manage to sell the expected amount of hot tea due to the hot weather, so he mixed ice with the tea and sold great quantities of what he called 'iced tea'. Although iced tea had been drunk before this in the USA, Blechynden made it fashionable and today, iced tea accounts for approximately 80% of all tea consumed.

The American sweet tea is also a very popular drink in USA. A recipe for 'sweet tea' was published for the first time in 1879 by Marion Cabell in her book *Housekeeping in Old Virginia*. Sweet tea is known as "Southern Style" tea and is usually drunk extremely sweet and very cold.

Tea in Taiwan: bubble tea

Bubble Tea was created in Taiwan in the 1980s. The most popular is "Boba milk tea", black tea mixed with milk and sugar and with "Boba balls" (small balls of tapioca and seaweed) added to the brew. It is also prepared with other types of tea, such as green or oolong, and tapioca or little flavoured balls are always added. It is drunk through a fat straw.

Milestones in Tea

The history of tea is ancient and fascinating. As we have seen, tea has influenced different cultures and regions around the world. Here are some milestones that stand out in the history of tea:

- 2750 BC: discovery of tea in China - legend of Emperor Shen-Nung.

- 520 AD: Bodhidharma traveled to China, giving rise to the Japanese legend of the discovery of tea.

- 618-907 AD: Tang Dynasty – the period of compressed tea in China.

- 641 AD: Chinese princess Wen Cheng married Tibetan King Songtsen Gampo and starts tea drinking in Tibet.

- 729 AD: Buddhist monks studying in China carried tea to Japan.

- 780-790 AD: Lu Yu, known as the "patron saint of tea" wrote the first known book of tea called Cha Ching, also known as Sacred Tea Book.

- 960-1279 AD: Chinese people began to drink powdered green tea (matcha) and Buddhist monks take this style of tea to Japan.

- 1187 AD: Eisai Myoan travelled to China and returned to Japan bringing tea seeds that he planted in the gardens of Reisenji temple.

- 1211 AD: Eisai Myoan wrote the book Tea's Healthy Virtues.

- 1368-1644 AD: the period of infused tea in China.

- 1582 AD: Sen-no Rikyu established the generalized form of the Japanese tea ceremony, Chanoyu (Chado or Sado).

- 1606 AD: The Netherlands imported from China the first shipment of tea to the West.

- 1662 AD: Catarina de Bragança, Princess of Portugal, married King Charles II of England and carried to London a small chest filled with tea, brewed it for her ladies at court and gave rise to the habit of drinking tea as a luxury beverage.

- 1689 AD: China began to export tea to Russia.

- 1679 AD: the first tea auctions in London.

- 1773 AD: a protest in the United States gave rise to the Boston Tea Party.

- 1823 AD: the British began to develop the idea of growing tea in India, from the Camellia sinensis assamica discovered by Major Robert Bruce.

- 1838 AD: England imported the first shipment of Assam tea.

- 1840 AD: Anna, Duchess of Bedford, made a habit of taking tea with a small sweet or savoury snack in the middle of the afternoon: 'Afternoon Tea' started to become popular.

- 1861 AD: the first tea auctions in Assam, India.

- 1869: Sri Lanka began to grow tea, after a devastating rust fungus destroyed the coffee plantations.

- 1901: Roberta Lawson and Mary McLaren patented an open-mesh, fabric tealeaf holder, the forerunner of the teabag.

- 1904 AD: Richard Blechynden introduced iced tea at the Saint Louis World's Fair, making it fashionable.

- 1930s A.D.: CTC tea production started.

- 1970s AD: Cooked (Shu) Puerh, in which the fermentation process is accelerated, was first produced in China.

- 1998 AD: the last tea auction in London.

Chapter 2 ·
Introduction to
Tea

What is tea?

Tea is the infusion of a plant which originated in China called *Camellia sinensis*. There are three indigenous subspecies from different regions:

- China: *Camellia sinensis sinensis or Thea sinensis*

- India: *Camellia sinensis assamica*

- Cambodia: *Camellia lasio calyx* (also known as *Camellia sinensis cambodiensis*)

The two that are most commonly used are the *Camellia sinensis sinensis* and the *Camellia sinensis assamica*.

It is a perennial plant that can become a tree, although it is usually kept as a bush to facilitate the collection of its leaves. It usually grows to a height of 1 to 2.5 metres high (its maximum height is 30 metres). It produces leaves of 1cm to 5cm,but they can reach 20cm or more, and it can live for hundreds of years. Its leaves taper from a round base towards a pointed apex. Its white flowers appear alone or in groups of 2 or 3, or otherwise isolated, hang downwards, and are lightly fragrant.

It is a plant that grows in a tropical climate (warm and humid), although it can adapt itself to other climatic conditions. In can tolerate hard winters and in regions with a high level of sunshine, such as India, shade trees are planted to provide protection.

The best teas are produced in regions where the temperature is between 10°C and 35°C, rainfall is between 2000 and 2300 mm a year and where the tea grows at an altitude of between the 1200 and 1800 metres above sea level.

The roots of the tea plant can be several metres long and the bushes cannot survive submersion in water for any length of time, so tea is usually planted on land with acid soil and good drainage.

Tea and other infusions

All tea is made from the leaves and leaf buds of different varietals of the same plant (the *Camellia sinensis*).

Tea is an infusion but not all infusions are tea. Some infusions are made from other plants - for example, camomile, mint, lemongrass, verbena, lavender, and rooibos. Rooibos comes from a different plant called *Aspalathus linearis*, and is known as "the red tea of Africa". These infusions should not therefore be called 'tea' (which is made from the *Camellia sinensis*).

Varietals, single origin teas and blends

A 'varietal' is a particular type of tea plant – it is a botanical term used for all the different tea plants that have evolved over the years from the main *Camellia sinensis*. In some texts you can find the term 'cultivar' or hybrid as a synonym for varietal, which means 'cultivated variety'.

In many countries, new cultivars or varietals are developed for particular characteristics of the plants, such as better yield, greater polyphenol content, resistance to cold, transparency of the liquor, etc.

The following are some few examples of varietals developed in Argentina by the INTA Cerro Azul (National Institute for Agricultural Technology):

CULTIVAR	CATEGORY	AGROTYPE	YIELD Kg/ha	LIQUOR QUALITY	SENSITIVITY TO COLD WHEATHER	OBS
CH 14 INTA	Productive	Chinese hybrid	11.200 +- 4.700 (high)	Medium	Low	Uniform growth
CH 22 INTA	Standard	Chinese	9.100 +- 4.200 (medium)	Medium	Low	High adaptation to the environment
CH 112 INTA	Productive with quality	Chinese hybrid	10.350 +- 4.050 (high)	High	Very low	Early, vigorous flush
SG 7291 INTA	Productive with quality	Chinese hybrid	12.000 +- 4.700 (high)	High	Low	Tolerant to drought

The different cultivars not only affect tea in agricultural terms (such as the yield or the sensibility to cold), but also they have an impact in the sensory profile of the tea made from that varietal.

Some of the most widely used varietals in the main tea producing countries are:

- Fuding Da Bai - from which Chinese white teas are made.

- Shui Xian – from which Chinese oolong teas are made.

- Long Jing 43, Anji Baipian and Bai Ye Yi Hao - used for the manufacture of Chinese green teas.

- Yabukita and Okumidori – used to make Japanese green teas.

- Asagiri – mostly employed in the production of Japanese shaded teas.

- Tie Guan Yin, Ching Shing (used for the Oriental Beauty), Gin Suan (or milky oolong), Da Hong Pao and Bai Ji Guan - used for making oolongs.

- Zhu Ye, Keemun Zhuye (China), Ruby 18 (Taiwan) and AV-2 (India) - from which black teas are made.

- Trung Du La Nho and LT - used in Vietnam.

- Yunnan Da Ye - used to make Puerh.

- Anhua Yun Tai Da Ye – used for the manufacture of the Hunan Hei Cha.

Single origin teas

Single origin teas do not come from one single garden or estate but from one region or area. They are made by blending teas from different gardens or estates in the same region or district to give a tea that has the representative character of that region. They are called after the region in which they were produced, or with fantasy names, for example:

- Green teas: Lung Ching, Tian Mu Yun Lo, Bi Lo Chun, sencha, etc.

- Black teas: Ceylon, Darjeeling, Assam, Keemun, Yunnan, Kenya, etc.

Blended teas

Tea blends are mixtures of different types of tea, or mixtures of tea with fruits, herbs, spices and flowers, carefully selected and combined to produce a drink with fragrance, flavour and special body for each person, for each moment, with a particular charm.

Blends are made by mixing together teas from many different origins in order to create a particular taste and flavour and to ensure a uniform quality and character in products throughout the year. The mixture of teas can vary each time the blend is mixed since some teas are not available during the whole year. The tea blender has to choose suitable teas of the same leaf style and leaf size in order to always create a tea that looks the same and tastes the same.

Some examples of blends:

- Earl Grey: Ceylon tea or China black tea with bergamot oil

- English Breakfast: usually a mixture of black teas from Assam, Ceylon, Kenya and sometimes Keemun.

- Russian Caravan: a mixture of Keemun and Lapsang Souchong.

Some of these blends are called "British legacies". These are the classical British teas. They are teas that historically have been consumed in Britain and that are distinguished for having a strong, intense flavour, somewhat astringent and consisting generally of broken leaf. Examples of these are the Earl Grey, English Breakfast and Irish Breakfast tea, among others.

Single estate teas

Whereas blends are created to always offer a consistent character, single estate harvests offer a great variety with regard to the sensory experience that the teas themselves can offer; teas harvested at different times of the year vary because of the seasonal changes, the climatic changes, etc. Expert tasters can recognise the differences in teas harvested on different days, in different months, different seasons, etc. Single estate teas offer a wide range of taste experiences. These types of tea are enjoyed by tea-lovers. They are more expensive, but they are unique. They are obtained from plantations which, as well as enjoying their own individual soil conditions, have their own particular ways of harvesting, rolling, drying, etc., thus personalizing their own tea production.

The presence of flowering plants, fruit trees and the distribution of the tea plants in the field can also give an individual personality to each single estate tea.

These teas are also known as "speciality teas" and generally show the name of the plantation in the package. For example, a tea named "Margaret's Hope Darjeeling" is a single estate tea from Darjeeling called Margaret's Hope, while a tea named simply "Darjeeling" is almost certainly a blend of different teas from different estates and different producers in Darjeeling.

Tea categories

All varieties or types of tea are made from the leaves and leaf buds of the same plant (the *Camellia sinensis*). The difference between the different categories lies in the process the leaves undergo during manufacturing.

The basic types of tea are:

* **White:** the least manufactured of all teas; the buds and leaves are withered and dried, and there is very light natural oxidation.

- **Green:** de-enzymed to prevent oxidation.

- **Yellow or golden:** de-enzymed to prevent oxidation then wrapped while warm and damp to produce a mellow character; quite rare, only small quantities are produced in China.

- **Pouchong:** a very lightly oxidised tea. Some books include it in the oolongs category.

- **Oolong or blue tea:** a partially oxidized tea (the level of oxidation can vary from 20% to approximately 80%).

- **Black tea (known in China as red tea):** completely oxidised.[2]

- **Dark tea (known in China as black tea):** it starts as a green tea that is post-fermented and oxidised during an ageing period. The Puerh and Hei Cha teas belong to this category.

White tea is naturally very lightly oxidised; oolong and black teas are **oxidized**; dark teas (like puerhs and Hunan Hei Cha) are microbially **fermented** and oxidized.

Each type of tea is manufactured by varying the processes the leaves undergo. The stages the fresh leaf goes through during manufacture vary according to what category of tea is being made. All these teas are known as tea categories.

Tea plantations

Tea plantations are located in rural areas and sometimes in fields close to the city. Each plantation, or each manufacturing region that contains plantations, has unique characteristics that make up the *terroir*. This *terroir* gives the tea its personality. Part of this *terroir* is a result of:

---

2. It is important to mention that many books and articles refer to puerh as "red tea". This is a mistake. Red tea in China is called black tea in the West; black tea in China is called dark tea in the West. Puerh is a dark tea and is known in China as "black tea". To avoid confusion, this book will use the term 'red tea' to refer to what in the West is called black tea.

- The soil composition

- The gradient of the slope

- The altitude

- Seasonal changes

- The climate:
  - quantity of sun
  - quantity of shade
  - humidity
  - temperature
  - thermal amplitude
  - wind
  - quantity of rain
  - frost

- The surrounding vegetation

- Method of cultivation (organic, bio-dynamic, etc.)

It has been proved that the best *terroirs* for tea are those that have acid soil with good drainage, temperatures between 10° to 35°C, rainfall between 2000 to 2300 mm in the year and an altitude of 1200 to 1800 metres above sea level.

In general, tea likes the sun, but needs some protection from sun that is so hot it can scorch the bushes. Some varieties of tea are produced with controlled conditions where the bushes are shaded more than is normal, as happens with Japanese gyokuro green tea. For the production of gyokuro, the tea bushes are shaded for 21 days prior to being harvested, just as the young buds are forming, in order to produce a tea with an intense green colour from the consequently high concentration of chlorophyll. Tencha is grown in a similar way and the made green tea is then ground to make matcha which is prepared by whisking into hot water during the traditional Japanese Tea Ceremony.

Humidity is also extremely important to the cultivation of tea. In some regions, cloudy mist covers the plantations for long periods, protecting the bushes from the glaring sunlight and producing teas of extremely high quality.

Tea plant cultivation

The plants are grown from seeds (a heterogeneous mixture from plants that are genetically different), from grafted hybrids, or from vegetative propagation of leaf shoots (where all the tea plants are genetically identical) and they go through several stages of cultivation. The following describes the main stages of tea cultivation. Many tea producers vary details of these stages to achieve unique teas, or because of particular conditions of climate or geography, but in general, the plant goes through these instances:

- Sowing
- Rooting

- Development from 6-10 months in the nursery
- Transplanting to the garden
- No harvesting for a minimum of three years and longer in cooler locations
- Regular pruning
- Growing and hibernation period
- Harvesting every 7-28 days, depending on the climate

Detail of the process

Sowing is carried out using seeds, grafted hybrids or cloned plants. Generally, mother plants for vegetative propagation (cloning) are individually selected for their quality, yield, resistance to disease and for their ability to adapt to the environment where they grow. Once the baby plant has developed a root, it is taken to the nursery where it is nurtured for 6 to 10 months. The nursery provides special conditions of sun, shade, humidity, temperature, etc., suited to the development of the plant. After the period of development, when they have reached a height of between 15cm and 20cm, they are taken to the tea garden or plantation. These plants are not harvested for a minimum of three years (depending on the climate), until they are 1.5 metres to 2 metres high. During this period, they are regularly pruned in order to give vigour to the plant. In seasonal areas, the *Camellia* will undergo periods of growth and hibernation until it becomes mature enough to be harvested.

The way the harvest is carried out and the selection of the buds and leaves directly affects tea quality (see below the details of plucking methods).

Depending on the climate and the season, plucking is carried out every 7-28 days to allow the plant to produce new buds which will then be harvested. In non-seasonal regions which lie close to or on the equator and where the climate is warmer and more uniform, the harvest continues throughout the year. In seasonal regions, the tea is harvested from early Spring to the end of the Autumn or early winter. In Japan, for example, the harvest starts at the beginning of April. The first harvest is between April and May (Spring), the second harvest in June (Summer), the third in July and the last harvest is in September (Autumn). In Darjeeling, India, the harvest begins at the end of March, when the best buds and leaves are plucked for first flush teas.

Each region of the tea producing world has its own harvesting techniques, and the buds and leaves are plucked at specific times during the year to make particular types of tea, for example, first flush, second flush, autumnal, etc.

Tea Harvest

The tea harvest is basically carried out by one of two ways: manual or mechanical. The best teas are plucked by hand because the plucker can carefully select the best shoots that consist of one bud and one or two leaves. Both orthodox and CTC teas can be plucked by hand or by machine.

In parts of the world where labour is not readily available or is too expensive, tea estates have to use some kind of mechanical plucking method.

Different plucking methods

Tea manufacturing begins with the plucking of the fresh leaves. The hand plucking methods allow a better selection of the leaves, while mechanical harvesters allow a greater volume of leaves to be harvested with less manual labour.

The methods used for plucking are:

- hand plucking
- sheer plucking
- motorised hedge-trimming type machines
- tractor harvesters
- hovercraft harvesters

- selective mechanical harvesters

Types of harvesting:

The type of the harvesting is named after the number of leaves, on the same shoot, that are plucked at the same time. A leaf set or leaf shoot is the basic unit of harvest, which is usually a bud and 2 leaves, as shown below:

- Imperial harvest (b+1): 1 bud + 1 leaf
- Fine harvest (b+2): 1 bud+ 2 leaves
- Ordinary harvest (b+3): 1 bud +3 leaves

Each kind of tea plant produces leaves of a different size. For example in Darjeeling, where the leaves are small, to manufacture a kilo of made tea, about 22000 leaf shoots must be harvested; on the other hand, in Assam, where the leaves are bigger, only 10000 leaf shoots are needed to obtain the same weight of processed tea.

Manufacture methods: Orthodox and CTC teas

There are two different methods to manufacture black tea.

On one hand, orthodox black teas are those produced by traditional manual or mechanical methods. The leaves are rolled either by hand or by 'orthodox' machines to break the cells in the leaves in order to provoke oxidation.

CTC teas (Cut, Tear, Curl), on the other hand, are those produced by the method that was invented and improved by the British to manufacture small leafed tea for tea bags in the 1930s. This method chops the leaves into tiny particles and produces enormous quantities of tea in a very short time. However, some of the quality is lost.

Nevertheless, due to cultural and economic reasons, these teas are the most widely consumed in the world. Most CTC teas are used in tea bags. The idea of teabag tea is to give the consumer a quick, strong, coloury brew and CTC teas are designed to achieve this. Also, traditional tea bagging machinery was designed to only pack teabags with small particles of tea. The CTC manufacturing method helps to meet the demand for large quantities of tea to fill tea bags.

In Argentina different machines are used to manufacture tea: CTC, VSTP (Vertical, Sniechowski Tea Processor), LTP (Lawrie Tea Processor) or Rotovane, especially used in the tea cutting stage, intended for teabags and iced tea.

Teas produced by the CTC method can be hand plucked or mechanically harvested and are then manufactured by machines.

The manufacture of the different types of tea

From the moment tea is harvested until it reaches our cup, the leaves undergo different processes according to the desired category.

These processes are those the tea can go through from the plant to the cup. To obtain each different variety of tea, it is necessary to skip or add some of these processes.

- **Harvest:** leaves and buds are selected and gathered.

- **Withering:** this is done to eliminate some of the water in the leaf and leave it malleable enough so that it can then be rolled and shaped. Withering is also used to concentrate juices in the cells of the leaves, which are important to the future physical and chemical changes of the tea. A great part of the fatty acids of the tea are changed into flavour compounds which will give briskness. The longer the withering process, the stronger the flavour of the tea will be. A certain amount of natural withering takes place on the way from the plantation to the factory and is enough for some teas. In other cases, withering is carried out in the factory. It takes place in chambers with temperature control (from 29 to 32 degrees). In relatively warm weather, the leaf withers naturally. But in cooler, more humid conditions, one metre diameter fans are used to blow hot air through the leaves. Withering can take between 8 and 24 hours.

- **Fluffing:** the leaves are tossed, tumbled or shaken gently to move them around to ensure an even withering or drying. Fluffing, shaking on bamboo baskets or tumbling/rattling in bamboo drums is also carried out to gently bruise the leaves during oolong manufacture in order to provoke a light, partial oxidation.

- **Fixing (the application of heat):** the leaves are quickly heat-treated to prevent oxidation, similar to what happens when a potato is peeled. If we leave the potato in the open air, it turns brown. If we boil it, the potato remains white. This same principle is applied to tea (green in general) to deactivate the polyphenol oxidase enzyme and thus stop the oxidation. To do this the temperature of the leaves is raised to 70° Celsius.

  Fixing can be done in ovens, woks (traditional in China), panning machines, or steam tunnels (traditional in Japan)

- **Rolling:** the leaf is given the final shape. It is rolled several times over a period of 20 to 25 minutes. This phase is carried out to break the walls of the leaf cells and thus to extract the juices that are concentrated in layers in the rolled leaves. The longer and heavier the roll, the more developed the flavour of the tea will become. The style and pressure of rolling gives the leaf a particular shape or form.

- **Oxidation:** this is a process during which the polyphenol oxidase enzymes react with polyphenols (theaflavins and thearubigins) and with oxygen to form a brown colour compound, as happens if an apple is cut in half and left in the open air. Oxidation can take between 20 minutes and 3 hours, depending on the size of the leaf and the ambient temperature and humidity.

- **Fermentation:** this process involves micro-organisms and takes place under special conditions of humidity and temperature.

- **Drying:** the tea is dried to reduce the water content of the leaf to 2-3% in weight.

- **Sorting or Classification:** this is carried out to sort the leaves into similar-sized or similar-shaped pieces.

- **Packing:** the tea is packed in suitable containers for transportation and storage. Most teas are packed in strong, foil-lined paper sacks; very fragile teas are still sometimes packed in chests; and some producers vacuum-pack their teas in foil bags.

Depending on the different processes used and in which order, the different types of tea will have their own individual characteristics. Within each kind of tea from a particular *terroir,* for example Darjeeling black tea, different fragrances and flavours can be achieved by slightly modifying, extending or reducing some of these stages.

The *terroir* or origin profile gives the tea certain typical characteristics of the region, provoked by the soil characteristics, the amount of rain, humidity, temperature, winds, surrounding vegetation, etc.

The following is a summary of the processes typically used to process green leaves in order to obtain different types of tea. Each process will be studied in detail in the relevant chapters of this book.

White tea – harvesting; withering; drying, sorting/grading, packing

Green tea – harvesting; sometimes very short withering; fixing; rolling; drying; sorting/grading; packing

Yellow tea – harvesting; fixing; wrapping (non enzymatic fermentation); partial drying; wrapping (non enzymatic fermentation); drying; sorting/grading; packing

Oolong – harvesting; sun withering; indoor withering; light bruising/tumbling; partial oxidation, fixing; rolling; drying; sorting/grading; packing

Black tea – harvesting; withering; rolling or cutting; oxidation; drying; sorting/grading; packing

Raw Puerh – harvesting, withering, fixing; rolling; sun drying; dampening or wetting; left loose or compressed; aging and post production fermentation.

Ripened/Cooked Puerh – harvesting, withering, fixing; rolling; sun drying; dampening or wetting; heaping for approx. a week; left loose or compressed; aging and post production fermentation.

Hei cha – harvesting; fixing; rolling; drying (often in the sun); moistening; heaping (for up to a year); steaming; rolling; drying over pine fires; sorting; steaming, left loose or compressed; aging and post production fermentation.

Chapter 3 · Principal Tea Producing Regions

Tea production and tea manufacturing originated in Asia, but with time it was spread to other parts of the world. Today tea is made in many other countries, and this gives a wide variety of single origin teas to enjoy. Each region has its own weather conditions, different geography, altitude, etc., which makes each tea special. Historically the principal tea producer countries have been:

- China
- India
- Sri Lanka
- Kenya
- Malawi
- Turkey
- Indonesia
- Vietnam
- Japan

- Argentina

- Taiwan

Tea is now being produced in other countries such as Nepal, not only due to climate change but also because of the research in genetics applied to new cultivars, and technology. The full list of tea producing countries, according to FAO and CIA, is as follows:

North and South America: Argentina, Ecuador, Guatemala, Nicaragua, Panama, Peru, USA – Particularly Hawaii as an orthodox tea producer, South Carolina and Washington State.

Asia: Azerbaijan, Bangladesh, Cambodia, China, Georgia, India, Indonesia, Iran, Japan, South Korea, Laos, Malaysia, Myanmar (Burma), Nepal, Papua New Guinea, Sri Lanka, Thailand, Tibet, Turkey and Vietnam.

Europe: England, France, Italy, Portugal (The Azores), Russia and Switzerland.

Oceania: Australia and New Zealand.

Africa:

Burundi, Cameroon, Congo, Ethiopia, Kenya, Madagascar, Malawi, Mali, Mauritius, Mozambique, Rwanda, Seychelles, South Africa, Tanzania, Uganda, Zambia and Zimbabwe.

In the Argentine Republic, machine-made tea is produced in the Argentine littoral (Misiones and Corrientes provinces). There are also small plantations where orthodox teas are manufactured.

The harvesting season in Argentina runs from October to April or May. In winter annual pruning takes place to shape the tea plant and encourage new growth the following season.

Next we will try to discover what makes teas produced in the principal regions, so special.

Tea in China

The People's Republic of China, commonly known as China, is the biggest country in East Asia with the largest population in the world, approximately one fifth of the world population.

According to history, tea originated in China. It is an indigenous tree of this country and, because of its varied climate in an enormous area, hundreds of different varietals grow here.

Chinese teas are often still made by hand, although some machines (rollers, panning machines, dryers, etc.) are used in the manufacturing process. As the country becomes wealthier, more machinery is being introduced.

Each Chinese tea has a particular "terroir". There are often nut, toasted and smoked aromas in their flavour due to the use of woks and charcoal ovens to fix or dry the tea.

Geography: Due to the enormous size of the country, there are many different climates and geographies. Tea is produced in mountainous regions in the southern half of the country.

In the north, in the deserts of Gobi and Taklamakán, the climate is dry. In the south of the country the climate is more humid, with subtropical forests. In the west the high mountain ranges of the Himalayas and Tian Shan form the natural frontier between China and India and Central Asia. The South China Sea and the Oriental Chinese Sea lie to the east and also wash the coasts of the island of Taiwan, the Korean Peninsula and Japan. Alongside the coast of the Yellow River and the Oriental China Sea, there are alluvial plains that are densely inhabited.

Altitudes: These vary from sea level to heights of 8848 metres above sea level.

Climate: In the mountainous regions, the winters are extremely cold and the summers very hot. The temperatures range from 13°C to -20°C degrees in winter and from 23°C to 32°C in summer.

Main tea producing regions
- Fujian: where several of China's most important teas are produced, including Huang Tian (green tea), Rou Gui, Tie Kuan Yin (oolong),

Golden Monkey (black tea), Lapsang Souchong (in the Wuyi mountains), Red Towers (black tea), Jasmine green teas, and white teas.

- Zhejiang: where green teas are produced such as Anji White Virgin, Lung Ching, Mao Jian, Tian Mu Yun Lo, Gunpowder, among others.

- Anhui: where Keemun black tea, Huo Shan Huang Cha yellow (or golden) tea are produced.

- Hunan: where golden tea is produced in the Jun Shan mountain in the Dongting lake area, and where red (black) tea is produced. Hunan also produces an aged dark tea called Hunan Hei Cha.

- Yunnan: where Yunnan red (black) and puerh black (dark) tea are produced.

Harvest time: The best harvests of tea are obtained in the Chinese Spring (March), but in many plantations, tea is harvested until Autumn.

Best-known teas:

The most famous teas from China are Lung Ching (green tea), white tea, jasmine green, oolongs and Lapsang Souchong tea from Fujian, Keemun, and puerh tea from Yunnan.

Tea in India

The Republic of India is situated in South Asia. It is also known as the "Indian subcontinent". It is the seventh most extensive country in the world and has the second highest number of inhabitants.

It is the centre of culture of the Indo valley, identified for its cultural and commercial richness in most of its long history.

Four of the most important religions in the world were born in India: Hinduism, Buddhism, Jainism and Sikhism.

It was an English colony from the middle of the 19th century until the year 1947, when, thanks to Mahatma Gandhi's "non violence" movement, it became independent.

Geography: The Himalayas stand in the north, the highest mountain range in the world, which forms the natural frontier with China. The Ganges plain extends to the south of the Himalayas. The Thar desert lies to the west of this plain, separated from it by the Aravalli mountain range.

The Decan plateau extends towards the south in the centre of the country, flanked on left and right by two coastal mountain ranges, the western and eastern Ghats.

Altitude: The highest mountains reach altitudes of more than 8,800 metres above sea level in the Himalaya.

Climate: The climate in India varies from tropical (monsoon) in the south, up to continental warm in the north, and it is strongly influenced by the Himalayas and the Thar desert. These formations favour the monsoons (very heavy seasonal rains). In summer they blow in from south to north. In winter, the weather is dry and cold, with winds blowing in from the interior.

Main tea producing regions:

West Bengal: in the north east of the country

- Darjeeling

- Dooars

- Terai

Assam: in the north east of the country

- Cachar

- Assam Valley

South India:

- Karnataka

- Kerala (including Travancore and Munnar)

- Tamil Nadu

In the north east of India there are some smaller tea producing areas, such of Tripura, Uttarakhand, Bihar, Manipur, Sikkim, Arunachal Pradesh,

Himachal Pradesh, Nagaland, Meghalaya, Mizoram and Orissa with less production than in those regions mentioned above.

Tea production began in the 1830s in Assam and extended into Darjeeling and Nilgiri in the 1850s. CTC and orthodox black tea are both produced and some producers now also manufacture white, green and oolong teas.

Harvest time: As in China, the best Darjeeling teas are harvested in the spring (March/April). But the best Assam teas are produced in the early summer months of May/June. In Nilgiri, tea grows all year round but produces its best teas in the cold months of December and January.

Best-known teas: Darjeeling, Assam.

Tea in Sri Lanka

The Socialist Democratic Republic of Sri Lanka is an island situated to the south east of India. Due to its shape and because of being so near to India it was once called the "Indian teardrop". It was an English colony from 1815 until 1948. During that period it took the English name "Ceylon", which is still used today to name the country's famous teas.

Altitude: The highest point is the Mount Pidurutalagala which reaches an altitude of 2534 metres above sea level. Towards the periphery of the island, the altitude drops, and the variations in temperature reduce.

Climate: Tropical, moderated by the winds from the ocean; humidity is considerably high.

In little towns like Nuwara Eliya, which is situated in the central mountains and is famous for the quality of its teas, the range of temperatures is considerable, with an average of 16 degrees difference between the coldest and warmest temperatures. The hillsides are often covered with misty clouds.

Main tea producing regions:
Until 1869 Sri Lanka was known for its coffee plantations, which extended across the southern central highlands of the island, but a coffee disease killed the coffee trees and obliged the planters to try new crops. They found

that tea grew successfully and so tea cultivation was quickly extended into the southern central mountains. About 94% of the teas are orthodox black teas while the rest are CTC black.

Sri Lanka is an island that becomes higher towards the centre. There are remarkable differences of height and this plays an important part in the distinctive differences between low, medium and high-grown teas.

Low grown teas are cultivated at heights of 0 to 600 metres; mid-grown are produced between 600 to 1200 metres; high-grown teas are produced over 1200 metres.

There are seven principal tea producing regions situated in the central southern part of the country:

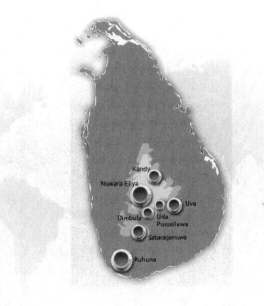

- Sabaragamuwa (Low-grown) that includes Ratnapura, the province´s capital.

- Ruhuna (Low-grown) that includes Galle

- Kandy (Mid-grown)

Principal Tea Producing Regions

- Uda Pussellawa (Mid-grown to High-grown)

- Nuwara Eliya (High-grown)

- Uva (High-grown)

- Dimbula (High-grown)

Harvest time: Most of the teas in Sri Lanka are harvested all year round, but each region has a peak season, which depends on the monsoons and winds. In Uva, for example, the best harvest is obtained in September, once the strong July and August wind stops blowing through the region. In Dimbula, the peak teas are produced in January and February

Best-known teas: Nuwara Eliya, Uva Highlands and Dimbula are much appreciated Ceylon varieties.

Tea in Kenya

The Republic of Kenya is named after Mount Kenya, the highest mountain in the country. The name means "luminous mountain" in one of the local languages.

Kenya was a German colony from 1885 until 1890, and an English colony from that year until 1963 when it gained its independence. The Republic of Kenya was proclaimed on 12th December 1964.

Geography: Kenya is situated in East Africa, on the Indian Ocean coast. There is a central plateau in the middle of the country, which is dominated by the Rift Valley that runs from North to South. The principal national parks of Kenya are on the western plateau. Alongside the littoral there are 500 km. of coasts and the semi-desert area of the northeast of the country is dominated by the Chalbi desert.

Altitude: Mount Kenya Mount is 5200 metres above sea level and is situated in the centre of the territory, to the north of Nairobi. It is the country's highest mountain and the second highest in Africa after Mount Kilimanjaro. Towards the east it becomes lower until it drops down to the Indian Ocean.

Climate: Kenya sits on the equator and is tropical near the coast and arid in the north and north east of the country. There is a long rainy season from March/April to May/June and a shorter rainy season from October to November/December. The dryer period in December, January and February is the peak season for the quality teas.

Main tea producing regions: tea production began in 1903 with the English, and most of the tea made here is CTC. Production is distributed among half a million small producers who farm mainly in the southwest of the country. Some producing regions are:

- Limuru
- Milima
- Kiambu
- Kericho
- Nandi

Harvest time: Although tea is produced all year long, the best harvests are those plucked during the dryer weather in January and February.

Best-known teas: Kenya CTC

Tea in Japan

Japan (Nippon-koku literary means "the country of the origin of the sun") consists of a crescent of islands that lie in East Asia, between the Pacific Ocean and the Japan Sea, to the east of China, Russia and the Korean peninsula.

The metropolitan area of Tokyo, which includes the capital and the surrounding suburbs, is the largest urban area in the world as far as the number of inhabitants is concerned, with more than 30 million people.

The Japanese islands have been inhabited since the Palaeolithic period, but tea was introduced to Japan from China around the VIII century. The Japanese Buddhist monks that studied in China by the year 729 D.C. took the plant to Japan and they began to celebrate the tea ceremony. Nowadays tea in Japan is a symbol of its culture and traditions.

Geography: Japan is composed of a group of islands and no point is more than 150 km. from the sea. Approximately 74% of the territory is mountainous and there are many forests. Because of its position in the volcanic region of the Pacific, earthquakes and tremors are frequent.

Altitude: Mountains reach altitudes of between 1500 and 3000 metres and form deep valleys. The highest mountain is Mount Fuji which reaches an altitude of 3776 metres above sea level.

Climate: It is rainy and very damp, which makes it ideal for tea production. It has a warm climate with 4 well defined seasons.

Main tea producing regions:

- Tokyo: surrounding Mount Fuji

- Shizuoka: where Sencha and Bancha are produced.

- Kagoshima: where Sencha and Bancha are produced.

- Kyushu: where Sencha and Bancha are produced.

- Okabe: where Gyokuro is produced.

- Uji: where Matcha, Gyokuro and Sencha are produced.

Harvest time: The harvest begins by the end of April. The first harvest takes place between April and May (spring), the second harvest in June (summer), the third in July and the last harvest takes place in September (autumn).

Although at the beginning, because of its Chinese heritage, the tea was harvested by hand, today almost all the plantations use machines to harvest the leaf. The typical method of fixing the green leaf is by steaming and this gives Japanese teas a characteristic taste which is much more vegetal, seaweedy, spinachy in character. They can be more astringent and less sweet than Chinese teas, although some are intensely sweet and have a 'umami' taste.

The majority of Japanese tea is green tea is produced, but more and more small producers are now making black teas.

Best-known teas:

The most famous teas are gyokuro (which is shaded for 21 days before plucking, a very expensive technique which increases the levels of cholorphyl, theanine and caffeine in the tea but reduces the levels of tannins which can cause bitterness in green tea), sencha, bancha, tencha (the tea that is produced to be ground into a fine powder called matcha), matcha (which is used in the Japanese Tea Ceremony) genmaicha (a mixture of bancha and toasted rice) and hojicha (processed by roasting bancha)

Tea in Taiwan

The island of Taiwan is situated off the coast of the Chinese province of Fujian, from which it is separated by the Taiwan channel.

Originally it was inhabited by people of Malayan and Polynesian origin. In the 17th century, the Portuguese arrived in the island and called it Ilha Formosa (Beautiful Island), and almost at the same time the Spanish settled in the north west of the island but were driven out by the Dutch and the local aborigine people. From 1624 to 1662, the land was controlled by the Dutch, but they were eventually driven out by Zheng Chenggong (also known as Koxinga), a Chinese merchant and pirate who took control on behalf of the Chinese Ming Dynasty. By 1811, more than 2 million Chinese colonists had emigrated to the island. In 1885, the island became a Chinese province but in 1895 was signed over to the Japanese at the end of the First Sino-Japanese war (1894-1895). Japan's 50 years rule came to an end in 1945 when the island once again came under Chinese control. When the Chinese Civil War (between Chiang Kai-shek's Nationalist ROC Republic of China party and the Communist party under Mao Zedong) ended in 1949, The People's Republic of China was established in Beijing while Taiwan became a safe haven for Chiang and 2 million of his supporters. Animosity between the governments of mainland China and Taiwan has continued since those times with the Taiwanese government claiming that Taiwan is not part of China, and China claiming that Taiwan is a Chinese province.

The production of tea in Taiwan began in the late 17th century with the immigration of Chinese from Fujian province, which lies opposite the coast of the island.

Geography: In the eastern central part of the island the land is very mountainous, with five mountain ranges that run from north to south.

The west coast is a plain where most of the population is concentrated.

Altitude: Taiwan's mountains occupy almost half the island and there are more than 200 peaks that rise to over 3000 metres. The highest, Yu Shan (Jade Mountain), reaches an altitude of 3952 metres above see level.

Climate: maritime tropical on the coast and subtropical in the mountainous areas. It is affected by the southeast monsoon, and the rainy season lasts from June until August.

Main tea producing regions:

- Taipei: where oolong Tie Kuan Yin, Baozhong (Pouchong, a very lightly oxidised oolong), Jade oolong, Amber oolong, among others are produced.

- Nantou: where Dong Ding or Tung Ting, Yu Shan (oolongs) and some black tea are produced.

- Lishan: where the famous Li Shan oolong (high mountain oolong) is produced.

- Alishan: in Nantou County, and where Alishan oolong is produced.

- Tao-Chu-Miao: where the exquisite Oriental Beauty (also called Bai Hao oolong or Fanciest Formosa oolong) and Jade oolong are produced.

Harvest time: The harvest extends from April until December, the best harvests being obtained at the beginning of this period.

Best-known teas: As seen above, the most famous Taiwan teas are the island's extensive range of oolongs. Oriental Beauty is particularly famous since it depends on the infestation each year of the tiny jassid (a little green leaf hopper) which bites the tea leaves, breaks the cells, and starts the oxidation process in the leaves while they are still on the plant.

Tea in Nepal

Nepal's official name is the Federal Democratic Republic of Nepal.

It is situated in the Himalayas, bordered to the north by the People's Republic of China and to the south India. It is separated from Bhutan by the Indian state of Sikkim, called the "Siliguri Corridor", where Darjeeling borders with Assam and Bangladesh.

Geography: In the country there are high mountains, lower hills, the Katmandu valley and the Terai region, an area of plains that borders India, and is part of the Ganges basin.

Height: Mount Everest (Sagarmatha in Nepalese), the highest mountain on earth stands on the Nepalese side of the Nepal-China border, and reaches an altitude of 8844 metres above sea level according to the Chinese Topography and Cartography State Office (in 2005), or 8850 metres above sea level according to a study carried out by USA scientists (in 1999).

Climate: Nepal has five climatic regions, directly related to the height of the territory: the tropical and sub-tropical regions at an altitude of less than 1200 metres; the warm climate between 1200 and 2400 metres; the cold region between 2400 and 3600 metres; the sub-arctic region between 3600 and 4400 metres; and above 4400 metres, the arctic region.

Nepal has five seasons: summer, monsoon, autumn, winter and spring.

The variety of the tea plant that grows best in Nepal is the *Camellia sinensis sinensis*, which thrives in high mountain regions. The majority of teas produced are orthodox and CTC black teas and small quantities of green are also manufactured.

Main producing regions:

- Jhapa

- Ilam

- Panchthar

- Therathaum

- Dhankuta

- Jun Chiyabari

Harvest time: In April the first harvest (first flush) is plucked, then in May and June the second harvest (second flush) and later, until September, the monsoon harvest is plucked. The autumnal harvest, plucked in October, has a more intense fragrance.

Best-known teas: Nepalese First Flush and Autumnal

Tea in Vietnam

Vietnam, officially the Socialist Republic of Vietnam, is the most easterly country of the Indochinese Peninsula of South East Asia.

The history of Vietnam began more than 2700 years ago. Most of the land was governed by several Chinese dynasties. It gained independence at the beginning of the 10th century AD, became totally autonomous a century later but, for the next 900 years or more, suffered invasions by Cambodians, Mongols, Chinese and Japanese, invasion and colonisation by the French, civil war and military interference by the West during the Cold War period and the Vietnam War. It is only since 1989 that the country has not been at war against foreign forces.

Tea has been drunk in Vietnam for more than 3000 years and ancient trees that are still harvested to make tea can be found in the mountain areas of the north and north west.

Geography: Its territory is mountainous and widely forested. There are two principal plains: the Red River Delta (Sông Hồng) in the north, and the Cuu Long River Delta (Sông Cửu Long – Mekong) in the south.

Altitude: The Fan Si Pan Mountain is the highest in Vietnam and reaches an altitude of 3143 metres above sea level.

Climate: Tropical with monsoon winds. Humidity is high (85% average) throughout the year. The annual rains vary between 1200 and 3000 mm, and the temperatures range from 5°C and 37°C, which makes the climate ideal for tea cultivation.

Main tea producing regions:

Vietnam produces a wide variety of tea, including orthodox and CTC black tea, green tea, oolong tea, white tea and dark tea. The majority of the teas are black and green. Tea is grown in the following provinces:

- Son La
- Lai Chau
- Dien Bien
- Lai Chau

Harvest time: The harvest begins in April and continues until early winter.

Best-known teas: Flavoured teas perfumed with flowers such as lotus and jasmine.

Chapter 4 · The Technical Aspects of Tea

The tea plant: the different parts and its nomenclature

Long ago, the Chinese assigned names to the different leaves of the tea plant. Starting from the top leaf (or bud), the names are assigned going down the stem in the direction of the root. The following image shows this name allocation:

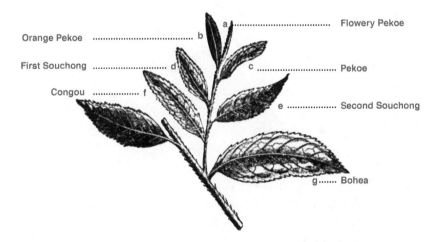

Source: Freeman and Chandler. "World's Commercial Products

According to the drawing, the names of the leaves are as follows:

Flowery Pekoe: the first bud of the plant. It is the most tender and it is full of antioxidants.

Orange Pekoe: the name of the first leaf that appears after the bud. It is the most tender of the whole leaves and contains a high level of antioxidants. It is picked when 'imperial' plucking is carried out (b+1): 1 bud + one leaf.

Pekoe: the second leaf after the bud. The Pekoe and the Orange Pekoe are picked for 'fine' plucking (b+2): 1 bud + 2 leaves.

First Souchong: the third leaf, older and more fibrous, picked for 'ordinary' plucking is carried out (b+3): 1 bud + 3 leaves.

Second Souchong: a leaf of inferior quality that generally is not picked during hand plucking for orthodox tea manufacture. For CTC manufacture, many of these leaves are picked by mechanical harvesters, producing coarser teas, as the leaves are old, fibrous and contain a low level of antioxidants.

Congou and Bohea: lower quality leaves. They can be plucked for low quality puerh teas and for CTC teas. The flavour of these leaves is plainer, coarser and stronger.

Black tea grades: dictionary of grade acronyms

Sometimes we come across tins or packets of tea that are labelled with different grading terms as well as the tea names. These acronyms are a 'grading terms' and give information about the appearance of the leaf; they are only applied to the black tea from certain countries. The terms used vary from country to country and can be confusing but if we learn how to read the grading names and their acronyms, shopping for tea is a little easier. It is important to recognise that grading terms tell us nothing about the quality of the tea. To assess quality, it is essential to taste the tea. Not all tea companies use grading terms and the most important aspect of tea buying is to buy a tea that is good quality and that suits and pleases the buyer.

Grading terms vary from country to country and the following are those terms generally used for teas produced in India, Sri Lanka, Africa, Indonesia, Malaysia, Europe, etc. (China, Taiwan, Japan, Vietnam, South Korea use their own set of grading terms).

Some of the following letters in different order can be found:

- P: Pekoe. Small leaves. Coarser than OP

- OP: Orange Pekoe – Big whole leaves.

- F: Flowery – Great amount of buds.

- G: Golden – Great amount of high quality yellow buds.

- T: Tippy: Great amount of white or yellow tips.

- 1: One - this is used to describe a different size of leaves of the same degree. For example OP and OP1 are both Orange Pekoe but OP1 has bigger leaves.

- F (when it is the second F in the acronym): Finest.

- e.g.: FTGFOP: Finest Tippy Golden Flowery Orange Pekoe.

- S: Special – A "vintage" or very special harvest.

- B: Broken – Broken leaves.

The tea grades (whole leaves):

The following are the most common tea acronym combinations for a whole leaf tea, but producers may introduce additional letters to differentiate each type of tea.

- OP: Orange Pekoe

- FOP: Flowery Orange Pekoe

- GFOP: Golden Flowery Orange Pekoe

- TGFOP: Tippy Golden Flowery Orange Pekoe

- TGFOP 1: Tippy Golden Flowery Orange Pekoe One

- FTGFOP: Finest Tippy Golden Flowery Orange Pekoe

- FTGFOP 1: Finest Tippy Golden Flowery Orange Pekoe One

- SFTGFOP: Special Finest Tippy Golden Flowery Orange Pekoe

- SFTGFOP 1: Special Finest Tippy Golden Flowery Orange Pekoe One

Tea grades (broken leaves):

For broken leaves, the letter "B" is added to name the type of "broken" tea:

- BOP: Broken Orange Pekoe

- BOP 1: Broken Orange Pekoe One

- FBOP: Flowery Broken Orange Pekoe

- GBOP: Golden Broken Orange Pekoe

- GFBOP: Golden Flowery Broken Orange Pekoe

- TGBOP: Tippy Golden Broken Orange Pekoe

- BP: Broken Pekoe; the third leaf

- BS: Broken Souchong: the oldest leaves

- F: Fannings

- D: Dust

Other terms that are sometimes used:

- BMF – Broken Mixed Fannings

- BS – Broken Souchong: small broken leaves.

- Ch. – China varietal

- Cl. – Clonal

- RD – Pekoe Dust/Red Dust
- Spc – special

Other terms used for orthodox teas that come from the Chinese

Souchong: in Chinese means Xiao Zhong, small leaf tea variety. The authentic Lapsang Souchong tea is made from small tea variety in Fujian province, China.

Baihao (or Bai Hao): This denomination is added to the name of some teas that are composed of leaves and buds covered with white dawn. Baihao means white fur on the dried leaves, and it is especially used for describing high quality white tea.

Maofeng: means "mountainous peak with down" and refers to the white hairs that cover the tea buds. Maofeng is a type of tea, mainly green tea, and it is used to describe dried tea leaves that are rolled into small and tight straight or curly shape, and covered by some white fur. It is generally used for describing the character of the tea rather than the quality.

Congou: indicates that it requires a lot of work and effort to make such a tea.

Yin Zhen: means "silver needles" and refers to the tea buds, generally used in white teas.

PS-Pekoe Souchong: Consist of shorter leaves, coarser than Pekoe.

In China, teas are usually graded by number, with 'first' being the highest grade, down to 7, 8 or 9, judged on leaf style and shape and how carefully the manufacturing process has been carried out and how neat, even and fresh looking the leaf is. As with other grading systems, these numbers say nothing about flavour quality but only about appearance. Grading in China may also make reference to the time of the harvest – for example, 'pre-qing-ming Dragon well = 'pre-rains Dragon Well', used for the very early spring teas that are picked before the heavier spring rains arrive.

In Taiwan and Japan, grading terms range downwards from, for example, Extra Choicest, Choicest, Choice, Finest, Fine, Good Medium, Medium, Good Common, Common, Nubs, to Dust and Fannings.

All grading systems are very dependent on the opinions of the person applying the individual terms so may vary widely from place to place.

All the information about tea we can have, will be very useful when making a purchase or when starting a business. Very often tea purchases are made from a catalog, by studying a long list of teas sent by the seller. The abbreviations, designations and degrees previously discussed will help us get an idea of the appearance and style of the tea, but remember that to make a good purchase is advisable to request samples and cup each tea before buying.

The tea market

Tea is bought and sold in three ways – at the tea auctions, direct from the producers, or from wholesaler/processors.

Tea auctions

Tea auctions are organized sales of tea attended by tea buyers or their agents from all over the world. As with all auctions, selling is based on direct competition, and different lots (batches) of tea are sold to the bidder who offers the highest price. These prices are taken as a reference for international commercial tea transactions, and they also set trends in tea market behaviour.

Tea auctions take place in large theatre-style rooms where the process is directed by the auctioneer who sits at the front and who generally has one or two assistants seated beside him or her.

Before any auction takes place, all the teas to be sold are cupped and tasted, so that brokers and potential customers can appreciate their quality and therefore decide which teas they wish to buy and how much they wish to bid in the auction. All around the world, tea brokers and tea companies have large cupping (tasting or sales) rooms where all the teas to be auctioned are sampled. Once the brokers who run the auctions have tasted and evaluated the teas, a catalogue is compiled and sent out to potential buyers before the auction takes place. There is never any tea actually in the auction room. The tea stays at the factory until the tea has been sold and it is then sent out to the buyers all around the world.

After determining which teas are to be offered for sale, the auction takes place.

Customers shout their offers or they put up their hand when they wish to buy. If one customer successfully bids for one lot of tea, others may want to share the lot with that customer, and so they will shout their request. At the end of the auction, everyone knows who has bought each lot of tea and the price paid is openly available to all companies. Tea auctions are totally transparent and make the trading of tea fair and totally scrutable.

Major tea auction centres:

India

- Calcutta
- Guwahati
- Siliguri
- Coimbatore
- Cochin
- Coonoor

Sri Lanka

- Colombo

Africa

- Mombasa, Kenya
- Limbe, Malawi

Indonesia

- Jakarta

Japan

- Shizuoka
- Kagoshima

Buying direct from the producer

Tea is also sold direct from the producer to the customer. This has been made much easier since the introduction of mobile phones and the internet. Any small or large tea buyer can now deal direct with individual tea estates or gardens to buy small or large quantities. However, the customer must then take responsibility for pesticide residue checks, transportation and all the paperwork required for the importation of the teas.

Buying from wholesaler/processors

- Wholesaler/Processors are companies that:
- buy teas in bulk from all the tea producing regions of the world
- carry out all the necessary checks for PPA (Plant Protection Agents) residues
- blend the teas

- create special blends for individual customers

- create flavoured blends

- stock herbal infusions and flavouring ingredients as well as teas

- often stock tea accessories such as teapots, storage containers, packaging items, brewing equipment, etc.

These companies act as a one-stop shop for smaller retailers and offer a very useful service, particularly for new tea companies.

Buying and selling teas as a business

It is the dream of many tea-lovers to open and run their own teashop. The most important thing is to offer good quality teas, a good variety of teas and to set up the shop strategically according to the public it is aimed at.

To set up a tea house or tea shop, etc., a few, very important things are required. Setting up a business requires a lot of research, selection and negotiation. You will need:

- A name

- To register the brand

- A web site

- A location (premises)

- Packaging (tins, bags, bottles)

- Food suppliers

- Tea suppliers

Packaging:

Packaging must be striking, beautiful, individual, but above all it must fulfil the basic conditions for the correct storage of tea in order to preserve its quality and flavour:

The Technical Aspects of Tea

- It must be made of a material that is safe for food storage

- It must isolate the tea from the light

- It must isolate the tea from odours and humidity

- It must be watertight

- It must be practical

- It must be hygienic

Tea must be stored in cool, dry conditions, to preserve its flavour and taste in optimal conditions.

Choosing tea suppliers

The most important thing is to choose tea suppliers whom you can trust and who will deliver the quality required. You should never buy tea without tasting a sample. When you have decided which tea or teas you wish to order, you should expect to receive the same tea or teas that you tasted. You should never receive a different tea from the one you asked for. You must be able to trust the supplier to send you what you tasted before choosing.

Buying tea is not always easy. When we buy tea direct from different producing countries, we must take into consideration all the many cultural differences (such as language, business expectations, time differences, currency, etc.) between us and producers in China, Taiwan, India, Sri Lanka, Africa, Japan, etc.

As with every food product, tea must fulfil legal requirements but it is also desirable that the tea we purchase has a certification that proves that it complies with a certain regulation or standard. This may be a guarantee that the tea has been through quality controls, or that it has been produced in compliance with ethical and environmental requirements and standards which protect the workers and safeguard the sustainability of the environment, etc.

Producers who do not produce their teas organically use Plant Protection Agents (PPAs) on their plants to help them grow. These may be insecticides, weedicides, pesticides, fertilisers, etc., that include chemicals. The use of PPAs is strictly controlled by importing countries, and teas from all regions are tested regularly to ensure that residue levels do not exceed the acceptable standard (maximum permitted residue level or MRL).

In the United States, the maximum levels of pesticides residues are established by the Environmental Protection Agency and are controlled by the Food and Drugs Administration, FDA.

In the European Union, standards are set by the EU directive in Brussels and each country carries out the control, generally through the Ministry of Agriculture.

Organic teas

Organic teas have attracted a good deal of attention recently and are becoming more and more popular. They are teas that are grown without the use of chemicals under strictly controlled and certified conditions.

Organic tea producers aim to:

- Maximise the use of natural resources?

- Conserve the fertility of the soil and natural biological activity

- Work for long-term sustainability

- Minimise the use of non-renewable resources

- Totally avoid the use of chemical fertilisers and pesticides to the benefit of the environment and human health

Working organically is expensive and labour-intensive and organic teas therefore cost more than non-organic teas. However, more and more producers are now growing their teas organically and the range available is increasing all the time. As when buying any tea, it is important to taste samples before deciding which organic teas to buy for your business.

Certifications

Different organisations around the world, called "certification bodies", monitor and precisely certify the organic production of tea.

There are also more and more other certification bodies that work to provide assurances that the production process or the actual product fulfils certain requirements established by different organizations or countries.

BRC (British Retail Consortium): a global safety and quality certification programme widely used by suppliers and global retailers to facilitate standardization of quality, safety, operational criteria and manufacturers' fulfilment of legal obligations. They also help provide protection to the consumer.

ETP (Ethical Tea Partnership): formed in 1997 in the UK, is a non-commercial alliance of international tea companies who work together to improve the social and environmental conditions in their supply chains. Membership is open to any tea packing company in Europe, North America, Australia, New Zealand and members account for more than 50 brands sold in over 100 countries. The ETP monitoring programme is free of charge to the tea producer and covers key social and environmental issues based on the

Ethical Trade Initiatives base code which covers the relevant International Labour Organisation (ILO) core conventions.

EUREPGAP: a private programme of voluntary certification about health and food traceability. It promotes Good Agricultural Practice. (GAP).

FAIR TRADE: this tries to improve the conditions of the workers on tea estates where the teas are grown and manufactured, and aims to protect the interests of smallholders and workers in agricultural plantations.

HACCP (Hazard Analysis and Critical Control Points): This identifies potential food safety dangers and hazards and recommends measures to be taken for their control and elimination.

IMO (Institute for Marketecology Control): certification for the quality assurance and sustainability of products.

ISO 9000 (International Organization for Standardization): a quality assurance compliance standard, applicable to any process or product.

ISO 14001: this certification has the purpose of supporting the application of an environmental management plan in any organization of the public or private sector.

ISO 22000: standard for food safety assurance.

RAINFOREST ALLIANCE: aims to work to conserve biodiversity and to ensure sustainable livelihoods by transforming land-use practices, business practices and consumer behaviour.

SA8000: this is a voluntary certification which was created by a USA organization called Social Accountability International – SAI, with the purpose of promoting better working conditions.

USDA Organic: Certification granted by the United States Department of Agriculture.

UTZ: sustainable agricultural provision system that controls the use of good practices and social and environmental responsibility.

Chapter 5 ·
Tea Service

Characteristics of good tea service

At the moment of preparing good tea, nothing must be missing. Utensils are the most important part of the service after the water and the tea leaves. The preparation of tea requires skill when handling the utensils, control of water temperature, and control of the brewing time - i.e. the time the tea leaves remain in contact with the water.

The following are the necessary utensils to properly make tea:

- Teapot

- Cups

- Infuser (instrument similar to a percolator, into which the tea leaves are placed; this is lifted out when the brewing time has come to an end)

- Timer (used to measure the brewing time)

- Thermometer (used to measure the water temperature)

- Water at the appropriate temperature according to the selected tea

- Tea

- Spoon (or tea measure) or digital scales to measure the appropriate quantity of tea for the quantity of water)

Each type of utensil has its own individual character, and there are those of different sizes and materials. The following is an analysis of some of these.

Teapots

There are teapots of different shapes and materials. Each teapot has certain characteristics that suit different types of teas. However, any teapot can be used for any tea. The most important thing when choosing a teapot is to find one that we like. The teapot can be of very good quality but if it doesn't fit our taste, most probably it will remain unused.

When brewing in teapots made of porous materials such as terracotta, unglazed clay, it is recommended that each pot is used for only one type of tea, since eventually the pot will acquire the flavour of the tea brewed in it.

Yixing teapots

These teapots, made of clay formed by water, silica, lead, tin and metallic oxides, are famous all over the world. They are named after the area where the "purple" clay, from which they are manufactured, is extracted: Yixing, in Jiangsu province, China.

These pots have been manufactured since the Song dynasty (960 – 1279) with the cut block method, by casting or with a lathe. They are not thrown on a wheel but are hand-crafted from thin slabs of clay. Many masters learned the art of making Yixing teapots from their parents and grandparents, and some are true pieces of art. This makes these teapots quite expensive.

Since they are made of porous, unglazed materials, the pots absorb a tiny quantity of tea liquor during use. After having been used over a period of time, they develop a patina inside which holds the tea flavour and colour. It is important never to clean these pots with soap; instead, they should simply be rinsed using hot water and then left to air dry.

In his book *The Stonewares of Yixing: from the Ming period to the Present Day* K S Lo wrote: "archaeological digs have revealed that already in the Song dynasty (10th century) the potters near Yixing used the local zhisha clay to make utensils that could be used as teapots. The author from the end of the Ming Zhou Gaoqi dynasty affirmed that during the reign of the emperor Zhengde (1502 – 1521 AD), a monk of the Jinsha Temple ("golden sand") of Yixing made a teapot of excellent quality with local clay. The teapots of a similar quality soon became popular among the well-to-do classes, and the fame of the Yixing teapots began to spread".

Most recommended teas: oolongs, pouchongs and puerhs..

Ceramics (pottery) teapots

These are made of lively colours, thick walls and different shapes.

The walls of such pots are thick because of the manufacturing method by casting using molds. The ceramic material has a low transference of heat, thus maintaining the water temperature very well.

Since these teapots are very fragile, they should be handled very carefully. Even a small bump could cause the paint to break or the teapot to smash. Even that, due to their low transference of heat (they keep the tea warm inside) and because they are found in very nice shapes and colours, are one of the best options when buying a teapot.

The Word ceramics comes from the greek κεραμικός, "burnt substance" , probably because they are made by firing the raw clay in ovens at high temperatures. The raw material is the clay. Water, silica, lead, tin and metallic oxides are used. For ceramics called 'gres', a non-calcareous clay and salt are used. Another important material is kaolin mixed with quartz and feldspar. Alabaster and marble powder are also used.

Most recommended teas: red and puerh teas.

Porcelain teapots

Porcelain teapots are elegant and have an interesting history. For centuries porcelain pots, plates, cups, and other utensils have been highly appreciated in East and West.

Porcelain is a traditionally white, compact, hard and translucent ceramic product, developed by the Chinese in the 7th and 8th century. For decades porcelain objects made in China were traded in Europe as luxury items. Many European potters attempted to work out the formula, but it was not until 1709 that the German Friedrich Böttger discovered that kaolin clay was an essential ingredient in the mix of materials, which was then fired at temperatures above 1300° C. The German company Meissen was the first to make porcelain in Europe.

Porcelain teapots' walls are often thinner than those made of ceramic, but they are much more resistant, and they have low heat transference so maintain the temperature of the tea liquor well (although less than ceramics).

Most recommended teas: white and green teas.

Japanese teapots

These are of made of different materials such as ceramics, porcelain, iron and even glass, although the most valued are the ceramic pots.

Their individuality comes from the shape. They have a lateral handle that is held with the whole hand.

Most recommended teas: green.

Iron teapots

Due to their composition these pots transfer heat easily (ie. they very quickly lose the temperature of the tea liquor). The best of these are coated inside with enamel so that the metallic flavour of the pot is not transmitted to the tea infusion. They can oxidize over time. They should not be scoured or scrubbed but simply rinsed with hot water and allowed to air dry.

Most recommended teas: any type.

Silver teapots

Very popular in England and France in the past, the silver teapot is a symbol of social status and luxury. Like iron pots, they can transmit the taste of the metal to the tea infusion and the best modern one are lined with a non-stick, Teflon coating to stop this from happening.

Silver has the disadvantage of having an extremely high thermal conductivity (it transmits heat very easily) and that makes handling it very difficult.

Most recommended teas: green and black.

Glass teapots

The walls of glass pots are of different thicknesses, but generally they are thin. In all the cases, glass does mean loss of heat although much less than with metal pots. The great attraction of glass is that the leaves and the colour of the infusion can be clearly seen during brewing.

Most recommended teas: green, white and flower teas (art/display/flowering teas)

Cups

There is also a great variety of cups, with different cups for different people, according to personal taste. To better appreciate the flavour, quality and colour of the infusion, it is advisable to choose cups with a white interior. Bowl-shaped cups are the most highly recommended and allow the tea aroma to be enjoyed more fully.

We use the word 'cup' for a bowl that has a handle on a side. We use the word 'bowl' when there is no handle.

In some tea drinking countries, special cups are traditionally used for particular types of tea, as with the following.

Gaiwan

This is a handleless cup with a lid and a dish that was very fashionable in the Ming dynasty in China (1368 -1644 AD). Its special feature is that the lid is used to hold back the leaves (inside the cup) so that they do not come out while the tea is being drunk. The lid is left on the cup, but is tilted slightly away from the centre, and so holds back the tea leaves, acting as a pseudo-infuser.

Gaiwans are recommended for teas that need a longer infusion time, such as Chinese green teas, puerh and oolong.

Gong Fu

Gong Fu tea sets are principally used during the Chinese tea ceremony and at tea events where the host wishes to entertain his guests with a good tea.

The Gong Fu set consists of a draining tray, a dish to hold the dry tea leaves, a small earthenware teapot, a little jug, a tea bowl for each guest and a small, straight-sided 'aroma' cup' which allows guests to more intensely appreciate the tea's fragrance. When the tea is served, it is poured into the aroma cups and each guest is served with an aroma cup full of tea and an empty drinking bowl. Each guest then carefully pours the tea into the little tea bowl and immediately lifts the aroma cup to his or her nose in order to enjoy the concentration of aroma that is help inside the cup. They then admire the colour and clarity of the tea liquor in the little bowl and then, finally, they sip the tea to enjoy the taste.

These bowls are usually very small, of 5 cm in diameter and 2,5 cm in height.

Gong Fu tea wares are recommended to allow the enjoyment of the visual beauty, the taste quality and the aroma of high quality loose leaf teas.

Chawan

This is the bowl that is used in the Japanese Green Tea Ceremony. Since in this ancient ritual the powdered tea is whisked with water, this bowl should be big enough to allow the whisking movements.

It is usually round but squared shaped bowls can also be found. They usually measure between 8 and 12 cm in diameter and are 4 to 7 cm tall.

The chawan usually has a rough surface and its shape and decoration are simple, handmade by artisans. These bowls are often considered to be works of art.

Kulhar

In india black tea is brewed with sugar and spices such as pepper, cardamom, cinnamon and clove, and it is infused in milk. This type of tea is called "Masala Chai" and it is sold on the street in small cups called "Kulhars". The kulhars are made of unglazed clay, are used once and then thrown to the ground so that they smash and become part of the earth once again.

Infusers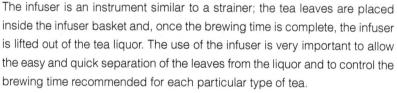

The infuser is an instrument similar to a strainer; the tea leaves are placed inside the infuser basket and, once the brewing time is complete, the infuser is lifted out of the tea liquor. The use of the infuser is very important to allow the easy and quick separation of the leaves from the liquor and to control the brewing time recommended for each particular type of tea.

Infusers can be found in different sizes, materials and shapes.

The most important thing to take into account when choosing an infuser is the size. The larger the better. If the tea is given enough space for the leaves to hydrate, expand and infuse all its colour, aroma and flavour into the water, it will brew correctly. If the infuser is too small, the tea cannot brew properly.

Nut infuser (Stainless steel)
If big enough, useful to make one cup of tea

Cylindrical infuser (Stainless steel)
If big enough, useful to make one cup of tea

Spoon infuser (Stainless steel)
Too small for most teas; useful for very small tea types.

Teapot infuser (Stainless steel)
Avoid these! They are too small for any tea type.

Deep infuser (Stainless steel)
Makes several cups of tea using a cup or a teapot

Bamboo infuser
Makes several cups of tea in a cup or a teapot

Timers

The timer is used to measure the brewing time. This is the length of time the tea leaves remain in contact with the water. Timing is critical to the correct preparation of the tea. If the leaves are in contact with the water for longer than recommended, the infusion will certainly be ruined and the liquor will become very bitter and astringent. If the brewing time is shorter than recommended, the liquor will be thin, weak and lacking in flavour and aroma.

Each type of tea has its own recommended brewing time and it is very important to respect it.

Thermometers

Another essential piece of equipment to prepare the tea well is the thermometer. It is used to measure the water temperature recommended for each tea.

Just as each tea has its recommended brewing time, it also has its own recommended temperature.

Pouring water on to the tea leaves at a higher temperature than recommended can scald the leaves, especially in the case of a delicate tea.

On the other hand, if water is poured on to the tea leaves at a lower temperature than the indicated, the tea may not infuse properly, and the infusion will lack flavour and colour.

To prepare tea well, it is important to have the water at the correct temperature for the selected type of tea.

Spoons (or tea measures)

To incorporate the right measure of leaves into the water it is necessary to have a way to measure the leaves. Digital scales can be very useful, but they do need to be very accurate (to within 0.1 gram), so if this is not available, it is best to use a tea spoon or scoop for the correct measure.

Digital scales

More and more people now use digital scales to accurately measure the required amount of tea. These are neat, light, easy to carry in a pocket or bag and usually offer the option of weighing in ounces or grams.

The correct quantity of tea

In general between 2.5 and 3 grams is served per cup, but this can be varied according to the individual tea and personal taste.

When measuring tea for brewing, it is very important to remember that the bigger the dry tea leaves, the greater the volume of the tea and the less weight per volume. Therefore, to prepare a large leaf tea, a greater volume of leaves will be required than that used for a broken leaf tea. The rule is that the smaller the leaf, the more intense its flavour usually is (with a few exceptions) and therefore less dry leaf is required, so a smaller measuring spoon may be used.

To prepare the tea in a teapot, we measure one spoon per person, according to the capacity of the teapot.

The water for tea

There are many myths about the water we use for preparing tea. Should we use tap water? Or bottled water? Should we filter the water? Which is best – hard water or soft? Must it boil? Should it not boil? Which is best?

It is important that the water used for brewing contains plenty of oxygen, a sign of the health of fresh water.

Lu Yu said that the best water for tea is that which comes from a mountain spring; second best is water from a river, the poorest water comes from a well. Spring water always contains more oxygen and therefore brews better tea.

For us it is difficult (but not impossible) to obtain water from a mountain spring, so the best water is considered to be

- Mineral water (low in minerals)
- Filtered running water

The temperature to which we heat the water for brewing varies according to the type of tea we are preparing.

How to make the best tea

Choose the best tea for the occasion

- Have ready all the necessary utensils:
  - Teapot
  - Infuser
  - Timer
  - Thermometer
  - Water at the right temperature according to the selected type of tea
  - Tea
  - Measure, teaspoon or scales
  - Cups
- Warm the teapot as follows - pour hot water into the teapot to warm it, leave for a few minutes, then pour away the water. This avoids a loss of water temperature from the pot during brewing and ensures correct brewing.
- Measure the necessary quantity of tea.
- Measure the water temperature before pouring onto the tea. If the water is not at the right temperature for the type of tea being brewed, wait until the temperature of the water arrives at the correct level.
- Pour the water over the tea or place the infuser containing the tea into the teapot when the water has reached the correct right temperature.

- Leave the tea to infuse for the recommended time.

- When the infusion time has been completed, remove the infuser from the teapot and put on the lid. If you have put the leaves directly inside of the teapot, strain the liquor into another pot to avoid exceeding the infusion time.

- Serve the tea in the cup and enjoy it!

Basic rules of water temperature and brewing time:

The following are the brewing times and water temperatures recommended to prepare the different types of leaf tea, either whole or broken leaf. In all cases you should consider lowering the infusion time depending on the size of the leaf. The smaller the leaf, the faster the infusion. Some readers may prefer to try different temperatures and different steeping times to suit their individual preferences.

- White teas: 75° to 85°C – 3 to 5 minutes

- Green and yellow teas: 70° to 80°C – 1 to 2 minutes

- Blues teas (oolongs): 75° – 95°C – 5 minutes

- Red teas (black teas): 75° – 90°C – 3 to 4 minutes

- Dark Teas: Different types of dark tea of different ages need different temperatures and different steeping times. If the tea is compressed, start by very quickly rinsing the leaves. Then as a general guide:

  - Brew hei cha at 80 a 90 °C for 1 minute. Repeat short steeping 5-6 times for 1 minute at 70 to 80°C.

  - Brew cooked puerh at near boiling for about 1-5 minutes according to the strength of the liquor required. Repeat steepings 6-10 times.

  - Brew raw puerh as follows:
    1st steep 80 °C for 1 minute
    2nd steep 70 °C for 1 minute

3rd steep 70 °C for 1 minute

4th steep 70 °C for 1 minute

5th steep 70 °C for 1 to 2 minutes

Compressed teas of all varieties should be rinsed before brewing the first infusion. Start by very quickly rinsing the leaves in water at the right temperature for that type of tea, and then pour the water away. Then, infuse the leaves for the appropriate time.

The bubble method

If we want to know the water temperature, but do not have a thermometer, the Chinese[3] offer a method that is not very scientific but, they assure us, it works:

- 82° – 88°C: "Crab Eye Water" – The steam is soft and very small bubbles appear in the water.

- 88° – 93°C: "Fish Eye Water" – The water begins whistling, the steam is intense and small bubbles appear in the water.

- 100°C: "Old Man Water" – Bubbling boil.

Tea myths

The water must not boil...

Many myths say that the water must not reach its boiling point because if it does, all the oxygen contained in the water will be lost, and the tea will be dull and flat.

The truth is that the oxygen dissolved in the water is released at temperatures much lower than boiling point. As shown in the *oxygen solubility*

---

3. Lam Kam Chuen. The Way of Tea: The Sublime Art of Oriental Tea Drinking. Barron's, 2002

in water curve below, at 40°C the presence of oxygen dissolved in the water is already so low that there is almost no difference between oxygen levels at that temperature and at boiling point, or the average temperature used to infuse the tea (between 70° and 95°C).

Solubility curve of the oxygen in the water:

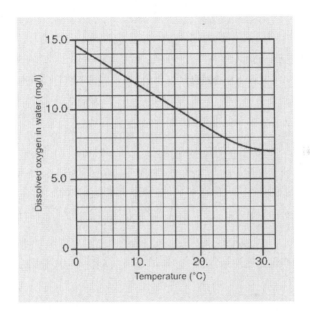

The chemical explanation of this process of loss of oxygen in the water is attributed to the fact that the oxygen molecules (O_2) are non-polar, while those of the water are polar. As the O_2 and the H_2O have different polarity, the O_2 has low solubility in the water.

When the water reaches 95° or 96°C, there is still quite a lot of oxygen in the water. But if we allow the water to boil hard for several seconds, more of the oxygen will be lost. It is therefore acceptable to allow the water to reach the required temperature but to quickly switch off the heat.

However, it is sometimes desirable to bring the water to boiling point in order to kill any bacteria that may harm us or imperfections that may harm the flavour of the tea - for example, when we use hard water (highly mineralized, waters with undesirable chemical components such as calcium and magnesium salts, etc.). In such cases, some of the hardness (calcium) in the water is precipitated by boiling, and the water will be slightly better for preparing the tea. But hard water is best avoided for tea brewing wherever possible. Delicate teas such as Darjeeling, green teas, etc. are often completely spoiled if brewed in hard water.

In chemistry, hard water (also called calcareous) is water with a level of hardness superior to 120 mg CaCO3/1. That is to say it contains a high level of minerals. These cause the water's hardness, and the degree of hardness is directly proportional to the concentration of metallic salts.

Many cities have hard water. In these places the tea liquor is very clear, and of a very soft flavour. Due to the hardness of the water, the hot water cannot extract all the flavour, colour and fragrance from the tea.

Where we have to use hard water, it is highly recommended that we filter it and then boil the water and leave it to rest for some minutes for the minerals to precipitate. In this way, many of the components that make the water hard can be eliminated or reduced in quantity, so improving the tea infusion.

Whether the water is boiled or not, the most important thing is that when it is used to brew tea, it must be at the right temperature. When pouring the water onto the leaves, it must never actually be at boiling but if the water boils and is then left to cool until it reaches the right temperature, the tea will be better.

Pairing tea with food

Pairing tea and food is the art of marrying. It is the art of finding the best food pairing for a particular tea (or the other way round).

To determine if a particular food pairs well with a particular tea, we must be aware of how much the tea cleans the mouth after ingesting the food; if all the flavours of the food are appreciated, or if the tea "has killed its food pair"; if all the tea notes can be appreciated, or if the food has "killed its tea pair"; if the pairing improves or reduces the sensory appreciation of the tea... the best complementary pairing must be searched for.

Each tea has its ideal pair, but it can pair with different foods and this sometimes achieves surprising results.

Pairing basic rules:

Pairing is an empirical technique. Each time a tea event is being organized, the pairing of teas and foods must be tried in advance to ensure that it really does work.

What happens, for example, if we say, "Ceylon black tea pairs perfectly with scones"? Is this an absolute truth? In most cases, a Ceylon black tea will wonderfully pair with scones, red jam and sour cream. But what happens, for example, in the case of a strong, very intense and stringent broken leaf Ceylon Uva paired with a plain scone that has a low fat content? The Ceylon will kill its pair. The tea's high level of astringency will conceal the taste of the scone and so the food will not be enjoyed. On the other hand, if for example a whole leaf, lightly rolled, soft and mild OPA Ceylon Dimbula is paired with scones that have a high butter content, this Ceylon will very probably not manage to "clean" the mouth invaded by the butter. In this case the scone hides the taste of the tea. We must find the balance in tea and food.

What has to be achieved with pairing is a happy couple, so that they live together without killing themselves. That is why the teas and the food must complement, improve and enhance each other.

Some very general examples (always with exceptions)

- White teas : alone

- Yellow teas: alone

- Japanese green teas: with fish, fried food and cloying sweetmeats

- Chinese green teas: with noodles, steamed and broiled vegetables, fish, softly creamy desserts, soft sweetmeats and fresh fruit

- Blue teas (oolongs): alone or with basic pastry, with plain chocolate, honey and nuts.

- Black teas (red): with cheese, meats such as ham, beef, etc, cold food, pasta, sweets, jams and marmalades, pastry and spicy food.

- Puerh: with very spicy food, very oily and fatty food, mushrooms.

Moments of the day to drink different teas:

- White teas: middle afternoon, after dinner.

- Green teas: middle morning, with lunch, mid afternoon, after dinner.

- Oolong tea: in the morning, middle afternoon or evening.

- Red teas (black): before breakfast, with breakfast, middle morning, before the meals as hepato-protective beverage, with afternoon tea, with the meals.

- Puerh teas: before breakfast to lose weight after meals as digestive, with fatty meals.

Chapter 6 ·
Properties of
Tea

Tea leaves have chemical compounds with properties that can work on our body and mind, but it is important to mention that tea nurtures our spirit. Almost 5000 years of history have built a rich culture around tea. Myths, stories, legends, ceremonies, habits, art...it is all contained in a cup of tea. Enjoying a cup of tea is a sensory and cultural experience.

The main chemicals in tea

Freshly picked tea leaves contain a high percentage of water, and a high level of vitamins, minerals and antioxidants. Fresh tea leaves consist of 75-80% water. They have 40% of insoluble products (starch, chlorophyll, resins, etc.) and 60% of soluble product that goes into the liquor after the leaves have been brewed.

Polyphenols: these act as antioxidants in the body. Polyphenols are a group of chemical substances found in plants; they are characterized by the presence of more than one phenol group per molecule. Polyphenols are generally subdivided into hydrolysable tannins (esters of gallic acid of glucose and other sugars), and phenylpropanoids, such as the lignin, flavonoids and condensed tannins.

Flavonoids (catechins GC, EC, ECG, EGC and EGCG): these can help prevent cardiovascular diseases, help reduce the risk of cancer, and help delay aging. Catechins are the principal flavonoids in teas. They are antioxidant substances 100% more effective than vitamin C and 25% more effective than vitamin E; green tea contains 30% flavonoids while black tea contains 11%.

Theaflavins and thearubigins: these are the polyphenols that are formed during the oxidation process of tea manufacture and are found in black tea.

Tannins: These are responsible for the astringency and bitter flavour in tea. They are phenolic substances that give tea its healing and anti-diarrhoea properties. They can also help to inhibit the absorption of cholesterol and can help reduce levels of cholesterol in the blood.

Salts and minerals: Fluoride, calcium, zinc, potassium, magnesium.

Vitamins A, B1, B2, B6, B12 and vitamins C and D.

Caffeine: it is an alkaloid known for its thermogenic properties. It also helps us to stay awake and focused. The tea polyphenols slow down the rate at which caffeine is absorbed, and its effects are noticed more slowly and last longer in the body. Together with the polyphenols, caffeine can also help reduce the absorption of fat into our body.

Some books refer to theine as a compound that is different from caffeine. In fact, theine and caffeine are exactly the same compound with different names and both terms can be used indistinctly.

L-theanine: is an anti-stress amino acid, different from caffeine, that is absorbed in the small intestine; as it can cross the blood-brain barrier, it acts upon the neuro-transmitters and stimulates the alpha waves that increase brain activity, improve mental focus and the capacity to concentrate. But it allows the body and brain to remain calm.

Caffeine in coffee and tea:

Espresso...........................300 mg
Filter coffee......................115 mg
A cup of tea 25-70mg

Recent research has shown that previous reported caffeine levels in different types of tea are incorrect. Caffeine is in the plant as it grows and makes up approximately 1.4% – 4% of the weight of the leaf. We now believe that all types of teas contain roughly the same amount of caffeine but that the level of caffeine varies according to:

- the varietal of the plant (the leaves of the *Camellia sinensis assamica* is thought to contain more caffeine)

- soil chemistry

- the altitude

- how young the leaves are when plucked (younger tea leaves contain slightly more caffeine)

- how much tea is used when brewing

- steeping time (the longer the brewing time, the higher the level of caffeine)

- steeping temperature (less caffeine is infused into cooler water)

The properties of tea

Just as tea has compounds that help improve your health, it has been enjoyed for thousands of years for its effects on the mood, causing well-being and spiritual benefits, as discussed below.

Tea and beauty:

- Tea provides a high level of antioxidants that fight free radicals and so help to prevent aging and age-related diseases.

- It improves the skin and nails.

- It helps burn fat

- It satisfies hunger and quenches the thirst

- It is totally natural.

Tea and health:

- It protects the immune system

- It can help to prevent cancer.

- It contains vitamin C, which helps to reduce stress, fighting infections and strengthening the immune system

- It contains fluoride which helps to prevent teeth cavities and gum disease

- It fights against the cell degradation caused by free radicals.

- It helps to keep the arteries healthy, protecting against stroke, thrombosis and heart disease

- It helps reduce cholesterol

- It helps to control blood pressure

- It reduces blood sugar levels, helping to prevent diabetes and obesity

Charm

- Tea creates moments of pleasure

- It is a wonderful way of entertaining someone we love

- It keep us company when we are alone, and it invites us to share it with friends

- It allows us to practise ancient rituals, or allows the creation of our own ceremony

- It provides moments of relaxation and pleasure

- It invites us to be part of a refined world where good manners are important.

- It takes us to remote places and introduces us in different cultures.

- It makes us feel well!

Tea myths

Tea causes constipation...

Tea not only does not cause constipation, but helps to regulate intestinal flora, and is therefore recommended in cases of diarrhoea, intestinal infections and to prevent and fight against intestinal cancer.

The different varieties of tea (and principally puerh) accelerate the metabolism of the liver and this can help protect against liver damage. The metabolic increase in activity of the liver causes an acceleration of the digestion and this stimulates intestinal activity.

Chapter 7 ·
Sensory
Evaluation of
Tea

Introduction

The sensory analysis or sensory evaluation of tea is a technique that permits us to express in words what is perceived through the senses.

For the tea sensory evaluation, it is necessary to carry out an analysis with sight, hearing, smell, touch and taste.

In our mouth, and through our taste buds we distinguish the basic tastes. These are: sweet, salty, bitter, acid and umami.

It is not necessary to explain sweet, salty, bitter or acid, but "umami" is not so widely known by everybody. Umami is MSG (monosodium glutamate) or sodium salt of glutamate. Umami is a Japanese term that means "delicious flavour" and it provides the food with great body, sensation in mouth and succulence. Umami is considered to be essential for the flavour as it intensifies the aromas. It is widely used in salty food and in snacks to heighten the intensity of the general flavour. Glutamate is one of the most common amino acids in nature. It is the principal component of many proteins and peptides, and it is present in most tissues. Among many other products, it is present in fish and in green tea.

Descriptors

In the sensory evaluation of tea, we identify the basic tastes in the mouth, the aromas in the nose and the tactile sensations in the mouth.

The descriptors help us to identify and express with words the aromas of the teas through the comparison of what we perceive with things we know, what we call "sensory memory". Each aroma is described with "notes" or remembrances of smells similar to known products. We can describe the flavour of something new by comparing it with a product that tastes the same. For example, it can be said that a particular tea has cocoa notes without actually containing that product, but in the mouth a flavour similar to cocoa can be tasted. For this purpose we will use a "dictionary of aromatic descriptors" which will be the language to be used to describe aromas.

Sensory evaluation is a totally personal experience, based on the sensory history of each person. Those who have never tried a particular fruit, for example the Chinese lychee, will never be able to say that a tea has that fragrance or flavour, but he may be able to identify a similar fruit, such as medlars. That is why the greater the number of different products we know (fruits, spices and other food), the greater will be the sensibility with which we might evaluate a tea fragrance and flavour.

It is important to mention that all people have the ability to train their senses to perform the sensory analysis of tea. It is necessary to practice and study the process of tea cupping. Over time the senses sharpen, and it is easier to identify aromas and notes.

To make this sensory evaluation as objective as possible, we use a standard language to describe the feelings and memories evoked by the tea. This standard language is expressed in the dictionary of aromatic descriptors.

Dictionary of aromatic descriptors

We use the sensory evaluation of tea to describe with words what is perceived by the senses. Our objective in the cupping process is to identify what we are perceiving, and describe it in a way that anyone could understand.

The dictionary of aromatic descriptors is a set of words we use to describe the flavours found in the tea. It is our universe of words to be used for the sensory evaluation of a tea. The descriptors can be positive (they identify aromatic notes that describe the sensory profile of a tea) or negative (identify smells typically associated with defects in tea).

Positive descriptors:

- Spicy notes: cinnamon, clove, pepper, ginger, cardamom, coriander, thyme, curry, nutmeg, etc.

- Floral notes: white flowers, red flowers, jasmine, gardenia, lily of the valley, honeysuckle, roses, lilacs, violets, orchids, chrysanthemums, chamomile.

- Fruit notes: orange, lemon, lime, red fruit, strawberry, mango, melon, papaya, yellow peach, white peach, bananas, grape, red apple, green apple, boiled apple, baked apple, pear, stewed pear, stone fruits, prunes, dried apricot, medlar, dates, raisins, candied orange peel.

- Vegetable notes: grass, daisies, seaweed, alfalfa, hay, mint, pine, damp pine needles, artichokes, asparagus, cabbage, cooked broccoli, cauliflower, rosemary, green pepper, raw vegetables, steamed vegetables, grilled (roast) vegetables, chard, steamed squash, grilled squash, caramelised carrot, grilled sweet potato, toasted nuts, almonds, peanuts, toasted peanuts, peanut shell, olives, toasted rice.

- Woody/smoked notes: wood, damp wood, sawdust, soil, wet soil, smoke, tobacco, charcoal, ashes, toasty, toasted bread.

- Animal notes: raw fish, steamed fish, grilled fish, cooked red meat, roast beef, steamed chicken, grilled chicken.

- Aromatic notes: chocolate, cocoa, coffee, caramel, syrup, milk, butter, malt, honey, burnt honey, vanilla.

Negative descriptors:

- Mineral notes: metal, chalk, dust, dried soil, graphite.

- Chemical notes: petroleum, disinfectant, alcohol, paper, preservatives, sweeteners, plastic.

- Others: rancid, damp or humidity.

Faults and unattractive features can also be found in the visual field, as for example:

- Sticky leaves

- Leaves of different sizes

- Inappropriate colour for a particular tea (for example, a First Flush Darjeeling that has very dark brown leaf instead of the more usual mix of gold, green, oaky brown)

- The presence of stalk, fibre, small stones, etc.

- Cloudy (muddy) liquor

- Oil or grease on the liquor surface.

- The presence of particulates in suspension in the liquor.

Every time we perceive something through our sense of sight, smell, touch, taste, or hearing, our brain makes a quick search in our sensory memory and associates that perception to something we know and recognise. This way, the more things we are able to identify through our senses (such as fruits, spices, meat, etc.), the more sensitive our evaluation will be. This makes sensory evaluation a very personal experience. In order to make our evaluation of each tea as objective as possible, we must stick to the vocabulary used in the cupping technique: the dictionary of aromatic descriptors. The descriptors above are the words to be used when describing a tea.

Every time we identify something through our senses, we should choose one of the words listed in the dictionary of aromatic descriptors to describe that perception. If what we identify is not on that list, then we should find the word or set of words in the list that together represent that smell. This is what makes the cupping understandable by anyone using this evaluation method. This way we will be creating a model of something so complex and variable as tea is. This is the final objective of the cupping technique and of the sensory evaluation of tea.

Tea cupping – Cupping technique

It is important to first explain the difference between tea "tasting" and "cupping".

Tea tasting is a subjective evaluation of the tea infusion, where the aim is to determine if we like the tea or not, and to roughly identify the tea's characteristics.

Cupping is a sensory experience that leads us to make discoveries at different levels. It is the combination of art and science that is used to evaluate tea quality and tea drinking satisfaction. Through cupping, we analyse the tea and assess such qualities as aroma, briskness, flavour, body, brightness, colour and clarity of the liquor, among other characteristics.

With cupping, every tea can be enjoyed in more detail than with tasting, and special attention is paid not only to each tea flavour and aroma, but also to its leaf shape and appearance, liquor colour, body, mouthfeel, astringency in mouth and the sensations each tea evokes.

The aim of cupping is to distinguish and describe our sensory appreciation of the tea: its colour, shape, aroma, flavours, referring to items we know, from a more objective perspective.

Terminology used in the tea cupping

Flavour: the sensory profile of the tea, the sum of the aromas found in the nose and mouth, the taste and the tactile sensations in the mouth.

Mouth attack: the first identified flavour.

Middle: the flavour descriptors that appear after the attack.

End or aftertaste: the remaining flavour after drinking the tea.

Body: the viscosity of the tea in your mouth. Is it light like water or very viscous like oil?

Texture: the mouthfeel. Does it have a thin, light texture like water or is it thick like velvet?

Astringency: how dry does it leave the mouth?

Pungency: a biting, irritating sensation in the mouth.

Complexity: Is it a complex tea that gives a wide sensory experience full of different flavours or is it flat, plain, etc.?

Length: the length of time the flavour remains in the mouth. Is it long or short?

Tea cupping sheet

The cupping sheet is a list used to document the sensory appreciation when cupping different teas. It is useful to obtain a written evaluation of the teas, so that they may be analytically compared.

Tea Name	T	t	Dry Leaves			Wet Leaves		Tea Liquor		
			Aroma	Appearance	Sound	Aroma	Appearance	Aroma	Appearance	Flavour
				Leaf grade: Quantity of buds: Leaf size: Leaf shape: Colour:		Attack: Middle: End:	Leaf grade: Leaf size Colour:		Transparency: Colour:	Taste: Aroma notes in the mouth: Attack: Middle: End: Tactile sensations: Astringency: Body: Texture: Pungency: Complexity: Length:

Tea technical cupping

Cupping consists of the following:

Tea Sommelier Handbook

1) Identifying the type of tea.

2) Examining the dry leaves: aroma, visual and sound analysis.

3) Making the tea infusion: preparing the tea liquor.

4) Balancing the liquor.

5) Examining the wet leaves: aroma and visual analysis.

6) Examining the liquor: aroma, visual and taste analysis.

Below see each stage in detail.

1) Identifying the type of tea:

- Determining the type of tea:
  - White tea
  - Golden or yellow tea
  - Green tea
  - Pouchong tea
  - Blue or oolong tea
  - Red or black tea
  - Dark tea (eg. raw puerh, cooked puerh or Hunan Hei Cha)

2) Examining the dry leaves:

Aroma analysis:

2.1 The dried leaves of the tea must have a fresh and definite aroma, with no hints of humidity or damp (except in dark teas).
We search for "off notes" or negative descriptors to evaluate the quality of the tea. The absence of negative descriptors is a sign of the good quality of the tea and the fact that it is in a suitably good condition to be consumed.

During this stage we evaluate the presence of off-notes, assigning one of these values:

- Presence of off-notes (stale, damp, tainted with unexpected aromas)
- Absence of off-notes

Visual analysis:

2.2 Analyse the "**leaf grade**" assigning <u>one</u> of these values:

- *Leaf* (whole leaf, mixture of whole leaves, big pieces of broken leaves and buds)
- *Broken* (broken leaves)

The grade of the leaves is often confirmed during the next stage of the analysis: in the wet leaves.

2.3 Evaluate the "**quantity of buds**", assigning one of these values:

- None
- Low
- Medium
- Abundant

2.4 The dried leaves should have the same density and leaf size (with the exception of small variations). When evaluating blends of different types of tea, it is interesting to distinguish, among the different types, the size, density and granular quality of leaves.

During this stage we evaluate the "**leaf size**", assigning <u>one</u> of these values:

- Regular (even throughout the volume of tea analysed)
- Irregular (uneven)

2.5 Identifying the shape of the leaves. During this stage we evaluate the "**leaf shape**", assigning one of these values:

- Flat
- Curved
- Twisted
- Rolled

2.6 Evaluate the "**colour**" and assign <u>up to two</u> different tonalities associated to the dried leaves:

- Yellowish
- Golden
- Amber
- Copper
- Brownish
- Orangey
- Reddish
- Pink
- Blackish
- Greyish
- Silver
- Bluish
- Greenish

Sound analysis:

2.7 Squeeze the leaves with your hands, and evaluate the "**sound of the leaves when breaking**". This will tell us whether the tea is humid or not. What we expect from a tea in good conditions to be consumed is a crunchy noise. Assign <u>one</u> of these values:

- Crunchy
- Not crunchy

3) Making the tea infusion: preparing the tea liquor.

● Selecting good water - "the tea's mother"

● Determining the water temperature

● Infusing for the correct time: see "Basic rule of the water temperature and infusion time" in Chapter 5.

4) Balancing the liquor.

After preparing the tea liquor, pour it all into a preheated teapot so that the flavour is evenly distributed. Alternatively, leave the tea inside the original teapot, but stir with a spoon.

5) Examining the wet leaves (technically called the infusion):

Aroma analysis:

5.1 Smell the wet leaves before they get cold. Bring the nose and mouth to the wet leaves. Feel the smell. Its aroma must be brisk and definite, without a musty smell (except with dark teas). Its aroma will suggest what will be found in the cup.

During this stage we will evaluate the "**aroma**". Select as many aroma descriptors from the dictionary of aromatic descriptors as you find in the smell.

Visual analysis:

5.2 Analyse the attribute "**leaf grade",** assigning <u>one</u> of the following values:

● *Leaf* (whole leaf, mixture of whole leaves, big pieces of broken leaves and buds)

● *Broken* (broken leaves)

5.3 The wet leaves should have the same density and leaf size (with the exception of small variations). When examining a tea blend, look at every different component. Each must be of a regular size.

During this stage we evaluate the "**leaf size"**, assigning <u>one</u> of these values:

⬤ Regular (even throughout the volume analysed)

⬤ Irregular (uneven)

5.4 Evaluate the "**colour**" and assign <u>up to two</u> different tonalities associated to the wet leaves:

⬤ Yellowish

⬤ Golden

⬤ Amber

⬤ Copper

⬤ Brownish

⬤ Orangey

⬤ Reddish

⬤ Pink

⬤ Blackish

⬤ Greyish

⬤ Silver

⬤ Bluish

⬤ Greenish

6) Examining the liquor:

Aroma analysis:

6.1 Wait for some seconds keeping the cup covered. Bring the nose to the cup or bowl and open the lid to smell the attack (first impression) of the aroma. Smell as many times as necessary to capture the tea

aromas. The aroma must be brisk and definite, without any humid odours.

Make a quick aroma analysis and go to the following stage: analyse the taste, texture and flavour in the mouth.

Visual analysis:

6.2 Examine the tea liquor, searching for brightness around the edge of the cup or bowl, and analyse the transparency of the liquor. There should not be any particles suspended in the liquor, or floating matter on the tea surface (except sometimes in steamed green teas that often have particulates floating in the liquor).

Evaluate the clarity of the liquor. Assign <u>one</u> of the following values to the "**transparency**":

- Transparent (like water)

- Cloudy (like steamed green tea or like a black tea with one teaspoon of skim milk)

6.3 Evaluate the "**colour**" and assign <u>up to two</u> different tonalities associated to the liquor:

- Yellowish

- Golden

- Amber

- Copper

- Brownish

- Orangey

- Reddish

- Pink

- Blackish

- Greyish

- Silver

- Bluish

- Greenish

Taste analysis

6.4 Walk the tea around the whole mouth. During this stage we will evaluate the "taste" in the mouth, selecting one or more basic tastes:

- Sweet
- Salty
- Bitter
- Acid
- Umami

6.5 Drink the tea incorporating oxygen to identify the smell more easily. During this stage we evaluate the **"aroma"**. Select as many aroma descriptors from the **dictionary of aromatic descriptors** as you find in the mouth.

6.6 Evaluate the tactile sensations in the mouth. During this stage we evaluate several characteristics:

6.6.A **"Astringency"**: evaluate this characteristic, assigning <u>one</u> of these values:

- Nil (no astringency)
- Low
- Medium
- High

6.6.B **"Body"**: evaluate this characteristic, assigning <u>one</u> of these values:

- Light (slightly viscous like water)
- Medium
- Full bodied (very viscous like oil)

6.6.C **"Pungency"**: evaluate this characteristic, assigning <u>one</u> of these values:

- Nil (no pungency)
- Low

- Medium
- High (biting, unpleasant, irritating in the mouth)

6.6.D "**Texture**": evaluate this characteristic, assigning <u>one</u> of these values:

- Fine (like water)
- Creamy
- Thick or velvety (like butter)

6.6.E "**Complexity**": This characteristic can take <u>one</u> of these values:

- Plain (simple)
- Complex (displays a wide range of flavours)

6.6.F "**Length**": This characteristic can take <u>one</u> of these values:

- Short
- Medium
- Long

Using this technique we are able to identify what we perceive through the senses and express it in words that are understandable to everyone.

By evaluating the different characteristics and assigning a standardized value, as we saw before, we are able to describe the organoleptic character of different teas, evaluate their quality, assess if they were correctly stored, and identify any defects.

Experience helps greatly with this. The more we taste, the better we are able to evaluate different teas. All the knowledge we build up is useful in helping us to identify anomalies, damaged or contaminated teas, or characteristics that are not expected in a particular tea. For example, when evaluating a puerh, if we find humidity or aroma notes of earth or soil, we need to know that these are expected descriptors for this variety of tea. But if we find the same aroma notes on a Chinese green tea such as a Lung Ching, then we will have identified a defect (which we will identify as "presence of off-notes").

When buying tea, we may often ask ourselves "How do I know that the tea that I am about to purchase is worth the price? How can I assess its quality and decide if it is what I am looking for?" By using this technique of sensory evaluation and by assessing the different characteristics discussed above, we will be capable of answering those and many other questions. We need to allow our senses to surprise us and thus gain a greater insight into all the different teas we taste.

Characteristics of a good tea

When doing sensory evaluation of a tea, we can determine the value of certain quality characteristics that will provide valuable information about that particular tea.

A good tea must:

- Have a brisk and vegetal attack in the nose.

- Have soft and natural aromas (never metallic or rancid odours)

- Show even sized pieces of leaf (except in blends that contain different teas)

- Show brightness in the cup

- Provide a translucent liquor, of soft or intense shades but always keeping the expected tea colours (we do not expect or want a turquoise tea)

A good tea must never:

- Have a rancid, musty or any other faulty smell, (except with dark teas such as puerh that might have any of these notes)

- Look damp or musty (with leaves stuck together, with scum or fungus).

- Have an unexpected colour (i.e. a first flush Darjeeling that has all brown leaves instead of the expected mixture of light brown, green and silver leaves).

- Give a liquor that has a strange colour (other than the normal, listed above) for example a turquoise colour tea is not expected.

- Give a liquor that has a greyish colour, which could mean a burnt tea, an overhandled tea, an old tea or poor quality tea.

- Have opaque or cloudy liquor (except sometimes in steamed green teas that often have particulates floating in the liquor).

- Have liquor with floating matter, such as oils or dyes.

- Contain objects such as stones, sand, clay, wire, etc.

Cupping notes of the different teas

In the following chapters we will study the different types of tea, their process of manufacture, and the cupping notes of the most common varieties.

When cupping a tea, we use all the previous information we have of that type of tea, and evaluate it according to its category. In general, when cupping professionally, we cup teas of the same style together. So, we may cup and compare forty Pai Mutan white teas looking for the best or trying to eliminate those with defects. The more Pai Mutan teas we have tasted during our life, the more information we will have stored in our sensory memory; we use that information when cupping the teas. Whatever the tea we are cupping, we compare its character to the known, expected characteristics of that type of tea and we can then determine if the character and quality of that tea is good or bad. So, when assessing a Pai Mutan white tea we might find that it has medium body, compared to other white teas with a lighter body. But, if we compared that tea to a black tea we would say the white tea has a light body. It is important to compare like with like and, in our assessment, to use all the information we already have about that particular variety of tea.

It is also important to mention that, as we know, tea is a product of nature and as such, its character and quality can change from harvest to harvest. Even teas of the same harvest processed on different days may be slightly different. Teas from different gardens in the same region may have different cupping notes - even if those gardens are very close to each other. Teas can also change according to storage conditions.

The cupping notes presented in the following chapters were assessed by evaluating different teas of the same variety, and are the ones most frequently found for teas of that type. Readers may find subtle differences when cupping the same teas produced at different gardens or from different harvests.

Chapter 8 ·
White Tea

Introduction

White teas are the most delicate types of tea. They are the least processed of all the types of tea. Some white teas are flavoured with jasmine, since few people can discover the rich offering of flavours that this variety offers.

In general white teas are soft and light, have little body and colour, but are intensely complex. This is due to the fact that the tea is made from just the new buds or from new buds and very young baby leaves. In Spring, after resting during the Winter, the plant sends an explosion of nutrients to the new buds, as well as a greater quantity of glucose so that those buds can turn into leaves, and this gives a much more delicate and sweet flavour to the tea liquor.

The tea plant provides the buds with a thin layer of downy hair called "trichomes" or "pekoe", which protect the buds from the sun and from being eaten by insects. This downy covering is what gives white tea leaves a silver-white appearance.

White tea was originally produced in Fujian province, China, although several other Chinese provinces and many other countries are nowadays producing it, such as Sri Lanka, with its Ceylon Silver Needles, Darjeeling and Hawaii.

Manufacturing process

The white tea process begins with the harvest. White teas are made from just the buds or from the buds plucked with one or two young leaves. The buds are leaves that have not yet developed. A bud will gradually become a leaf in 8 or 10 days.

White teas are not teas that we wish to oxidise so it is very important not to bruise the buds and leaves while plucking them. Bruising breaks the cells and provokes oxidation. So white teas are plucked very very carefully and sometimes with tiny scissors that cut the selected buds or shoots from the bush. Because the processing of white teas does not involve fixing the leaf (killing enzymes that cause oxidation) some very light natural oxidation takes place.

After careful plucking, the buds and leaves are allowed to wither and dry naturally in the sun for 1-2 days and then they are taken to a drying room and allowed to continue the withering and drying process for a further 3-4 days. They must be very carefully handled.

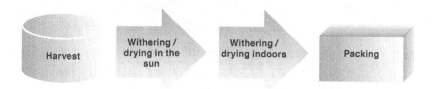

White tea processing

Cupping notes of white teas

Yin Zhen Silver Needles

Origin: Fujian, China
Preparation:

- Water temperature: 75°C to 85°C

- Infusion time: 3 to 5 minutes

Dry leaves: only buds from 1cm. to 1,5 cm. long, silvery light green colour. Regular leaf size. Fresh and vegetal fragrance with absence of off-notes.

Wet leaves: of a more vivid and yellowish green colour, the wet leaves offer a great variety of fragrances of grilled vegetables, honey, thyme and red flowers. At the ending: roses.

Liquor: very bright, pale golden infusion, with delicate pink tones, full of brightness and reflectivity. In the mouth it offers a delicate, sweet taste like syrup, grilled vegetables, toasted bread and roses.

Body: very light, round, complex, long. Creamy texture.

Astringency: nil.

Pai Mu Tan (or Bai Mu Dan)

Origin: Fujian, China
Preparation:

- Water temperature: 75°C to 85°C

- Infusion time: 3 to 4 minutes

Dry leaves: big, unrolled leaves, of uneven size and green and brownish in colour, with silvery buds. Fresh and vegetal fragrance. Absence of off-notes.

Wet leaves: the wet leaves are a mixture of brown and green colours. The taste is very sweet, with honey and grilled vegetables aroma. There are notes of chamomile, thyme and very subtle red flowers like roses.

Liquor: of a very bright amber colour and transparent. Somewhat toasted aroma, such as that of nuts and steamed vegetables. The middle is sweet and light and the finish is sweet.

Body: medium to great body (for a white tea). Fine to creamy texture. Round. Long.

Astringency: nil.

Chapter 9 ·
Green and
Yellow Tea

Introduction to green tea

Green teas are made from leaves and buds.

In general, they are much softer and lighter than black teas, but more intense, and with a stronger body than white teas.

Green teas that are available in tea bags often have a very high astringency, a very plain flavour and a strong bitterness and grassy flavour. Orthodox green teas offer a much greater variety of fragrances and flavours that range from cooked vegetables, nuts and almonds to citrus and other fruits. We find more mellow vegetal fragrances and flavours and in some of them, toasted notes will appear.

At present, green tea is produced all over the world, but some of the best are still produced in China and Japan. Chinese green teas are softer, sweeter, more aromatic and delicate than those from Japan. Chinese green teas are generally light with subtle notes of cooked vegetables and toasted nuts. Japanese teas are more intense and astringent, and in their sensorial experience notes of raw vegetables, seaweed and lemon are predominant.

Manufacturing process

After harvesting the "leaf sets" (the young shoot made up of bud + leaf/ leaves), they are taken immediately to the factory where the leaves are sometimes withered for a short period before being 'fixed' (by the application of heat) to prevent the leaf sets from oxidising. If withering is allowed to take place, it allows the evaporation of some of the water content and the concentration of flavour in the leaf. A great part of the fatty acids in the tea are changed into aromatic compounds which will give freshness to the leaves. As has already been said, the withering in green teas generally lasts only as long as it takes to get the plucked tea to the factory, but in some cases it can be prolonged in the factory. The longer the withering process, the more aromatic the finished tea will be.

Fixing (de-enzyming) is the next step. The aim of the fixing process is to deactivate the polyphenol oxidase enzyme and so stop oxidation. The temperature of the leaves is raised to 70° C. Fixing in China is traditionally carried out in pans set over wood stoves or coal kilns, in woks, hot metal panning machines, (or occasionally, when manufacturing sencha-style teas for teabags, in steam tunnels). In Japan steam is almost always used.

Each fixing method will give the produced tea a particular flavour. For example, teas fixed in woks or pans have sweeter notes and are more aromatic. This happens because the fixation is done more slowly and the teas have time to develop aromatic compounds. In this type of fixing (with a temperature higher than with vapour) glucosides are produced, which are a glucose derivative and produce a very agreeable toasted-sweet flavour.

The fixing process takes from 30 seconds to 2 minutes, depending on the factory and the type of green tea that is being manufactured.

In Japan the time of fixation (or de-enzyming) is extremely short and steam is passed over the leaf. Then rolling is carried out and this gives the leaf its final shape. Rolling can be carried out by hand or machine.

Rolling develops the flavour of the tea by breaking down the walls of the leaf cells and so extracting the juices that are concentrated in layers in the rolled leaves.

Next comes drying which is carried out in panning machines, woks or ovens.

The tea is dried until the water content in the leaf is reduced to approximately 2-3% in weight).

Finally, the leaves are graded.

Lastly it is packed in suitable containers for its transport and storing.

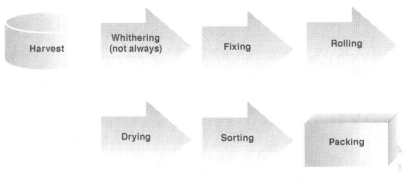

Green tea processing

Cupping notes of green teas

Lung Ching

Origin: Zhejiang, China

Preparation:

- Water temperature: 75°C to 80°C

- Infusion time: 2 minutes

Dry leaves: flat shape, light yellowish green colour. Absence of off-notes. Regular leaf size.

Wet leaves: very tender whole leaves of a paler green colour than the dry leaves. With the aroma of fresh and cooked vegetables, the wet leaves allow the buds to be easily appreciated. The aroma attack has toasted notes, then there are hints of cooked vegetables and dates, with a somewhat spicy finish and a nutmeg aftertaste.

Liquor: very pale amber with toasted reflections. Notes of cooked cabbage and toasted nuts. Some vegetal sweetness. Vanilla. The initial taste has toasted notes and the finish is sweet, vegetal and pungent.

Body: very light. Fine texture. Round. Medium length.

Astringency: low to medium.

Sencha

Origin: Japan
Preparation:

- Water temperature: 70°C to 80°C

- Infusion time: 1 - 2 minutes

Dry leaves: very intense green colour, broken and with a fresh fragrance and noticeable pasture notes and seaweed. Absence of off-notes. Leaf size somehow irregular.

Wet leaves: very intense green colour, a bit lighter than the dried leaves, broken and with fresh fragrance and important raw vegetables and seaweed notes. Presence of artichokes, boiled chard and grass. Some lemon at the end.

Liquor: yellowish intense green, quite opaque and cloudy. The aroma is dry with hints of raw vegetables and olives. The taste attack is of umami, and salty. The there is cooked fish, and steamed vegetables. Then there are notes of raw vegetables and grass.

Body: full body. Creamy texture. Long.

Astringency: high.

Maofeng or Mao Jien

Origin: Zhejiang and Anhui, China.
Preparation:

- Water temperature: 75 ° to 80 ° C.

- Infusion time: 2 minutes.

Dry leaves: curved small leaves, dark green-greyish colour. Regular leaf size. Absence of off-notes.

Wet leaves: light yellowish-green colour. Fresh aroma with hints of cooked vegetables. Notes of medlars, toasted rice, and damp pine needles. In the middle there are jasmine notes. The finish is very subtle and has hints of toasted nuts.

Liquor: transparent, yellowish-golden colour. The taste is sweet. The attack is of vegetables. Steamed vegetables such as chard, dates, toasted rice and nuts.

Body: medium. Medium texture. Not pungent. Long.

Astringency: low.

Gunpowder

Origin: Zhejiang, China.

Preparation:

- Water temperature: 75 ° to 80 ° C.

- Infusion time: 2 minutes.

Dry leaves: rolled leaves, dark greyish-green colour. Regular leaf size. Absence of off-notes.

Wet leaves: dark yellowish-green colour. Warm attack with ashes and steamed vegetables aroma. In the middle there is something sweet like dates and at the end, damp pine needles.

Liquor: brownish-amber light colour. Transparent with some sediment. The basic taste is bitter. The attack on the nose is of roasted rice and ash. Then come notes of cooked vegetables. In the finish there are suggestions of sweet dates and hints of something biting such as roasted nuts.

Body: full body. Pungent. Fine texture. Flat. Long.

Astringency: high.

Gyokuro

Origin: Uji, Japan

Preparation:

- Water temperature: 60°C to 65°C

- Infusion time: 1-2 minutes

Dry leaves: flat, very thin (tightly rolled) very intense green-blue colour, with fresh fragrance and absence of off-notes. Regular leaf size.

Wet leaves: very intense green colour. It presents a fresh fragrance with important notes of raw and cooked vegetables such as boiled spinach and cauliflower. Presence of seaweed and lime.

Liquor: very intense green, quite opaque and cloudy. Thick and smooth, almost like soup. Presence of buttery notes in the attack, umami, vegetables in the middle and astringent finish.

Body: great body. Thick, velvety texture. Long.

Astringency: medium to high (appears at the end).

Matcha

Origin: Uji, Japan

Preparation:

- Water temperature: 70°C to 75°C

- Time of infusion: 20-30 seconds beating

Dry leaves: very fine powder, like talcum powder, very intense green colour and with fresh fragrance and absence of off-notes.

Wet leaves: very intense green colour, almost fluorescent and with fresh fragrance with important notes of raw vegetables, pastures and seaweeds. Presence of artichokes, boiled chard and pasture.

Liquor: opaque intense green, cloudy. Umami and salty taste. Remembers of steamed vegetables and pasture.

Body: full body. Thick texture. Flat. Long.

Astringency: high.

Hari Talvar Boutique Single Estate

Origin: Nilgiri Hills, India
Preparation:

- Water temperature: 70°C to 75°C

- Infusion time: 1 to 2 minutes

Dry leaves: Big, thin and twisted leaves, intense green greyish colour. Somewhat irregular leaf size. Absence of off-notes.

Wet leaves: Big whole leaves, light yellowish-green colour. With subtle fragrances of cooked vegetables, and with hints of lemon. Very subtle gardenia notes in the finish.

Liquor: very clear brilliant golden with some greenish reflections. Translucent and clean. The attack is subtly citric, with notes of lime and of cooked vegetables such as boiled chard and asparaguses. Somewhat toasty. Presence of nutmeg. With a sweet and soft middle taste, such as grilled sweet potatoes and a vegetal and astringent finish.

Body: very light. Fine texture. Flat. Short.

Astringency: medium.

Introduction to yellow tea

Yellow or "golden" tea is produced in extremely small quantities in few regions of China, such as the Jun Shan mountain in the Dongting lake, in the province of Hunan, and Huang Mountain "yellow mountain" in Anhui province.

Its process of manufacture starts in the same way as for green tea, but then an extra stage is added during which the tea is wrapped or heaped in deep layers while still warm and moist. This wrapping provokes "non enzymatic fermentation", during which the warmth and humidity inside the parcel or layers of tea smoothes and mellows the tea's flavour. The leaves are first wrapped or heaped for 2-3 days, then dried a little more, then wrapped or heaped again for 3-4 days. The final drying reduces the water content to approximately 3%.

Michael Harney, American writer, says that yellow or golden tea reflects the best of all the other types of tea: it has the sweetness of white tea, the soft vegetal flavour of green tea, the intense and variable fragrance of the oolong and that delicate spicy aftertaste of Chinese black tea.

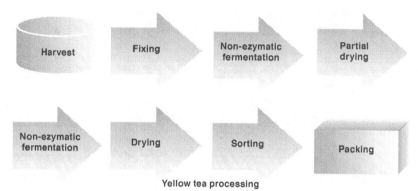

Yellow tea processing

The most well known golden teas are:

- Jun Shan Yin Zhen

- Meng Ding Huang Cha

- Hou Shan Huang Cha

- Huanshan Mao Feng

Cupping notes of yellow teas

Jun Shan Yin Zhen

Origin: Hunan, China
Preparation:

- Water temperature: 75°C

- Infusion time: 2 to 3 minutes

Dry leaves: only buds, silvery brownish colour, regular size. Fresh and vegetal fragrance. Absence of off-notes.

Wet leaves: of a more vivid and yellowish green colour, the wet leaves offer a great variety of fragrances of grilled vegetables, red flowers, vanilla and honey notes. In the finish, rose notes appear and linger in the nose.

Liquor: very bright yellowish amber colour, full of brightness and reflections, it shows great clarity. In the mouth, it offers a delicate sweet taste, with cooked vegetal, vanilla, roses and toasted bread aroma.

Body: very light, round, complex, long. Creamy texture.

Astringency: nil.

Huang Cha Mao Jian

Origin: Anhui, China

Preparation:

* Water temperature: 75°C to 80°C

* Infusion time: 2 minutes

Dry leaves: small curved leaves, of greyish brown colour. Regular leaf size. Fresh vegetal aroma with some ashes.

Wet leaves: yellowish green leaves, lighter colour than the dried leaves. Of fresh and cooked vegetables fragrance, toasted rice and wet pine leaves aroma. Ashes at the ending.

Liquor: pale brownish amber. Transparent. Toasted, smoked and bitter attack. Notes of smoke, tobacco, grilled vegetables and toasted rice. Sweet in the finish.

Body : medium. Pungent. Long.

Astringency: medium to high.

Chapter 10 ·
Black Tea

Introduction

There are two main groups of black teas (red, as they are called in China): orthodox and CTC. The first are Orthodox teas which are more gentle, subtle and complex. They often show much more aromatic expression in the nose and in the mouth. The second are those produced by the CTC (Cut, Tear, Curl) method which was invented in the 1930s. They are often of strong character, with intense flavour and astringency.

Just as China's green teas are very mellow, so are Chinese black teas. They tend to have plenty of woody, cocoa and tobacco smoked notes.

In the black teas of India and Sri Lanka, more floral and red fruit notes will be found, as well as hints of prunes and tobacco.

Manufacturing process

In the manufacture of black (red) tea, the process of fixation is skipped and the leaf cells are broken in order to provoke oxidation.

Black (red) tea leaves have a brownish black colour due to the process of oxidation.

After withering in the factory, which can last between 12 and 20 hours for black teas, the leaves are rolled by hand or with special orthodox machines. As the polyphenol oxidase enzyme is not deactivated by 'fixing' with the application of heat, it reacts with oxygen in the air and with the polyphenols in the tea to produce brown compounds which can be observed during processing. This is similar to what happens when, for example, an apple is cut and left in the open air for a while.

In tea, there are two principal types of polyphenols. First the theaflavins appear and these are yellow and give the most intense note in the flavour. Then the thearubigins, which are of a copper colour and have a much softer, sweeter and round flavour, start to develop. The longer the oxidation process, the softer and rounder the tea will be in mouth. The next step is drying, then grading and then packing - as with all types of tea.

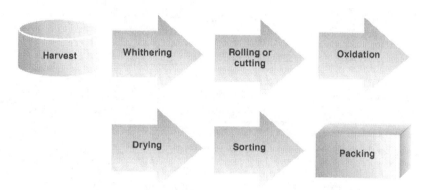

Manufacturing process of black (red) tea

Cupping notes of black (red) teas

Ceylon OP1

Origin: Sri Lanka
Preparation:

- Water temperature: 75°C to 90°C

- Infusion time: 4 minutes

Dry leaves: twisted leaves, intense black colour. Regular leaf size. Absence of off-notes.

Wet leaves: big leaves, intense brown coppery colour.

Notes of tobacco, wood, prunes, with vegetal and citric notes like candied orange peel.

Liquor: dark reddish amber that with depth takes an intense ruby red towards copper colour. Transparent, with plenty of brightness and astonishing appearance.

Sweet, woody and fruity attack, with some tobacco. Astringent and citric finish.

Body: full body. Intense flavour. Fine texture. Round in the mouth. Long.
Astringency: high.

Keemun

Origin: Anhui, China
Preparation:

- Water temperature: 75°C to 85°C

- Infusion time: 3 to 4 minutes

Dry leaves: small twisted leaves, of a greyish black colour, with fresh and smoky fragrance. Absence of off-notes. Regular leaf size.

Wet leaves: dark brown colour with clear notes of cocoa and wood. Smoky attack, some wet wood and in the middle somewhat fruity as of dried fruit or dried apricots. The finish is hot and sweet.

Liquor: dark brownish copper, transparent and with some brilliancy. Sweet and spicy. With some dried fruit and cinnamon.

Body: medium to full body. Fine texture. Round. Slightly pungent. Medium length.

Astringency: almost nil. It appears at the end.

Yunnan Black Gold

Origin: Yunnan province, China
Preparation:

- Water temperature: 80°C to 95°C

- Infusion time: 2 to 3 minutes

Dry leaves: golden buds and few leaves. Regular leaf size. Absence of off-notes.

Wet leaves: large, orange-brown buds and few leaves, with a subtle sweet toasted fragrance, some cocoa and apricots. Caramelised carrot and grilled sweet potato.

Liquor: translucent, very brilliant, light brown colour almost like honey, with a soft fragrance as sweet as syrup. It taste attack is sweet, with some woody aroma notes. Then there appear hints of cocoa, vanilla and apricots.

Body: light to medium. Fine texture. Complex flavour. Markedly round. Medium length.

Astringency: almost nil.

Golden Monkey

Origin: Fujian, China
Preparation:

- Water temperature: 85°C to 95°C

- Infusion time: 3 minutes

Dry leaves: mixture of light brown colour leaves with golden buds. Curved shape. Regular leaf size. Absence of off-notes.

Wet leaves: large, coppery-brown leaves, with a subtle sweet smoked fragrance, tobacco, wet wood and some apricots.

Liquor: translucent, very brilliant, orange brown colour. Its flavour attack is somewhat smoky and has some tobacco and wood. Then there appears some dried apricots, caramelized carrots and notes of wet soil. Its finish is sweet, malty and somewhat astringent.

Body: medium. Round. Medium length.

Astringency: medium.

Yunnan Gold Tips

Origin: Yunnan province, China
Preparation:

- Water temperature: 85°C to 95°C

- Infusion time: 3 minutes

Dry leaves: curved, broken dark brown leaves with golden tips. Absence of off-notes.

Wet leaves: orange-brown leaves, with a subtle sweet toasted fragrance, tobacco, alfalfa and wet wood.

Liquor: translucent, very brilliant, orange brown colour. Its aroma attack is somewhat smoky, and has some tobacco, alfalfa and wet wood. Then there appears some sweet cocoa, vanilla, caramelized carrots and prunes. Its finish is sweet.

Body: medium. Round. Short.

Astringency: almost nil.

Darjeeling First Flush

Origin: Darjeeling, India
Preparation:

- Water temperature: 75°C to 82°C

- Infusion time: 2 to 3 minutes

Dry leaves: some whole leaves, some broken leaves, a few light brown leaves, and many greenish leaves, with the presence of buds and very fresh aroma. Curved. Absence of off-notes.

Wet leaves: small, golden and light green leaves, with intense vegetal, fresh fragrance and ripe fruits such as white grapes. It brings to mind wet wood, white flowers and sweet vegetal traces.

Liquor: translucent, very bright, light golden-amber colour. Sweet taste. With an intense fresh fragrance as sweet as syrup. Vegetal aroma attack, sweet in the middle, flowery with apricots, dried pears and raisins. Fresh, aromatic and a sweet finish.

Body: light. Fine texture. Round. Complex. Long.

Astringency: low to medium.

Darjeeling Second Flush

Origin: Darjeeling, India

Preparation:

- Water temperature: 75°C to 90°C

- Infusion time: 3 minutes

Dry leaves: some whole leaves, some broken leaves, brown colour, a few golden-green leaves with the presence of golden buds. Curved. Absence of off-notes.

Wet leaves: small, coppery brown and light green leaves, with an intense warm, sweet, fruity fragrance, and hints of honey. It brings to mind grilled squash, dates, raisins and wood.

Liquor : translucent, very bright, light coppery colour. Sweet taste. With a soft fragrance as sweet as honey. Vegetal aroma attack, sweet, with apricots, peaches, grilled squash and caramelized carrots. Slightly astringent and a sweet finish with some woody notes.

Body: medium. Fine texture. Round. Complex. Long.

Astringency: low to medium.

Assam

Origin: Assam, India

Preparation:

- Water temperature: 80°C to 90°C

- Infusion time: 3 to 5 minutes

Dry leaves: curved, of intense brown colour with reddish tones. Regular leaf size. Fresh and earthy fragrance.

Wet leaves: large orange brown colour leaves, with intense wet soil, honey and wood fragrance. Some toasted and malt fragrance.

Liquor: translucent, very brilliant, dark brownish copper colour, with a sweet wet wood and malt fragrance. The flavour attack is slightly toasted and sweet, the middle is astringent and the finish is dry and astringent. Plainer than the Darjeelings and Keemuns.

Body: full body. Fine texture. Flat. Medium length.

Astringency: medium to high.

Kala Moti Boutique Single Estate

Origin: Nilgiri Hills, India
Prepration:

- Water temperature: 75°C to 82°C

- Infusion time: 2 minutes

Dry leaves: rolled, coppery-brown colour. Regular leaf size. Fresh, absence of off-notes.

Wet leaves: large orange-brown leaves, with intense fragrance of caramelized carrots, honey, papaya and wet wood. Sweet, vegetal seizure. Somewhat fruity, sweet and with an astringent finish.

Liquor: translucent, very brilliant, light orange amber colour, with a soft taste as sweet as syrup.

Body: light to medium. Fine texture. Remarkably round. Complex. Long.

Astringency: low to medium.

Chapter 11 ·
Oolong

Introduction to oolong

Legend says that oolong tea originated in Fujian province, China. In order to
please the emperor, about 400 years ago, the Chinese began to modify the
manufacturing processes of green tea, not fixing the green leaf but allowing
partial oxidation to take place before rolling and drying the tea. This created
what came to be called oolong or semi-oxidized tea. Some people say the
first oolong was made in the Wuyi mountains, others say that Anxi was the
place of origin.

Manufacturing Process

Oolong tea (also referred to as blue) is partially oxidized. The level of oxidation of blue tea is on a sliding scale between the zero oxidation in green tea
and the full oxidation of black tea. The percentage or level of oxidation depends on the variety being made and this is the decision of the tea producer.

   Because of the extended withering process and because oolongs are
very slowly and lightly oxidized after bruising, the tea develops plenty of
flowery and fruity aromatic compounds which are then be reflected in the
cup.

Open leafed darker oolongs

This style of oolong has large, long, dark, twisted leaves and very complex, developed flavours.

After the harvest of the leaves, withering takes place. The withering of the leaf for oolong teas takes place in two stages: first outdoors in the sun and second inside the factory.

The leaves are lightly bruised by gentle handling, by shaking on bamboo baskets and/or by tumbling in a bamboo drum. This bruising begins to break the edges of the leaf and wherever the cells of the leaves are broken, the natural chemicals that are released react with oxygen in the air and cause oxidation to take place. When the required level of oxidation has been reached, the process is stopped by applying heat (fixing). This is carried out in panning machines which tumble the leaf in a hot dry metal chamber.

Next the leaves are lightly rolled to develop the flavour and give the leaf its final shape. This is done either by hand and in a rolling machine.

Finally the tea is completely dried until the water content of the leaves is 2-3% in weight.

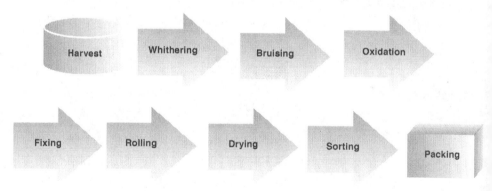

Manufacturing process of open-leafed, darker oolong tea

Balled oolongs (Jade oolongs)

This style of oolong is made up of small hard pellets of jade green tea and more modern and is becoming more and more popular.

Tea Sommelier Handbook

The manufacturing process takes longer (usually 2 days) than that of open-leafed darker oolongs. The leaf is harvested, withered outdoors, withered indoors, lightly shaken and tumbled to provoke light oxidation, panned and rolled (but not dried) in exactly the same way as for open-leafed, darker oolongs. The teas are then left overnight in the factory.

On the second day, the leaf is packed into large cloth bags. Each bag contains approximately 9 kg of tea. The bag is tightened on a special machine in order to compact and squeeze the tea leaves and it is then rolled on a special rolling machine. The bag is then opened, the tea is emptied out and broken up (sometimes it is put through the warm panning machine to remove a little of the water content and to break it up). The bagging and rolling process is then repeated between 30 and 60 times until the tea shoots and leaves are tightly compressed into little green pellets.

Finally the tea is dried until the water level is reduced to 2-3%, the teas are sorted and packed, often in vacuum-packed foil bags.

Amber or baked oolongs

Some oolongs are sold as Baked oolongs or Amber oolongs and this can mean one of two things. Either it means that the teas have been dried (roasted) for longer than usual in the factory to develop a more complex flavour; or it can mean that the teas have been further dried after the teas have left the factory by the merchants who are selling them. The tea merchants who 'bake' oolong teas have a special oven in their shops.

The teas are slowly baked at low temperatures to remove more of the water content and to develop a slightly burnt, caramelised flavour and aroma. This process reduces the caffeine levels and gives the teas a flavour profile that is very popular amongst local tea drinkers. Sometimes oolong teas are baked and stored several times over a number of years.

Baked (Amber) oolongs can be either open-leafed dark oolongs or balled jade oolongs. They always have a much browner appearance and the leaves are generally smaller because more of the water has been removed from them.

Varieties

There are many varieties of oolong, and they are all very different. These enormous differences are due not only to the particular manufacturing process, but also to the "harvesting" of the varietal, the location where it comes from, and the degree of oxidation, which is usually between 20% and an 80%. They are harvested between April and May, except Oriental Beauty, which is harvested in June.

Beginning with the less oxidized and going on according to its level of oxidation, the most famous oolongs are:

Pouchong: It is the softer oolong, the least oxidized of all, and it generally has a level of oxidation of 10% to 20%.

Dong Ding (or Tung Ting): it means "frozen summit" due to the region where it is produced: Nantou. It grows at an average height of about 500 and 800 metres above sea level. Its level of oxidation is between 20% and 30%.

Alishan: this means "Ali Mountain". The teas grow at an average height of between 1000 and 1400 metres above sea level and are known as "High Mountain Teas". Its level of oxidation is about 25% and 50%

Lishan: It is grown at an average height of between 1500 and 2500 asl, on some of the highest plantations in the world. Its level of oxidation is about the 25%.

King Hsuan oolong: Famous for its soft flavour and velvety texture. Very creamy in the mouth and an extraordinarily aromatic tea.

Tie Kuan Yin: the name means "Goddess of the Iron Mercy"; it has an intense toasted fragrance, and is a much sweeter tea and with more body. Its level of oxidation is between the 50% and 75%.

Oriental Beauty: It is also known as Bai Hao oolong, or Fancy Formosa oolong, and it is the most famous of Taiwan's teas. It was named "Oriental Beauty" by Queen Victoria in England. But its fame is due not only to its wonderful and unique flavour, but also to the colours displayed by the dry leaves (they can have up to 5 shades), and to a curious event that takes place prior to its manufacture. In the Taiwan summer, a small cicada (Jacobiasca Formosana Paoli) visits the tea plantations and bites the leaves, leaving marks and even sometimes stopping its growth. The bite of this insect works like the rolling stage of tea manufacture. It liberates the juices in the leaves cells thus provoking oxidation while the leaves are still on the bushes; and, in order to drive the insects away, the plant also makes an enzyme which gives the tea an intensely sweet flavour and fragrance.

Da Hong Pao oolong: made in China, this is one of the most widely drunk oolongs in the world. It has an interesting toast and smoked aroma. It *terroir* is typical Chinese and so makes it different from the Taiwan oolongs. Its level of oxidation is near 80%.

Cupping notes of oolongs

Pouchong

Origin: Wenshan, Taiwan
Preparation:

- Water temperature: 75°C to 85°C
- Infusion time: 2 to 4 minutes

Dry leaves: Lightly twisted, dark green colour almost bluish. Somewhat irregular leaf size. Fresh and vegetal aroma. Absence of off-notes.
Wet leaves: Whole leaves of dark green colour. Fresh aroma with cooked vegetables notes. Butter attack and then there are flowers such as gardenia and jasmine.
Liquor: Very light gold. Transparent. The attack is of roasted broccoli or cabbage and butter. Some vegetal sweetness. Some white flower freshness.
Body : very light. Creamy texture. Round. Short.
Astrigency: low to medium.

Dong Ding or Tung Ting oolong

Origin: Nantou, Taiwan

Preparation:

- Water temperature: 80°C to 90°C

- Infusion time: 5 minutes

Dry leaves: tightly rolled, bluish-green colour with vegetal fragrance. Absence of off-notes. Regular leaf size.

Wet leaves: Very aromatic, with butter seizure and then cooked vegetables and tropical fruits appear such as papaya. Some gardenia notes.

Liquor: Aromatic liquor, light yellow colour with greenish reflections. Transparent. It spreads white flowers fragrance, with emphasis on the gardenia. The seizure in the mouth is creamy like butter. There is milk aroma, some fresh fruit flavours such as peach and papaya. Long and floral finish.

Body: Round. Medium length. A very buttery tea in mouth, with much texture although its body is light.

Astringency: almost null.

Ali Shan oolong

Origin: Chiayi, Taiwan
Preparation:

- Water temperature: 80°C to 95°C

- Infusion time: 3 to 5 minutes

Dry leaves: Tightly rolled, bluish-green colour with vegetal fragrance. Absence of off-notes. Regular leaf size.

Wet leaves: Very aromatic, with butter seizure and then tropical fruits appear such as peach and papaya. Very floral with hints of gardenia and lilac.

Liquor: Strongly aromatic liquor, very light yellow colour. Transparent. Naturally aromatic, it spreads intense white and red flower fragrances, with emphasis on gardenia and lilac. The seizure in the mouth is markedly creamy like butter and floral. The middle is vegetal and there are slight notes of lime. Long and floral finish.

Body: Very round. Long. A very creamy tea in the mouth, with much texture although its body is light.

Astringency: null.

King Hsuan oolong

Origin: Taiwan
Preparation:

- Water temperature: 80°C to 90C

- Infusion time: 5 minutes

Dry leaves: Tightly rolled, bluish-green colour, very aromatic. Absence of off-notes and regular leaf size.

Wet leaves: Very aromatic, with a butter and milk seizure and then many flowers appear. Very sweet notes suggesting caramel and vanilla. There are fruit notes such as banana, peach and papaya.

Liquor: Strongly aromatic liquor, intense yellow colour with greenish re-flections. Transparent. Naturally aromatic, it spreads intense white and red flower fragrances, with emphasis on gardenia and lilac. The seizure in the mouth is markedly buttery. There is an abundance of fresh fruit flavours such as peach, papaya and medlar. Clear notes of vanilla and banana.

Body: Very round. Long. A very creamy tea in mouth, with plenty of texture although its body is light.

Astringency: null.

Oriental Beauty oolong

Origin: Hsinchu, Taiwan
Preparation:

- Water temperature: 80°C to 90°C

- Infusion time: 3 to 4 minutes

Dry leaves: Curved, with green, brown, orange, golden and silver leaves and buds with a fresh aroma. Absence of off-notes.

Wet leaves: Very aromatic, with an attack of stoned fruits such as dried apricots and pears. Hints of honey and a slightly toasted aroma. Then tropical fruits such as peaches and papaya appear.

Liquor: Slightly aromatic liquor, copper colour. Transparent. There is some fresh fruit such as white peach but the stone fruits like dried apricots and peaches prevail with caramelised carrot and toasty notes.

Body: medium. Fine texture. Very round. Medium length.

Astringency: null.

Da Hong Pao oolong

Origin: Fujian, China

Preparation:

- Water temperature: 80°C to 90°C

- Infusion time:5 minutes

Dry leaves: Curved, intense brown colour and with toasted fragrance. Absence of off-notes. Regular leaf size.

Wet leaves: Dark brown, almost black wet leaves, with an intense toasted fragrance and smoky notes reminiscent of toasted bread and toasted rice. Hints of bitter cocoa and coffee, with vanilla notes.

Liquor: Dark caramel colour, crystalline, with enough brightness and remarkable reflections. The liquor smells of toasted rice and cocoa. In the mouth there is an invasion of toasted notes, cocoa and some malt. Then dry fruits such as dry apricots or pears compote turn up and the finish is sweet and long.

Body: medium to great body. Fine texture. Round. Long.

Astringency: almost null.

Chapter 12 · Dark Teas (Puerh and Hei Cha)

Introduction to dark tea

Dark teas are teas that go through some sort of post-production fermentation. The most famous dark teas are the puerh and the hei cha. Puerh teas come from Yunnan province and are named after the town of Puerh where the teas have been traded for hundreds of years. Other dark teas are made in the provinces of Sichuan, Hunan and Guangxi provinces. Originally these teas were made to be transported to the perimeters of China, in particular to the very remote and arid regions of Tibet and Mongolia, where the local people relied on tea for its nutritional value. Because the journey from Yunnan, Sichuan or Hunan was very slow and very long, and because the teas were stored for long periods in conditions that were sometimes cool and damp, sometimes warm and humid, the tea absorbed moisture and this, together with the microbes in the tea, caused a chemical change to take place in the tea. So the appearance, colour, flavour, aroma and chemical make-up of the tea gradually changed over time.

Introduction to puerh

Dark teas are the only teas that go through a post-production "fermentation" process and in puerh, this process improves the character of the tea with time. Contrary to other teas which lose their freshness and fragrance as time goes by, well-made puerh improves over the years. The teas are made from the 'big leaf' assamica variety of the tea plant which grows in Yunnan province and the green tea (or mao cha) that is made during the first stages of manufacture can taste very astringent, bitter and metallic. With aging in the correct conditions, the astringency and bitterness gradually disappear and the tea becomes more mellow and develops roundness, softness and a gentler, more subtle flavour.

Its aroma and taste profile is totally different from the other teas. It can present woody, earthy fragrances, of powder and even hints of humidity. As we enjoy these fragrances and flavours that attack the senses, we can discover interesting notes of stoned fruits that become more intense as the years go by, and this justifies having to wait for a number of years for the aging process to affect the tea.

This sensory robustness is the result of its manufacture, during which a fermentation stage takes place. It is important to stress that this fermentation process is different from oxidation. During fermentation, there are live micro-organisms acting in the tea, while during the oxidation (as takes place in the manufacture of black tea and oolong teas) only oxygen reacts with the flavonoids.

It is also important to explain that many books and articles mention puerh as a "red tea". This is a mistake. Red tea is what in the West we call black tea. In China our black tea is called 'red tea'.

Puerh tea in China is known by that name (as 'black tea') and we should translate this as 'dark tea'. In order to avoid confusion, every time we speak about red tea in this book we will be talking about our traditional black tea (in the West) and we will call puerh tea by that name.

Manufacturing process

In 2009, puerhs teas were awarded 'protected geographic identity' which means that to call a tea a puerh tea, it must be made from the leaves and leaf buds of the 'big leaf' assamica tea bushes and ancient trees that grow in the south of Yunnan province, it must be made in Yunnan province, and it must be made by an accepted methodology. This geographic identity is similar to the protected status of champagne, Parma ham, etc.

Raw and cooked puerh

There are two types of puerh: raw (sheng in Chinese) and cooked (shu in Chinese) - also called ripe or ripened. Raw puerh is made by the traditional methodology. The leaves are harvested, often from ancient trees and are briefly withered. Then they are panned and rolled and then dried in the sun. Then the made tea (mao cha) is lightly steamed and either left loose or compressed into cakes of different shapes such as bricks, cakes or nests. Once the shape has been formed, it is stored in humidity-controlled and temperature-controlled conditions for a minimum of 5 years and sometimes as long as 60-70 years or more. Before being sold, the cakes are wrapped in paper (which gives all the details of the tea, when it was made, where it was made, etc.) and it is then ready to be shipped to customers.

The fermentation that takes place in the manufacture of raw puerh is a process in which bacteria work like the yeast in the wine. They turn simple sugars into "monoterpenoids" that with time degrade into "sesquiterpenoids", known by their fragrance of earth and malt.

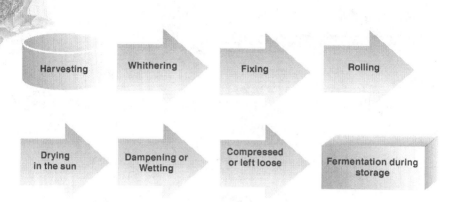

Manufacture diagram of raw puerh

Cooked (ripe or ripened puerh) is made by a more modern method which aims to achieve a similar flavour profile in the tea but without having to wait for such a long time for it to develop. The first stage of the process is exactly the same as for raw puerh but instead of the made green tea (mao cha) being dampened, it is sprayed with water and the wet tea is then heaped in warm, humid conditions for between 5 days and several weeks. This process immediately provokes bacterial fermentation in the tea and changes the character of the tea very quickly. At the end of this stage of the process, the tea is either left loose or it is compressed into cakes in the same way as for raw puerhs.

The fermentation process in cooked (ripe) puerh teas causes the catechins in the tea to be converted to gallic acid; amino acids (eg theanine) and carbohydrates (eg sucrose, glucose) disappear. Caffeine remains.

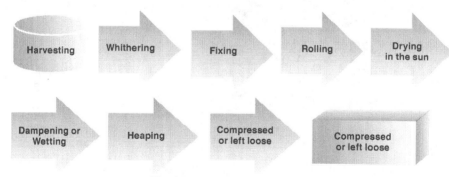

Manufacture diagram of cooked puerh

Cupping notes of puerh tea

Cooked puerh (loose leaf)

Origin: Yunnan, China
Preparation:

- Water temperature: 80°C to 95°C

- Infusion time: 5 minutes

Dry leaves: greyish-brown leaves, dull and curved. Regular leaf size. With a malt fragrance and hints of expected humidity, seaweeds and dust.

Wet leaves: bright brown colour, with an intense malt fragrance, wet wood, sawdust, seaweed, soil.

Liquor: very intense brown colour with reddish shades. Quite cloudy. Intense tobacco, wood and soil aroma. The attack is earthy, and then stoned fruits such as prunes and malt appear subtly. The finish is sweet and prolonged. Consecutive infusions intensify the sweetness of the plums. It is a well rounded and intense tea.

Body: great body. Fine texture. Round. Long.

Astringency: almost nil

Raw puerh Bing Cha (cake) 2011 cupped in 2012

Origin: Yunnan, China
Preparation:

- Water temperature: 80°C

- Infusion time: 1 minute

Dry leaves: dark green colour leaves, opaque with buds. With slight mustiness, seaweeds and woody aroma.

Wet leaves: yellowish green colour, whole leaves, with an intense fragrance of seaweeds, raw vegetables, raw fish and some subtle mint and ashes finish.

Liquor: dull golden brown light colour. Transparent. Intense aroma of ashes, cooked vegetables and cooked fish. Very bitter taste from the beginning to the finish. Something minty at the end. With aging, this tea becomes rounder, more fruity and more definite.

Body: light. Fine texture. Flat. Short.

Astringency: low to medium.

Raw puerh Bing Cha (cake) 2009 cupped in 2012

Origin: Yunnan, China

Preparation:

- Water temperature: 80°C

- Infusion time: 1 minute

Dry leaves: green brownish colour, with golden buds. Dry earth smell.

Wet leaves: yellowish green colour, broken. With aroma of ashes and wood.

Liquor: pale pink amber colour. Transparent. Bitter taste, in the mouth there are hints of ashes, grilled fish, dried earth and sawdust aroma.

Body: medium. Fine texture. Flat. Short.

Astringency: low.

Raw puerh Seven Sons Vintage Bing Cha (cake) 1985 cupped in 2012

Origin: Yunnan, China

Preparation:

- Water temperature: 80°C

- Infusion time: 1 minute

Dry leaves: dark coppery-green colour, with golden buds.

Wet leaves: coppery green colour, whole leaves. With dates, dried apricots, honey and banana notes.

Liquor: light brownish amber colour. Transparent. Sweet taste, in the mouth there are honey notes, with the texture of syrup. Grilled vegetables, cooked fish, dried apricots aroma. Sweet finish with toasted rice aroma.

Body: medium. Creamy texture. Round. Long.

Astringency: nil.

Introduction to hei cha

Hei cha means 'black tea' (what we call 'dark tea'). Like puerh teas, hei cha was originally made for transportation to the minority groups of people who lived on the outer reaches of China in Tibet and Mongolia and it was also called 'Border Sale tea'. On its journey to the high border regions, the tea often became wet because of rain and this changed the character of the tea. Legend says that at first such 'damaged' teas were rejected but when some of the remote villages were struck by an outbreak of dysentery (an infectious disease, the local people were desperate for nourishment and so drank the spoiled tea. All those who drank the tea were cured of their sickness and so this type of tea became very popular.

Hei cha is made today in Sichuan, Hunan, Hubei, Guangxi and Diangui and, like puerh, starts as a green tea. But hei cha differs from puerh teas for the following reasons:

- It is made from different tea varietals, depending on region

- It has different local conditions

- It goes through different manufacturing processes

- Has different micro-organisms depending on region. The bacteria present in the puerh is called *Asper Nigellus.* The bacteria present in hei cha is called *Eurotium Cristatum.*

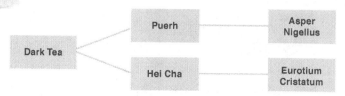

Microorganisms present in dark tea.

Manufacturing process

The processing is more complicated than for puerh teas and after plucking, the leaves are panned to de-enzyme them, then they are rolled, dried
(often in the sun), moistened, heaped (for up to a year) for fermentation,
steamed, rolled again, dried over pine fires, sorted, steamed, left loose or
compressed and aged. During the aging of hei cha, the post production fermentation continues, changing the flavour and character of the tea. This
continues for about three years; after that time the sensory profile of the tea
stabilizes.

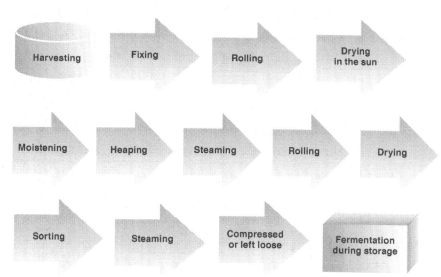

Manufacture diagram of hei cha

Hei cha is thought to have a number of health benefits:

- helps digestion
- helps with weight loss
- helps reduce blood cholesterol
- helps protect against age-related diseases
- helps lower blood pressure
- helps control diabetes
- offers anti-bacterial and anti-inflammatory properties

Some of the varieties of hei cha are:

- Fu Cha or Fu Brick
- Hei Brick
- Hua Brick
- Qing Brick
- Tian Jian loose tea (highest grade)
- Gong Jian loose tea (middle grade)
- Sheng Jian loose tea (everyday grade)
- Qiang Liang tea (1000 Taels tea)
- Bai Liang tea (100 Taels tea)
- Shi Liang tea (10 Taels tea)

Cupping notes of hei chas

Fu Cha 2008 (Hunan Hei Cha) cupped in 2012

Origin: Hunan, China
Preparation:

- Water temperature: 90°C

- Infusion time: 1 minute

Dry leaves: brownish green colour, very dark, big and tight.

Wet leaves: very dark brownish colour, almost black, whole. With toast and fruit aroma, like white peaches and grapes. Red flowers aroma.

Liquor: amber colour with pink tonalities. Dried peaches and toasted rice aroma. Sweet taste with notes of roses, dried peaches and prunes. Woody and sweet finish.

Body: medium. Fine texture. Round. Long.

Astringency: low.

Bai Liang 2008 (Hunan Hei Cha) cupped in 2012

Origin: Hunan, China
Preparation:

- Water temperature: 90°C

- Infusion time: 1 minute

Dry leaves: brownish green colour, dull. Some expected off-notes like humidity and seaweed aroma.

Wet leaves: very dark brownish colour, almost black. With red flowers, wet soil and fresh aroma.

Liquor: amber colour. Transparent. Toasted rice and cooked fish aroma. Sweet taste. In the mouth there are cooked fish notes too. Sweet finish.

Body: medium. Fine texture. Flat. Short.

Astringency: nil.

Qiang Liang 2009 (Hunan Hei Cha) cupped in 2012

Origin: Hunan, China
Preparation:

- Water temperature: 90°C

- Infusion time: 1 minute

Dry leaves: brownish green colour, dull. Some expected off-notes like seaweeds and humidity.

Wet leaves: very dark brownish colour. With fresh grass, seaweeds and wet soil aroma.

Liquor: amber colour with pink tonalities. Transparent. Dried pears and steamed fish aroma. Slightly sweet taste. In the mouth, steamed fish and dried peaches aroma. Slightly sweet finish.

Body: light. Fine texture. Round. Long.

Astringency: nill.

Chapter 13 ·
Tea and
Cocktails

What is a cocktail

A cocktail is a preparation based on a mixture of different drinks in different proportions, that generally contain one or more types of alcoholic
drinks together with other ingredients, such as juices, fruit, sauces, honey,
milk or cream, spices, etc. The cocktails may also contain non-alcoholic
carbonated beverages or refreshments such as soda water, tonic water,
cordials, etc.

In some countries there are regulations that define, for example:

XX. MIXED ALCOHOLIC DRINK OR COCKTAIL

It is a drink with an alcoholic gradation of 0.5% Vol. to 20°C (Celsius), obtained by the mixture of one or more alcoholic drinks or
drinking ethyl alcohol of agricultural origin or simple alcoholic distil-
lates with other drinks and/or fruit juices and/or macerated fruit and/
or fruit syrups and/or milk and/or egg and/or other substances of
vegetable or animal origin permitted.
Sugars and also permitted additives in the MERCOSUR can be
added to this drink.

A mixed alcoholic drink or Cocktail can be sparkling and, in this case, the alcoholic gradation must not exceed the 15% vol. and 20% C (Celsius).

The mixed alcoholic drink with alcoholic gradation of 15% to 36% vol. to 20%C (Celsius), can be named "beaten", obtained by the mixture of brandy or simple alcoholic distillate or drinkable ethyl alcohol of agricultural origin with fruit juices or pulp or other substances of vegetable and /or animal origin permitted in the MERCOSUR field with a minimum of 50g per litre of sugars.

ARGENTINEAN FOOD CODE, CHAPTER XVI.

Types of cocktails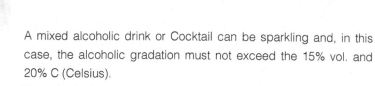

Cocktails are principally divided or most generically classified as "soft drinks" and "long drinks".

"Soft drinks" are drinks without alcohol. A cocktail may have a mixture of juices, fruit and tea, thus obtaining a cocktail or "soft drink".

"Long drinks are those that contain alcohol, for example a mixture of spirits and juices, fruit and tea.

Ingredients of a cocktail with tea

For the preparation of cocktails different ingredients are used:

- Alcoholic beverages
- Syrups
- Tea (in its different forms for use in cocktails)
- Fruit juices and other drinks
- Sugar
- Condiments

Alcoholic drinks

Alcoholic drinks are those containing ethanol (ethyl alcohol).

They can be produced by alcoholic fermentation (as with wine, beer, sake) in which the alcohol content does not exceed 18 – 20 degrees, or by distillation, generally from liquors or brandy.

It is convenient to always have to hand the cocktails basics:

- Whisky

- Tequila

- Vodka

- Cognac

- Gin

- Rum

- Vermouth and bitters

- Liquors

The quantity of alcohol of a liquor or any other alcoholic drink is measured by the alcohol volume it contains or by the degree of alcohol. The alcoholic gradation of an alcoholic drink is the expression in degrees of the volume of alcohols (ethanol) contained in 100 volumes of the product, measured at a temperature of 20°C.

For example, a wine with a gradation of 13.5° has a 13.5% of alcohol, that is to say 13.5ml of ethanol in each 100 ml of wine.

Alcoholic gradation of some drinks (degrees):

- Beer: 2.5 - 8

- Wine: 10 - 14

- Sherry: 17

- Rice wine: 18 - 25

- Port: 20

- Gin: 40 - 43

- *Tía María*: 31

- Cognac: 40

- Vodka: 37.5 - 42

- Pisco: 33 - 50

- Rum: 37 - 43

- Tequila: 37 - 45

- Bourbon and Whisty: 37 - 45

- Fernet: 35 - 40

- Grappa: 45 - 50

- Gin: 45 - 60

- Absinthe: 65 - 89

- Cocorocos: 93 - 96

Spirits

One explanation for the fact that brandy, vodka, gin, etc. are known as 'spirits' is because, in the past, the effect of alcohol in the human body was unknown. So it was said that when a person drank cocktails, it was his real spirit that came out.

Another explanation is that it was once believed that every chemical contained vital spirits (magic fairies) which gave the individual chemical a particular ability. There were 'fiery spirits' and 'biting spirits', etc., and the little spirits in whisky, gin, brandy, etc. had the power to make you lose control (and behave in a drunken way).

Syrups and sugar glues

Syrups are liquids of a viscous consistency that in general contain concentrated sugar solutions in another liquid.

Simple syrup is largely used in cocktails, and is prepared as a solution of 850 gr of sugar and 1 litre of water.

Sugar glue is a supersaturated solution of water and sugar, cooked until it begins to thicken.

To prepare a syrup or sugar glue with tea, once the preparation is ready, some leaves of the previously selected tea are added to flavour it and enhance the colour.

Use of tea in cocktails

To prepare cocktails, the tea is used in different ways:

- in infusion (as when preparing tea to be drunk in the traditional way. In this case the tea is prepared more concentrated than usual, and allowed to cool to be added to the cocktail at room temperature or lower.)

- as dry leaves (the dry leaves are mixed with the preparation)

- In syrup (a mixture of water and sugar that is heated until it changes consistency and colour)

- in maceration (for example leaving some dry tea leaves to steep in the alcohol in order to give an additional flavour to the drink)

- in liquors made with tea (they are liquors that are actually manufactured with tea)

Fruit juice and other drinks

Among the alcohol-free ingredients that are used to prepare cocktails, fruit juices and cordials occupy an important place. If given a choice, fresh juices are much better. This will give a more natural flavour to the mix.

Any fruit juice, concentrated and fizzy drinks (such as colas, lemonades, ginger ale or tonic) can be mixed with other components to make a cocktail.

Sugar

Apart from common white sugar, other types of sugar - brown sugar, black sugar and sugar pigmented with different colours (pink, green, light blue, etc.) can be fun when used to decorate drinks.

Seasonings

An infinity of seasonings can be used, such as:

- Sauces: soy, Worcestershire, Teriyaki, etc.
- Spices: cardamom, pepper, ginger, etc.
- Salt, sodium glutamate (Ajinomoto)
- Essences: fruit extracts, vanilla, etc.

Utensils

For the preparation of cocktails it is necessary to have certain utensils to hand:

- Shaker: to mix the ingredients, and to cool the mixture with ice.
- Strainer: to filter the aggregates that must not go into the glass.
- Jiggers and measures: used to measure the correct proportions of the different ingredients into the cocktail.
- Glassware: glasses and tumblers of different shapes and sizes for the cocktail presentation.
- Mixing spoon.
- Knives: to cut and peel the fruit.

- Garnish: Fruit and accessories to decorate.

- Juice squeezer

- Lemon peeler

Glassware

The tumblers and glasses used in cocktails are almost as numerous and varied as their traditional contents. Experts will always insist on the "correct" glass for a particular drink. The most commonly used are:

Cocktail or Martini glass

This is essential, elegant and must be in good proportion. The stem must be long enough to protect the content of the glass from the heat of the hand and the mouth must be wide enough to contain a cherry, an olive, a fruit slice, etc., as long as it does not sink too far into the glass. The maximum capacity is about 110cc.

Whiskey glass

This is used to serve any cocktail with ice. It is also used for whiskey, since the typical "old fashioned" glass, which is low and wide (without narrowing in the centre) is not as attractive for drinking whiskey. Nowadays, more people prefer a carved glass which narrows slightly in the middle and makes it more practical to hold. Capacity, 170cc.

Medium glass

This is medium sized and tall and is used for various applications, including highball drinks. Capacity, 225 c.c.

Tall glass

This is used for long drinks (in which the quantity of the mixer can be freely selected - for example: a Cuba Libre). The taller, the better. It is always narrow and its sides are often perfectly straight. Capacity, 280 cc.

Combination

This is a glass with a stem used for a drink that is neither cocktail nor long drink. It is sometimes used for a fizz (a drink in which shaved ice is used). Capacity: 140 to 170 cc.

Goblet or ball

There are plenty of goblet models, and they are special for wines and red appetizers.

Due to its size, only half of it (or less) should be filled in order to allow the wine aroma to be savoured. In red appetizers (served in a goblet glass) the colour and freshness provided by the ice cubes and a colourful orange slice add a special touch of elegance.

They can also be used for half pints of beer, although in this case it is better to use a straight glass. Capacity, 280 cc.

Liquor glass

Special for those cocktails that are strong and sweet and are served in small quantities. Capacity, 25 to 50 cc.

Tasting glass

This is for wine and for sherry. A high, narrow glass in which small quantities are served from the bottle. For a quality wine, a stylized tasting glass with the edges slightly inwards is ideal, as it holds the aroma better. Capacity, about 50 cc.

Extremely high glasses are simply pompous; they do not hold the aroma and the sherry becomes too warm before being drunk.

Cognac glass

Traditional for Brandy or Cognac, with a short stem and well-rounded, shaped so that the drink can be warmed (modifying the temperature) as it sits in the palm of the hand. Its mouth is narrow so that it holds the strong brandy aroma. It is not necessary to serve Cognac in extremely big glasses.

Champagne glasses

The traditional glass has a wide mouth, although glasses with a narrow mouth are more stylized and keep the bubbles better.

When serving sparkling wine cocktails such as a Champagne cocktail, the wide-mouthed glass is more convenient.

White wine glass

This generally has a long stem so that the hand does not warm the wine; it is rather tall (an elegant line for delicate wines) and narrow to keep the wine cold.

Red wine glass

Its aspect is normally solid, almost to harmonise with the density of a Burgundy or a Rioja. The stem is short and the glass rather round to allow the wine to roll and warm in the palm of the hand. The mouth must be wide enough to let the wine breathe.

Punch glass

This is heat resistant, with a support and with handles, for drinking hot liquors.

Ways to prepare the cocktails

There are different techniques to make cocktails. Some of them are:

Shake: Classic preparation in a shaker, for example, the Pink Panther.

Direct: when the ingredients are mixed directly in the glass. Among these is the subcategory of puosse-café, where layers of different liquids are poured into the glass, for example the B´52.

Refreshment: ice is put into the glass and the ingredients are mixed in the shaker with the help of a spoon or similar, and are then poured over ice.

Blend: preparation in a blender

Frozen: these are cocktails prepared in the liquidizer with crushed ice, to obtain a consistency similar to that of an ice-cream, for example: daiquiri or margarita.

Flambé: these are combinations where the preparation is set on fire, for example: the cucaracha.

Measures units

These are the measure units that are most widely used in bars, and the American equivalences of the foreign measures are:

1 gallon	128 ounces
1 gallon	8 pints
1 gallon	4 quarts
1 gallon	3.8 litres
1 pint	16 ounces
1 quart	32 ounces
1 ounce	30 ml
1 litre	0.26 gallons
1 pound	16 ounces
1 pound	454 grams
1 kilogram	2,2 pounds
1 jigger	1.5 ounces
1 shot	1 jigger
1 small spoon	1/8 ounce
1 dash	1/6 small spoon

Parts of a drink

It is important not to confuse "measures" with "parts".

When in a recipe we read "parts", the glass (whatever its form or style is) must be divided into as many parts as are indicated and then the proportions will be applied.

Nutritious cocktails

For our cocktails, plenty of fruit, creams and different supplies of colour and texture must be used, and so the drink will not only be enjoyable, but will have a set of excellent properties for our body.

Nowadays, consumers are highly informed about what, when and how to drink. Thus, they become more and more demanding, and as bartenders we must prepare appropriate, creative and surprising mixtures.

Some recipes:

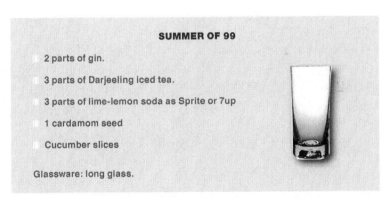

SUMMER OF 99

- 2 parts of gin.
- 3 parts of Darjeeling iced tea.
- 3 parts of lime-lemon soda as Sprite or 7up
- 1 cardamom seed
- Cucumber slices

Glassware: long glass.

Preparation:

Add ice to the glass, pour in the gin, the iced black tea, the crushed cardamom seed and top up with the lime-lemon fizzy drink. Decorate with cucumber slices. The cucumber adds aroma and freshness to the drink.

DBR SOUND

2 parts of vodka

3 parts of black iced tea (Ceylon or Assam)

1 part of fresh papaya cubes

2 teaspoonfuls of sugar

Glassware: Old fashioned.

Preparation:

Crush the small cubes of papaya in the mixing glass with the sugar, add the ice and other ingredients. Beat hard. Serve in the glass. Decorate with orange o lemon peel on the surface.

SUNSET

2 parts of gin

3 parts of iced puerh tea

A dash of citric sweet syrup

A few drops of Bitter Orange

Ground black pepper

Flambé orange rind

Glassware: Martini cup.

Preparation:

Cool all the ingredients in a mixing glass with plenty of ice and, before serving in a previously chilled cocktail glass, wipe a piece of orange peel around the inside of the glass to aromatize it with its essential oils.

GREEN ROADS

2 parts of vodka

3 parts of Sencha iced tea

4 parts of ginger ale

1 dash of lemon juice

1 dash of simple sugar syrup

Glassware: Long glass.

Preparation: Add ice to the glass, pour in the vodka, the iced green tea, then add the fizzy ginger ale and the lemon juice. Lastly pour in the simple sugar syrup. Mix it and enjoy it.

FALLING IN LOVE

1 part of Champagne

1 part of Chinese iced green tea (Maofeng or Lung Ching)

A dash of rose water

1 fresh cherry

Glassware: Champagne cup

Preparation:

Pour in the iced tea, the Champagne, and the rose water. Decorate with a fresh sweet cherry. All the ingredients should be cold since it is not a good idea to add ice.

Chapter 14 ·
Tea
Ceremonies

Tea is charm, it is distinction. For more than five thousand years tea has been related to art, rituals and ceremonies, to myths and legends, to beauty and health. But above all, tea creates stories. Stories of different people. People that harvest tea, manufacture it with their hands, in their family, on their land…people that process it and prepare it with much care and love. Those people have their personal history nestled in a valley of green leaves that are discovered through the very many tea varieties.

Throughout all this time, the different cultures where tea comes from, where it is commercialized and consumed, have created rituals and ceremonies. This chapter will be about the most representative and most famous ceremonies around the world but it is worth mentioning that there are as many ceremonies as peoples, tribes and families and that each day, each person who finds in tea a moment to relax, creates his or her own ceremony, and contributes with his or her own mark and knowledge to the generation of new rituals, thus building day after day the rich history of tea.

Apart from those which are most well known (the Chinese, the Japanese and the English ceremony,) there are countless ceremonies in different regions, with their individual characteristics, such as those of Thailand, Taiwan, Tibet, France, Czech Republic, Austria, etc.

Each day history is rewritten by tea lovers, creating new ceremonies and incorporating the mark of different cultures around the world.

The Chinese tea ceremony: Gongfu Cha

"The Chinese tea ceremony is still the core of tea culture, and also refers to the technique and the artistic process of brewing, serving, and tasting tea, considering the spirit with which the process is made. Tea and tea culture are visible, while its spirit is not visible. Together they make an aesthetic combination truly unique." Ling Wang.

The Chinese tea ceremony is a meeting, sometimes formal, but usually relaxed, where people meet to have tea. It is called Gongfu Cha and means "brewing tea with great skill". It has taken place since ancient times for several reasons: to entertain a visitor; to honour someone (for example on a birthday, when someone returns from a journey, on a graduation, etc.); as a wedding present; as a dowry (real in the past, symbolic in the present); as a sign of respect (from youngsters to elders, from employees to directors, etc.). Also the ceremony is celebrated as a family meeting; in modern China children leave their homes to work, get married, create their own family. On weekends they meet with their parents and they carry out the ceremony to reaffirm the family ties and confirm the intimacy and importance of family. It is celebrated to apologize and to thank. Especially on the wedding day the couple kneels down in front of their parents and serve them tea as a symbol of respect and gratitude, and to present the respective families to each other at a wedding.

In the Chinese tea ceremony, especially when there are guests, the best available tea is served. It is a way of showing that the best is offered to the guest (generosity, respect, gratitude) and it is also a way of displaying social, economic and cultural status.

In China, the term "cha li" has a long history. It means "tea etiquette" and has been a very important element in society, expressing courtesy and good manners.

There is a common saying, "No tea is discourteous", which means that it is bad manners not to offer tea to a guest.

Necessary utensils for Gongfu Cha

Each ceremony has special utensils that are related to the type and variety of tea that will be served at the ceremony. Thus, for aromatic teas like oolong, the Gong Fu set is recommended to drink the infusion, which consists of a small individual tray, a small tea bowl and a tall glass used to appreciate the aromas. In other cases, for other types of teas, only the small bowls are used.

These are the utensils used in the Chinese tea ceremony:

- Yixing teapot (ceremony teapot)
- A service teapot (a bigger teapot only used to pour the hot water)
- A small jar
- Bowls
- Ceremonial brewing tray
- Bamboo clamps
- Spoon or dish to display the tea
- The best available tea

The ceremony step by step

The Chinese tea ceremony has seven basic steps, which will be described in detail below:

1. Washing the ceremonial teapot.
2. Washing the bowls.
3. Showing the tea.
4. Washing the tea.
5. Removing the rinsing water.
6. Preparing the tea.
7. Serving the tea.

Each step in detail:

1. Washing the ceremonial teapot.

The teapot must be filled with hot water, and the lid replaced. It is not correct to serve from the accessory teapot (or the service teapot) to pour the hot water on to and into the teapot. Instead a kettle is used.

2. Washing the bowls.

The bowls must be filled with the water from the teapot, with just a trickle of water and with horizontal movements from right to left until the water runs out.

The bamboo clamps will be used to take the first bowl and pour the water into the second one and so on until the last bowl has been washed and rinsed.

3. Showing the tea

A small quantity of dry leaf is scooped into a bamboo spoon, or placed in a white porcelain dish and shown to the guests, beginning with the most important person. It is a way to communicate that they are being offered the best, and the visual appreciation of the dry leaf is an important part of the sensory enjoyment of the tea ceremony.

4. Washing the tea

The dry leaf tea is carefully scooped into the ceremony teapot, then the hot water from the service teapot is poured first down the inside of the pot to set the leaves swirling inside. Then the water is poured into the centre of the teapot, lifting the service pot up and bringing it down the over the ceremonial teapot three times. This is a sign of respect for the guests. It is like a welcome greeting.

The ceremonial teapot must be filled up to the brim and the lid is then replaced.

5. Removing the Rinsing water

The tea liquor from the rinsing of the leaves is then poured into the empty bowls from right to left until the water runs out.

Each bowl must be picked up with the bamboo clamp and the tea is poured away on to the tray.

6. Preparing the tea

More hot water is then immediately poured onto the previously washed leaved in the teapot. First the water is poured down the inside of the teapot and then towards the centre, lifting the service pot up and down three times until the teapot is completely full.

Then the teapot lid must be replaced and hot water is poured all over the teapot to make sure that no air in left inside, to clean it and to keep it hot.

7. Serving the tea

The bowls are then filled with tea liquor, with just a trickle of water and with horizontal movements from right to left until the bowls are full.

This is done to balance the liquor in all the cups to ensure that each bowl holds the same strength and flavour.

If there is some tea left in the teapot, once all the cups have been filled, the liquor is poured into the spare jug that goes with the tea set, or it is eliminated through the tray's lattice cover.

The tea master continues to brew and pour tea until the tea gives no more flavour and colour, or until each guest has drunk enough tea.

Each time a guest finishes his cup of tea, the host must refill it immediately. When the host serves tea to guests, he always starts with the oldest and most respected guest. Then he serves tea to the other guests. The host or master of ceremonies is served last.

When a person has been served tea, to thank the tea master he traditionally knocks on the table with his index and middle fingers. This is used particularly in southeast China. It is a symbol of gratitude towards the person who served the tea. The guest can also actually say 'thank you'.

When a guest does not want to drink any more tea, he just leaves the full cup, or, if the guest is a friend or a member of the family, he can place his cup upside down on the saucer.

The Japanese tea ceremony: Chanoyu or Chadô (Sadô)

Chanoyu literally means 'hot water for tea'. Chadô (sometimes written as Sadô) means 'the way of tea'. Both terms are used to mean the traditional Japanese green tea ceremony.

The tea ceremony in Japan is a formal way of preparing green tea matcha (powdered green tea from Uji province, Japan) and has always been influenced by Zen Buddhism. It is the most structured of all the tea ceremonies and is governed by strict protocol. Powdered green tea was first drunk in China during the Song dynasty (960 – 1279) but it became popular in Japan where it was incorporated into the Japanese tea ceremony.

It is the quietest social custom that has been practised by the high classes since the 12th century AD.

The aim of the ceremony is to create a special atmosphere, in which the participants savour the tea and admire paintings, calligraphy, nature and other works of art.

It shows the influence of the habits and ritual ways of the Samurai (warriors) who were the dominant class in Japan. Its aim is to forget all worldly and material things, to purify the soul through its union with nature, and to attempt to enter a spiritual state of harmony with the wider universe.

Chanoyu seeks the real appreciation of beauty, which is found in simplicity. The most important aspect of the protocol of the ceremony is to achieve as much economy of movement as possible.

The tea ceremony evolved and began to develop its own aesthetics, particularly the wabi. Wabi means quietness, sober refinement, or subdued taste. It is characterized by humility, moderation, simplicity, naturalness, depth, imperfection, and simple objects and architecture, without decorations, with emphasized asymmetries, and the celebration of the soft beauty that time and care bring to materials.

According to the books, Chanoyu could be defined as "aesthetics of austere simplicity and refined poverty". All the materials and equipments used in Chanoyu have an artistic construction, representation or artistic expression.

In the second half of the XVI century, Sen-no Rikyu definitively established the generalized way of the chanoyu, directly related to the Japanese sensibility and to Zen Buddhism. There are three schools that have lasted up to the present: the Omotesenke, the Urasenke and the Mushakojisenke. The most widely practised and followed is the Urasenke.

Sen no Rikyu, maybe the best known and most highly respected historical figure in the tea ceremony, introduced the *ichi-go ichi-e* concept, meaning literally, "a reunion, an opportunity", a belief that each meeting should be treasured as it might not be repeated.

Chanoyu principles

Chanoyu is based on four principles:

- Wa: Harmony
- Kei: Respect
- Sei: Purity
- Jaku: Tranquility

The belief is that the ceremonial celebration, with full awareness of these principles, has the power to transform the human consciousness.

Tea was introduced in Japan from China about the VIII century. The Japanese Buddhist monks that studied in China by the year 729 D.C., discovered that tea was useful not only as medicine but also as a stimulant to keep themselves awake during the long hours and sometimes days of meditation. They took the plant to Japan and they began to celebrate the tea ceremony. The habit of drinking matcha gradually spread among the Zen priests and the dominant classes.

Matcha was also used in the tea game, called Tocha, and in the competition that involved the Samurai, called Chayoria. Nowadays it is mainly used for the ceremony but is also drunk on an everyday basis for its health benefits and is used in the preparation of food items such as ice creams, sorbets, biscuits, cakes and other confectionery.

Materials and equipment

As mentioned before, in Chanoyu, all materials and equipment used have a relationship with art. As there are many elements worth enjoyed during the ceremony, we decided to group them into 3 categories for their proper presentation:

Space:

- The garden leading to the tea house, generally has natural or artificial water sources.

- The Sukiya or tea house: carefully designed. It is exclusively used to celebrate the tea ceremony.

- The Tokonoma: the altar where the artworks are placed to be admired.

Ceremony utensils:

- Chawan: the tea bowl

- Chaire: the tea container

- Chasen: the bamboo whisk

- Chashaku: the teaspoon

- Hishaku: the bamboo serving ladle

- Chakin: a linen handkerchief

- Fukusa: cloth

These utensils are often valuable artistic objects.

The stages of the ceremony

Kaiseki: a light meal

The first stage of the ceremony is a light meal where you still do not drink tea. The ceremony takes place with everyone kneeling throughout on the tatami matting of the tea house.

The guests meet in the waiting room. The master of ceremonies appears and leads them along the garden path up to the ceremony room. On one side of the path there is a stone vessel or a source of fresh water, in which they wash their hands and rinse their mouth. They enter on their knees to the sukiye or tea house. Each guest kneels down in front of the altar or tokonoma and bows respectfully. The presented artwork is admired, such as a painting hung on the wall or a floral arrangement. The kaiseki is served, ending with some sweets as dessert.

Naka-dachi: intermediate pause

When indicated by the tea master, the guests go out to a bench in the garden that surrounds the tea house. Before going back to the sukiya they again wash their hands and mouth.

Goza-iri: the principal stage in which thick tea is served.

The host sounds a metal gong five or seven times. The guests go back to the sukiya or tea house. The print or painting has disappeared and has been replaced by a vessel with flowers artfully arranged, or another object of appreciation, like calligraphy.

The ceramics vessels for the water and the tea are already in place. The guests admire the object of appreciation and the teapot.

The tea master prepares the koicha: thick matcha tea (three spoons per person). The principal guest moves on his knees to take the bowl, bows to the others and places the bowl on his left hand palm, while holding it on one side with the right hand. He drinks a sip; he praises its flavour and drinks other two or more sips. He cleans the part of the brim he has touched with his lips. He passes the bowl to the next guest who repeats what the principal guest has done. Lastly the principal guest gives the bowl to the master.

Usucha: final stage, in which clear tea is served

The tea is prepared individually for each guest with two spoons of matcha. Each guest must drink the whole bowl. When each guest has drunk their tea, the bowl is handed back to the tea master, who rinses it with clean water and cleans the bowl with a chakin (linen cloth).

Once the ceremony master has removed the utensils from the room, he silently bows to the guests indicating that the ceremony has come to an end. The guests then leave the sukiya.

The British tea ceremony

England has a very close relationship with tea. From the 17th century tea started to become part of everyday life amongst British people. As explained earlier, tea was first brought to Europe by the Dutch, on the ships of the Dutch East India Company. With time, the British started enjoying tea to the point that it became a very important part of their culture.

The British tradition

British people drink tea at different moments of the day, or for different occasions:

- Morning tea (often drunk while still in bed)

- Five o´clock tea (like Afternoon Tea); consists of tea served with three elements – neat finger sandwiches, warm scones served with clotted cream and jam, little pastries and cakes)

- The tea break (a break or breaks in the working day, often a statutory right negotiated as part of a contract of employment)

- Afternoon Tea (an elegant mid-afternoon social occasion at which small sandwiches, scones and pastries are served with tea; in the past this was served in elegant drawing rooms at home but today it is more usually served in high-class hotels and tea rooms)

- Cream tea (similar to Afternoon Tea but without the sandwiches and cakes; scones with clotted cream and jam and a pot of tea)

- High Tea (a working class evening meal that developed during the industrial revolution to satisfy the hunger of a hungry working family; usually served at 6pm approximately; consists of a savoury dish such as fish and chips, cold meat and salad, bread, scones, cakes and a large pot of strong black tea)

Tea gardens (Pleasure Gardens)

By the late 17th century, tea gardens began to appear in and around London. They were green spaces with plenty of flowers, statues and fountains where the people met to socialize and enjoy Tea. There were often music, circuses, concerts, fireworks and other popular entertainments in these 'Pleasure Gardens'.

Tea dances

Tea dances became popular in 1913 after the arrival of the Tango from Buenos Aires. Everyone fell in love with the dance and wished to learn the steps, so theatres, hotels and restaurants established tango schools and clubs and organised afternoon teas at which people could dance the tango and other traditional popular dances in between enjoying the traditional foods.

Tea dances included the presence of an orchestra that played live dance music. People mainly danced the waltz, tango, and foxtrot and towards 1920, the Charleston became popular.

Afternoon tea

By the year 1840, Anna Maria, 7th Duchess of Bedford, made popular the habit of drinking tea in the afternoon with snacks and sweets. Towards the beginning of the 19th century, the custom was to eat a large breakfast at 9o'clock in the morning, a light meal called luncheon or nuncheon at noon, and then dinner at about 8 o'clock in the evening. This was traditionally followed by tea drinking to help settle the stomach and aid the digestion.

The Duchess is said to have felt very hungry in the middle of the afternoon so, one day, she had the idea of bringing her after-dinner pot of tea forward to fill the gap in the long afternoon. She was not the first person to drink tea in the afternoon between meals but she was written about and so became famous for her 'afternoon tea' and the new social occasion gradually became fashionable. Other aristocratic ladies, and then the middle and working classes were soon copying Anna Maria and afternoon tea became an important part of British social life.

Nowadays, elegant afternoon teas are more commonly enjoyed at the weekend in grand hotels while at home, it is more common to enjoy a cup of tea with just a scone, a cake or perhaps a cupcake.

Queen Victoria and Five o'clock tea

Nevertheless, it was Queen Victoria of England who made the custom of 5 o'clock tea very popular.

It is said that during her reign, the streets of Britain became deserted between 4 and 6 p.m. because many people met to have their 5 o'clock tea, as Victoria herself did.

The "Victorian Tea Party" is an elegant event where finger sandwiches and pastries are eaten in finely decorated lounges.

Builder's tea

Builder's tea is basically a mug of English Breakfast tea, with milk and one or two spoonfuls of sugar. The custom emerged among construction workers who made it a habit to stop work for 10-15 minutes in order to take a 'tea break', to rest and regain their strength.

In 1916 the government declared that tea was good for the health as well as for the work performance, and so official tea breaks were allowed.

Tea breaks

Tea breaks in England are very common, especially among the working classes, in offices and factories.

People stop work for 15 minutes or so in order to have a cup of tea and relax.

Chapter 15 ·
Tea Etiquette
and Protocol

What is tea etiquette and protocol?

Etiquette is a code describing the expected behaviour in contemporary social events. The social protocol is the set of social rules and norms to be known, respected and fulfilled in the social environment in which a person lives. It is important to know the rules and how to behave in a tea party, either with colleagues, in a social occasion or with friends.

In the tea world, there are two very important roles that can be carried out during the tea service: the Tea Sommelier role, and the client role (as a tea host or guest).

In both cases, there exist norms of good behaviour which are expected and must be considered when participating in a tea, whatever our role is.

Role: Tea Sommelier

What do we have to take into account as Tea Sommeliers?

The Tea Sommelier plays an active role in the tea service from beginning to end. The most important stages of his participation are receiving guests, the service itself, and the leave-taking.

Receiving guests:

When receiving guests, the Tea Sommelier must request if he/she can take coats and put them away in a suitable place, accompany the guests to the table where tea will be served and bring each guest´s chair near and locate them at the table, in the following order:

- the older women

- the younger women

- finally the men.

During the service:

During the tea service, the Tea Sommelier must welcome the guests, present the service, mentioning the name of the Chef/ Tea Blender and describe the tea service that is offered or the different available options. The Tea Sommelier should describe briefly the information in the tea menu, ask the guest if he needs help to select his tea and give advice on the selection of the tea according to the guest´s taste or matching the food he chose. It is a good idea explaining very briefly the tea categories available in the menu, such as:

- Light teas

- Strong teas

- Spicy teas

- Fruit teas

- White/green/black, etc.

Ask the guest if he wishes to prepare the tea himself or if he prefers the service staff to prepare it. If he wishes to prepare it himself, he will have to be taught the procedure. If he wishes the tea to be prepared for him, the tea must be prepared so that he can watch the preparation.

First of all the tea must be served. Then the food is brought to the table.

Mise en place:

This French expression literally means 'put in place'. Used in gastronomy to indicate the need to have everything ready before preparing a dish or a service. It is very important to bring to the table all the necessary utensils, and not forget any details so that the tea is prepared to perfection.

In an English-style tea service, in addition to arranging the tools to make tea (teapot, infuser, timer, thermometer, water to make tea, spoon (or tea measure), small white dish in which to examine and appreciate the leaves, instructions for the tea preparation), the following elements can also be present:

- A small trolley with two shelves or a side table and a tray.

- A small jug with milk.

- Lemon slices.

- A sugar bowl with tongs or a spoon.

- Tea cups, previously warmed, with their saucers and spoons.

- Plates for each guest, which can be the size of a dessert plate or slightly smaller.

- Tea knives, which will not be used for cutting but just for spreading jam, cream, butter, etc.

- Small pastry forks, to assist with the consumption of cakes and pastries.

- Small cloth serviettes or paper ones if there is no other option.

- Jam dishes with their spoons.

- Butter dishes with their knives.

At the leave-taking:

Once the tea service has finished, the Tea Sommelier must:

- Present the bill privately to whoever has requested it (using closed folders)

- Ask if everything has been all right and if there is anything else he can do.

- Offer the ´comment card´ or suggestion card

- Give the guests their coats back

Role: The Client

How must we behave when we are the client or guest who will drink tea?

In this sense, a person can adopt two roles: the host or person who invites or summons the guests, or the guests who are invited. Depending on the different situations, each person will have a well-defined role and rules of good conduct that must be taken into account.

The organization

For the British, Afternoon Tea became very important during the 19th century and developed its own rules of etiquette and protocol. Today, Afternoon Teas are still popular, especially at weekends and are often organized to celebrate a special occasion, for a birthday, to entertain someone or to make an important announcement. It is very important to take every detail into account, especially the organization and the service of the event.

Everything begins with an invitation that used to be sent on a card to the guest´s house, and today is generally sent by email or by phone. The invitation must specify:

- The reason for the celebration (in honour of...; to celebrate...)

- The time that the tea party will take place

- The address

- The place to meet (e.g.: the lobby of the hotel)

The key time to have English style tea is 4pm or 5pm. Guests are generally invited some minutes before, or exactly at this time. However, in hotels and tea rooms, afternoon tea service is usually available between approx. 2.30pm-3pm and 6pm.

The host may choose a guest of honour or "pourer" who will help him prepare and or serve the tea (if the tea is celebrated in a private house). This guest of honour must be invited in the same way as the other guests, but he must be told that it would be an honour to count on his help in the service.

It is impolite to turn down an invitation to be a guest of honour.

When receiving an invitation to a tea party, the guest must always respond with thanks and give a concrete answer to the host about his participation in the event. It is very impolite to answer an invitation saying, "I do not know if I will be able to go" or "I will try to go" or "I will see if I can go". It must always be answered "yes, I will be there" or "no, I am sorry I will not be able to go...".

It is very impolite to accept the invitation and not to turn up. Woody Allen always says that 80% of success in a meeting of any kind is "to appear". And 90% of success depends on arriving on time.

Cancelling at the last moment is very impolite, unless due to unforeseen circumstances. If it is impossible to attend the tea, the host must be notified in time to reorganize the appointment (at least one day before).

Being absent without notification is very impolite and that guest may be removed from the group.

Setting the table for tea

The table-cloth covering the table should be white or of a soft pastel colour and it can have a small amount of embroidery, and with matching napkins. They can be made of cotton, linen or even man-made fibre (but of good quality).

A small plate is used for the food (the size used for dessert or smaller) with the little tea knife and small pastry fork on the right of each place or on top of the linen napkin that sits ready on the plate. The cup and saucer and the spoon are placed in the top right corner of each guest's setting.

The trays or plates with food must be strategically distributed on the table: they should be in a comfortable position for the majority of people to reach easily.

The tea service must be placed in front of or to the left of the host.

Table decoration

The decoration on the table must be simple, discrete and in keeping with the setting and decoration. It can be an arrangement of fresh flowers (but flowers with not too strong a perfume), or a similar decoration (such as a candle, or a little glass dish with small decorative stones, matching the style of the room). All the elements must be low enough so that all the guests can see each others' faces.

It is appropriate to display the silver or china set. The teaset is generally decorated with small flowers (especially traditional English porcelains) or with very colourful images as a sign of elegance.

Costume

For a classic or informal tea party, the ladies wear a short suit or dress and the gentlemen a classic street suit. If it is a more formal tea, the ladies can wear a cocktail dress or suit and the gentlemen a smoking (although it all depends on the host's indications). If the tea party is organized in a country-house or in a garden in the open air, stylish sports-clothes may be acceptable but people should always be dressed smartly.

In the tea room

When arriving at the tea room, it is very important to greet all the guests, and to sit where the host indicates. If we know the guests, in the Latin culture it is correct to greet people with a kiss. If there are people we do not know, we must speak our greeting and shake hands. The guest we do not know could belong to another culture where the kiss is not used as a greeting, and generally it is a sign of informality. During the tea, when in doubt, it is better to use the most formal and refined manners.

Gloves must never be worn during tea or when greeting someone. It is correct to stand up to greet guests who are arriving or to say goodbye to those who are leaving.

The host must wait for the guests at the meeting point, and no longer than ten minutes after the agreed time, receive the guests, accompany the guests to the table, name the "pourer", or guest of honour. It is an honour to be the "pourer" so it is important to thank this person for agreeing to be the "pourer. The host usually introduces the guests he knows. If there are new people, each guest must introduce him/herself. The presentation must be brief and concise.

During the tea service

During the tea service, it is important not to monopolize the conversation at any moment. If necessary, breaks in the chat must be kept so as not to monopolise all the attention. Circulate. Several people must participate in the chat so as not to monopolise the attention of the host or the guest of honour. It is impolite to insist on being the centre of the chat, interrupting or giving any negative opinion. Vulgar words, qualifiers and discontent expressions must be avoided. Controversial or taboo conversation subjects, such as sex, religion, politics or football must be avoided provided it is not the aim of the meeting.

Objects (hand-bags, folders, glasses, keys, telephones), must not be placed on the table.

Nothing should be eaten before the tea is served. First of all, a sip of tea must be taken, and only then the food. It will be a sign of good education to adapt oneself to what is served, without creating complications.

The service. Seated at the table.

During the service, listen to the tea master's or sommelier's suggestions and instructions. Follow the indications for the tea preparation or ask for help in case the guest does not want to prepare it himself.

Once the host or the guest of honour has poured tea into the cups, each guest may start drinking his or her tea. It is not necessary to wait until all the guests have been served their tea. But at least a sip of tea should be drunk before any food is eaten.

The table with the tea service: cups, sugar bowl, lemon, milk jug, jug of water, strainer, teapot should be in front of or to the left of the host. She pours tea into each cup and asks each person what they would like to add to it (milk, sugar etc.) and how much of each. The host hands the cup to the guest, without standing up from her place. The guest approaches it and receives it. When handing the cup to each guest, the cup handle should be pointing to his or her right.

After serving all the guests, the host fills her own cup, and checks to see if anyone wants more tea.

The food is self-service. It is not necessary to ask to be served or to ask for permission to help oneself to the food. However, that is not the case with the tea. The teapot and utensils must only be handled by the host and by the honour guest until they have served the first cup of tea for each guest. After that the service staff can fill the cups.

If scones or hot sandwiches are served, it is preferable to present them on trays with a cover and a heated double-walled base that holds hot water, or other similar heated element that will keep the food hot.

All the food should be eaten with the hand. It is customary to eat the sandwiches first, then the scones, and then the pastries and cakes.

All the portions must be small or cut to be taken with the hand. It is correct at tea-time to take the food with the hands. Larger, open sandwiches can be cut into bite sized pieces and lifted to the mouth with the fingers; if the finger sandwiches are closed, they must be taken with the hands.

Very creamy or sticky cakes and pastries are broken into smaller pieces with a small pastry fork and lifted to the mouth on the fork.

The butter must be presented in small rolls or small pieces, which each guest will place on his plate, using the butter knife. Each guest must use his own knife to spread the butter. The same happens with the jam: a little is served on to the plate with the jam spoon and it is spread with the guest's own knife.

Grand hotels generally offer something special at the end of the tea, for example a *crème brûlée,* strawberries and cream, or a glass of champagne.

Eating scones - British style

The scone should be cut through the middle horizontally with a knife to make two round flat halves. A little jam and a little cream should be spooned onto the side of the plate (never directly onto the scone). The guest should pick up one half of the scone, place a little cream and a little jam onto a small section of the half scone, lift the scone to the mouth and take a bite. This is then repeated until the half scone has been eaten. The same procedure is followed with the second half of the scone.

Some people prefer to place the jam onto the scone before the cream. Others prefer to put the cream on first.

The entire scone must never be spread all at the same time. Cream and jam is placed on each bite-sized part of the scone just before biting and this is repeated for each bite until the scone is finished.

Faux Pas.

A "faux pas" in French is a failure to follow a social rule, in this case, the tea protocol – i.e. a failure to consider all the details of behaviour and good manners at a tea party or tea event. Here are a few *faux pas* to avoid at teatime.

Faux Pas - Scones:

- The scone halves must never be put together as if it were a sandwich
- The food must never be dunked in the tea.

The napkin:

Ladies: the first thing to do is to remove lipstick with a paper napkin. The linen napkin must never be used for this. The napkin must always be on the lap. If the guest has to leave his or her seat, the napkin should remain on the chair, never on the table, except when leaving at the end of the tea party. When leaving, the napkin should not be folded but lightly crumpled and placed to the left of the plate.

The tea:

The tea is always served by the host or by her "pourer", and it is handed, cup by cup, to the guests. The tea cup must never be completely filled; it should only be 3/4 filled. Ask these questions: Do you prefer your tea strong or weak? Strong: the cup is filled ¾. Weak: the cup is half filled and is then topped up to the ¾ level with hot water. With milk, sugar or lemon? First the lemon or the milk. Then the sugar. Milk and lemon are never used at the same time.

Milk in first or milk in last?

There is a famous discussion in England about whether the milk should go into the cup before or after the tea. Some people prefer to put the milk into the cup first because the tea then mixes better with the milk. Some people prefer to put the milk in afterwards so that they can see how much milk is needed. Etiquette in Victorian days said that the milk should go into the cup after the tea but today either is acceptable.

It is worth pointing out that most teas are in fact better drunk without milk and it is a good idea to encourage people to first try the tea without milk.

General Rule: it is better to pour the tea into the cup before adding milk, sugar or lemon.

Faux Pas - tea service

- When drinking, never look over the tea cup, do look inside.

- Tea and food should never be in the mouth at the same time

- At least one item from each course should be tasted.

- There must not be too much food on the plate. Only two or three bites at a time.

- Always ask someone to pass things that you need; never reach across the table or in front of another person.

- At the end of the tea party, the plate must not be moved away. It must remain it in its place.

- The tea knife and pastry fork are never used together. We either use the knife in our right hand or the pastry fork in our right hand but never the two together.

- The utensils must not be used to gesticulate with the hand.

- The napkin must not be left on the table, except at the end of the tea party when everyone leaves. If a guest leaves his or her chair to go to the lavatory, the napkin must be left on the chair.

- Only very thin slices of lemon must be used, not lemon wedges.

- The lemon slice must never be removed from the cup.

- The lemon slice must never be crushed in the cup with the spoon or any other utensil!

When offered more tea, if you do not wish to drink any more, you must simply say "No thank you".

Use of utensils and tableware

Saucer:

It must be held with the left hand so that the four fingers sit beneath the saucer and the thumb is placed on the edge to hold it stable.

Cup with handle:

The index and the middle fingers must go through the handle and hold the cup steady with the thumb. The other fingers rest below the others. The little or 'pinkie' finger must never be extended outwards.

Extending the little finger is said to perhaps have originated in the XI century when the Crusaders ate with three fingers while the common people used all the fingers of their hands. This had been previously imposed in the Roman Empire. The three fingers rule is still in use nowadays when eating with the hand.

Another story says that when the Chinese first drank tea from little bowls, the proper way to hold the bowl was between the thumb and the index and middle finger. The little finger was extended for balance. When European potteries started making porcelain bowls in the 18th century, the tradition continued. However today, the practice is seen as bad manners, pretentious and rather ridiculous.

When to pick up the saucer and cup together and when to pick up only the cup?

It is correct to pick up only the cup when the distance between guest and table is less than 30cm; saucer and cup should be picked up together if the distance is greater than 30 cm.

Faux Pas - Cup:

- The bowl part of the cup must not be picked up or held by the hand; it must always be held by the handle.

- The tea must not be walked around the cup as if it were wine.

Spoon use:

The spoon must never make a noise against the inside of the cup.

Once it has been used, the spoon should be placed under the handle of the cup with the handle pointing towards the guest.

Faux Pas – Spoon

- The spoon must never be left in the cup.

- Tea must never be drunk with the spoon in the cup

- The spoon must not be put on the saucer in front of the cup, nor behind it but should be placed under the handle of the cup with the handle pointing towards the drinker.

Cutlery

The only cutlery required for afternoon tea is a tea knife and a pastry fork. The tea knife is smaller than the dessert knife. The pastry fork is smaller than the dessert fork. The pastry fork has only three prongs; the third and fourth prongs were fused during late Victorian times to make a prong that is double the width of the other two prongs; this gives a little extra strength for breaking pastry or pushing through soft cakes. The pastry fork is held in the right hand (unless one is left-handed) and it is never used at the same time as the tea knife.

The position of the cutlery

The basic cutlery position in English etiquette is as follows:

When we set the table, the little knife and the pastry fork should be placed together on the right of the plate or on top of the linen napkin that sits on the plate. The setting is different from the dinner or lunch setting and the knife and fork should not be placed on either side of the plate.

The teaspoon should be placed on the saucer underneath the handle of the cup with the spoon handle pointing towards the drinker.

The cutlery that has been used must never be placed on the tablecloth. It must be kept on the plate when not being used, in the position of *rest* or *break*.

Break: the knife must be placed to the right of the plate with the cutting edge inwards.

End: leave knife and pastry fork together in the middle of the plate in the *finished* position (imagine a clock in your plate, and put the knife and fork in the 12:30 position)

Teabags

It is uncommon to serve teabags in an English tea ceremony as it is considered to be of low quality. In a Victorian tea, tea leaves should be served using the strainer or infuser.

Faux – Pas - Teabags

- The teabag must never be moved around in the tea for a faster infusion; if however, the tea bag is brewed in the cup, it is acceptable to move it around when removing it from the cup.

- The teabag must not be placed on the saucer, but on a separate dish.

- The teabag must not be twisted round the spoon to drain it off.

Leaving the room

Once the guests have finished eating, the host places his or her napkin on the table as a sign that the tea party is over. The cutlery must be placed in the "ended" position.

The visit should not last more than one and a half or two hours.

To keep in mind

- Everybody has to wait until the guest of honour leaves. Nobody should leave before the guest of honour.

- Before leaving, goodbyes should be said to all the guests and the host must be thanked for the invitation.

- The knife and the fork must be in the "ended" position before each person leaves.

- The napkin must be placed on the table only when the guest is ready to leave.

- It is very important and very polite to write a thank you note to the host the following day.

American Tea Etiquette

The American Afternoon Tea menu is more abundant than the British, and it often includes soup, cheese and savoury biscuits, quiche and other savoury treats as well as neat little sandwiches. The sweet items include scones (often called tea biscuits) served with jam and thick or whipped cream, cakes, tarts, little jellies and other desserts, petit fours and fresh fruit.

The food is often all laid out together and once the soup or other 'appetizer' has been eaten, guests help themselves to a mixture of sweet and savoury and eat them in no particular order.

American eat their afternoon tea using the knife in their right hand and the fork in their left. When they have finished eating, the used cutlery is placed at the 4:20 position with the knife on the four and the handle of the fork slightly away from the handle of the knife.

At the end of the tea, the napkin is folded and placed on the table to the left of the plate.

Mise en place: the table setting should include the following items:

- Teapot

- Infuser

- Timer

- Thermometer

- Water

- Spoon (or tea measure)

- Small white dish in which to examine and appreciate the leaves

- Instructions for the tea preparation

- Water glasses for cold drinking water

- A small jug with milk

- Lemon slices

- A sugar bowl with tongs or a spoon

- Tea cups, previously warmed, with their saucers and spoons

- Plates for each guest, which can be the size of a dessert plate or slightly smaller

- A dessert knife and fork

- Dessert spoons or teaspoons for eating small desserts

- Small cloth serviettes or paper ones if there is no other option

- Jam dishes with their spoons

- Butter dishes with their knives.

American tea table decoration

Whereas in England, the table decoration is usually quite simple, American tea tables are often decorated with much more elaborate flower arrangements, little 'favours' or gifts, name cards, themed items, etc. The table is generally busier and fuller than in Britain.

Sharing the
Mystery

As was mentioned at the beginning of this book, the concept of culture is from its origins intimately related to tea in many countries around the world, and the history of culture is also a beautiful metaphor for the history of tea, as it draws a parallel between the cultivation of the earth and the cultivation of the spirit.

Throughout history, the habit of drinking tea has woven its way through the different culture of many peoples. For almost five thousand years, countless myths, legends, ceremonies and rituals have grown up around it, and different civilizations have assimilated it as part of their life, making it the protagonist of their religions, power, wisdom, wars, economy, beauty, health, love and passion.

For many years, we have been passionate about tea, researching and studying it, promoting it and making it a central part of our lives. But beyond all the study and knowledge we have gained, we still feel that the essential, indefinable magic of tea is the mystery and wonder that has enfolded it since its origin.

The aim of this book is to share that mystery and pass on the charm of tea. We hope that the reader has enjoyed reading it as much as we have enjoyed writing it, and we hope that the tea expert and those who are passionate about this inspirational beverage may start their own tea journey and write yet more chapters in this wonderful history.

VICTORIA BISOGNO AND JANE PETTIGREW

References

Asociación Argentina de Fitomedicina: www.plantasmedicinales.org

Climate Charts: www.climate-charts.com

Climate Zone: www.climate-zone.com

Código alimentario Argentino:
www.alimentosargentinos.gov.ar/programa_calidad/marco_regulatorio/caa.
asp

Dirección Nacional de Alimentos, Ministerio de agricultura, ganadería y
pesca:
www.alimentosargentinos.gov.ar

Food and Agricultural Organization of the United Nations www.fao.org

Fresh Cup magazine: www.freshcup.com

INTA: www.inta.gov.ar

IRAM: Instituto Argentino de Normalización y Certificación, norma IRAM-ISO
3720: www.iram.org.ar

Real Academia Española (RAE): www.rae.es/rae.html

Tea and coffee trade journal: www.teaandcoffee.net

The Tea House times: www.theteahousetimes.com

UK Tea Council: www.tea.co.uk

Wikipedia: es.wikipedia.org

World Tea News: www.worldteanews.com

Bibliography

Álvarez Laura: *Cómo cura el té verde*. Integral - Rba Libros, 2002.

Amalfi Francis: *El Arte del té*. Barcelona, Océano, 2007.

Amalfi Francis: *Todos los tés del mundo*. Barcelona, Océano, 2005.

Autores varios: *El té chino*. Madrid, Miraguano Ediciones, 1991.

Carles Michele y Dattner Christine: *Le Thé et ses bienfaits*. París, Flammarion, 2005.

Chuen Lam Kam, Sin Lam Kai , and Yu Lam Tin: *The Way of Tea The Sublime Art of Oriental Tea Drinking*. Darby, Pennsylvania, Editorial Diane Pub Co, 2002.

Harney Michael: *The Harney & Sons Guide to Tea*. Nueva York, Penguin Press HC, 2008.

Hilton Giles: *Infuse*. Witney, Origin Publishing Co on behalf of Whittard of Chelses, 2003.

Hohenegger Beatrice: *Liquid Jade the Story of Tea from East to West*. Editorial St. Martin's Press, 2007.

Johnson Dorothea: *Tea & Etiquette: Taking Tea for Business and Pleasure (Capital Lifestyles)*. Sterling, Virginia (EE.UU), Capital Books (Revised edition), 2000.

K.S., Lo, y colaboradores: *The Stonewares of Yixing: from the Ming period to the Present Day. Londres*, Sotheby's Publications, 1986.

Mariage Frères: *The French Art of Tea*. Editorial Mariage Freres, 2002.

Okakura Kakuzo: *El Libro del té*. Bs. As., Quadrata, 2005.

Peters Beryl: *Etiquette of an English Tea (The Etiquette Collection).* Editorial Copper Beech Publishing Ltd, 1995.

Pettigrew Jane: *A Social History of Tea.* National Trust 2001

Pettigrew, Jane: *Afternoon Tea.* Jarrold/History Press 2004

Pettigrew Jane: *Tea in the City: London.* Editorial Benjamin Press; 1st edition, 2006.

Pettigrew Jane: *The Tea Lover's Companion (Tea Classified).* Londres, National Trust, 2008.

Pierre-Robert Annie: *Le Thé.* Editorial Editions du Chêne, 1999.

Rosen Diana: *Meditations with Tea: Paths to Inner Peace.* Editorial Citadel, 2006.

Safi Tammy, *Healthy Teas:* Boston, Periplus Editions, 2001.

Saltoon Diana, *Tea and Ceremony Experiencing Tranquility:* Editorial Robert Briggs Associates, 2004.

Stevens , Neil: *El té verde.* Bs. As., Sirio, 2001.

Taylor Nadine: *El té verde.* Barcelona, Ediciones Obelisco; 2004.

Von Wachendorf Viola: *El té.* Barcelona, Parragón, 2007.

Wang Ling: *Tea and Chinese Culture.* San Francisco (USA), Editorial Long River Press, 2005.